バブル兄弟

〝五輪を喰った兄〟高橋治之と〝長銀を潰した弟〟高橋治則

西崎伸彦

文藝春秋

バブル兄弟

〝五輪を喰った兄〟高橋治之と〝長銀を潰した弟〟高橋治則

目次

原則として文中敬称略。また、肩書は当時のもの。
装幀／観野良太

プロローグ

一、出廷直後の高級スパ

巨額のカネを動かして狂乱のバブルを謳歌し、ともに特捜部に逮捕された兄弟がいた。

約二億円の賄賂

「私は、すべての控訴事実について無罪を主張します。理事として協賛企業を募る職務に従事したことはなく、理事の職務として取り計らいをしたこともない。企業から受け取った金銭については、民間のコンサルティング業務に対しての報酬であり、あくまでビジネス。理事としての職務に対しての対価ではない」

二〇二三年十二月十四日、東京地裁の一〇四号法廷。グレーのスーツに臙脂《えんじ》色のネクタイ姿で法廷に現れた被告の男は、起訴状の朗読の間、証言台の椅子に腰かけ、睨みつけるような厳しい視線を検察官に向けていた。そして裁判長に促される形で立ち上がり、罪状認否に入った時だ。スーツの内ポケットから紙を取り出すと、「読ませて頂きます」と告げ、早口でそう捲《まく》し立てたのだった。

この日、東京五輪・パラリンピックを巡る汚職事件で、受託収賄罪に問われた大会組織委員会の元理事、高橋治之《はるゆき》の初公判が開かれた。

検察側は、元電通専務の治之を〝スポーツマーケティングの第一人者〟と呼び、彼がスポンサー企業の選定や公式商品のライセンス契約について〝働き掛け〟をした見返りに賄賂を受け取ったと指摘。紳士服大手のＡＯＫＩホールディングスや出版大手のＫＡＤＯＫＡＷＡ、広告大手のＡＤＫホールディングスなど五つのルートで捜査を進め、計十五人を立件した（うち十一人はすでに有罪が確定）。冒頭陳述で明かされたのは、治之が自ら代表を務めていたコンサル会社「コモンズ」などを受け皿に、総額で約二億円の賄賂を受け取っていた克明な経緯だった。

治之は、一四年六月に組織委員会の理事に就任。組織委員会の役員らは、特措法の規定で「みなし公務員」として扱われ、職務に関する金品の受領が禁じられていた。ただ、定款には理事の具体的な職務が記されておらず、スポンサー企業との契約は理事会に報告されるのみで、元首相で会長の森喜朗《よしろう》に事実上一任されていた。その森が「マーケティング担当理事」として重用し、スポンサー集めを任せていたとされるのが、治之だ。

スポンサー企業は上位の「ゴールドパートナー」、それに次ぐ「オフィシャルパートナー」、そして「オフィシャルサポーター」の三つに分類され、マーケティング専任代理店に指名された電通が、販売協力代理店のＡＤＫや大広などの協力を得て契約獲得に尽力。治之の提案などで、それまでの「一業種一社」の原則を撤廃し、国内スポンサー六十八社から三千七百六十一億円を集めた。

古巣の電通で絶大な影響力を持つ治之は、電通から組織委員会に出向していたマーケティング局長らを呼び付け、自ら依頼を受けた企業に便宜を図るよう迫った。それらは〝高橋理事案件〟と呼ばれ、特恵事項として扱われたという。

「五千万円にしてやれ。五千万円って言っちゃったよ。俺の顔を立ててくれよ」

コロナ禍で大会の開催が一年延期され、各スポンサー企業に原則一億円の追加協賛金を求めることになったが、治之は自らが関与した企業の追加協賛金を半額にするよう迫ったという。そこでの生々しいやり取りも法廷では明かされた。

一連の汚職事件は、電通を巻き込んだ談合事件へと発展。底なしの広がりを見せた。東京五輪の開催が決まった一三年九月の〝ブエノスアイレスの歓喜〟から約十年。「復興」「コンパクト」「多様性と調和」を掲げたスポーツの祭典は、総額一兆四千二百三十八億円という空前の巨費が投じられ、カネと利権に塗れた大会へとすり替わっていった。

その真の総括は、すべてを知る男、高橋治之を抜きには語れない。

◇

初公判から遡ること約二カ月半前の九月二十七日。治之は、東京地裁四二九号法廷の証言台にいた。

前年の十二月二十六日に三度目の保釈申請が認められ、東京拘置所から車椅子姿で報道陣のカメラの前に現れて以来、初めての公の場だった。この時の姿は、初公判とはまるで違っていた。マスクをつけ、首には水色のコルセット。髪の毛は油っぽくベッタリと張り付き、グレーのスーツにも皺が目立った。ヨタヨタ歩く姿は、病人そのものだった。

「どうぞお掛けになって下さい」

裁判長からそう勧められ、座ろうとするが、スッとは座れず、両手を証言台の机の両サイドに置

初公判で東京地裁に入る被告の治之（中央・時事）

いてゆっくりと着席。宣誓書の朗読で立ち上がる際にも何かにつかまらなければ立てない状態だった。

愛車のマイバッハで

治之は、計四回逮捕・起訴され、いずれの事件も否認していたため、保釈のハードルは高いと見られていた。だが、首に持病を抱えており、手術の必要があったことから保釈が認められた。一貫して贈賄罪について否認を続けたKADOKAWA元会長の角川歴彦《つぐひこ》が、約七カ月勾留され、二億円の保釈金だったことを思えば、四カ月余りの勾留で保釈金が八千万円だった治之は、まだマシだったと言えるかもしれない。実際に、保釈後は首にボルトを埋め込む手術を受けており、痛々しい手術痕が残っているという。

この日は、贈賄罪に問われた大広の元執行役員、谷口義一の公判が朝十時半から行なわれていた。谷口は無罪を主張し、検察側は治之を証人として申請。彼にとっては不本意ながらも避けては通れない証人出廷だった。拒否すれば、保釈を取り消される可能性があったからだ。

「今般は大変申し訳ございません。刑事訴訟法百四十六条に基づいて、一切の証言を拒否することにしたので、お答えすることはできません」

治之は、経歴を尋ねる検察側に対して、繰り返し、回答を拒否した。しかし、検察側は押収した治之の手帳のコピーを見せるなどして執拗に追及を続けていく。

「暑いのでマスクを外していいですか？」

治之はマスクを手に取ると、押し問答のようなやり取りに飽きたのか、時折手でマスクを弄びながら、腕時計をチラチラと確認する。

「まだ質問あるの？」

しつこく食い下がる検察官に苛立った様子で、治之はこう牽制したが、それでも検察官は構わず質問を繰り出した。証人尋問が始まって一時間が経過しようとしていた。

検察側が、治之の署名、指印がある八通の供述調書についても言及すると、治之は後ろ手に手を組みながら、「妥協して署名したものもある」「あんまりしつこいから、まぁいいや、と」などと投げやりに答えた。

これに対し、検察側は取り調べ時の様子について明かし、「腰が痛いので、足を組んで調べを受けることを許して貰った」「休みの日にわざわざ検事が来たことに対してお礼を言った」「立会事務官に気軽に話しかけた」「喉が渇いたので水を要求した」などと指摘。治之は「いくつかは面倒臭くて署名した」とだけ答え、再び時計を見た。

「まだあるの？」

苛立たしさを滲ませて問い返すと、検察官が「不規則発言は控えて下さい」と制する始末。検察に協力する素振りは何一つ見せなかった。

昼の休憩を挟み、午後の弁護側の尋問は早々に終了。計四時間を予定していた証人尋問は、ほぼ中身がないまま切り上げられ、十月二日に予定されていた次回証人尋問も中止となった。治之は来た時と同じく、ゆっくりと歩いて退室した。

それから数時間後。ヨタヨタ歩きで病人そのものだったはずの男の姿は、思わぬ場所にあった。都内屈指と言える高級ホテルの二十七階。そこにあるのは、治之が長年通う会員制の「フィットネス＆スパ」だ。施設内にはゆったりとしたジムスペースのほか、都内のホテルでは最大規模の二十五メートルプールが五レーンあり、水着で入れるジャグジーも併設されている。さらに更衣室を抜け、奥に進むと、ドライサウナやミストサウナ、そして浴室がある。別室には汗を流した後に眺望を楽しみながらくつろげるサロンもあり、無類のサウナ好きで知られる治之にとっては、この上ない安息の場所だった。

実は、保釈翌日にも、治之はここを訪れている。長男に肩を担がれ、杖をつきながら姿を見せると、まるで政治家が聴衆の声援に手を上げて応えるかのような仕草で、顔馴染みのメンバーたちの前に現れたという。

前日のニュースで保釈されたことは知っていたとはいえ、まさかこれほどすぐに顔を見せるとは思っていなかった仲間たちは、驚き、唖然とした表情で、勾留生活でやつれた治之を迎えた。

以降の治之は再びスパに通い、サウナとマッサージで癒やされる日常を取り戻した。当初は人目につかない車寄せから出入りしたが、そのうちに正面玄関に堂々と愛車で乗り付けるようになった。愛車は以前と変わらず、運転手付きのメルセデスベンツ。二千万円は下らないという最上級クラスのマイバッハで、かつて東京五輪の招致が決定した当時は「２０２０」のナンバーだった。その後、東京五輪に問題が噴出すると、ナンバーは治之の生年月日にちなんだものに変えられた。

もとより宵越しのカネは持たないタイプで、銀座の高級クラブ通いを続ける派手な生活ぶりから、電通時代は「高橋の年間予算は約二億円」とも言われたほどだ。

外食の機会も増えたようで、十一月中旬には、都内の隠れ家的な韓国料理店を複数名で訪れていた姿が目撃されている。店のオーナーとは知り合いらしく、焼酎を口にしながら、店員が焼く厳選された肉に舌鼓を打つと、自ら支払いを済ませて、お土産を持って店を後にしたという。かつては六本木で高級ステーキ店「ステーキ　そらしお」を経営していただけあって、肉好きで、美食家なのだ。

往時と変わらぬ姿を見せる一方で、事件後、保釈金や裁判費用の捻出に苦慮していた様子も窺える。軽井沢にある別荘なども「手放すことを考えている」と周囲に漏らしており、二〇二三年四月にはコモンズの代表を妻に譲って顧問に退いていた。

さらに、コモンズ名義で所有していた港区虎ノ門にあるタワーマンションの事務所には、七月に銀座の〝名物ママ〟がかつて代表を務めていた会社が、一億三千万円の抵当権を設定。このママは、銀座で複数の高級店を経営した後、引退しているが、一二年にも治之に個人で二億円を超える貸付をしていた資産家だ。コモンズは、事務所を同じマンションの下のフロアにある手頃な部屋に移し、業務を縮小しつつ、裁判シフトを敷いている様子だった。

「反撃しようと思っている」

二三年の八月下旬、世田谷区内に聳《そび》える治之邸を訪ねた。閑静な住宅街のなかでも、ひと際目を引く四億円相当の豪邸だ。郵便受けに取材依頼の手紙を投函すると、後日、見慣れない番号から着信があり、留守電にメッセージが残されていた。

「高橋治之です。僕が借りている書斎みたいな場所から電話をしています」

伝言にはそうあったが、確認すると、それはコモンズの番号だった。折り返すと、すぐに本人が電話をとった。

「取材の依頼は結構来ているんだけど、裁判の前にあんまりやると、良くないらしいんだよね。今は弁護士からも止められている。マスコミは一方的に検察側の言い分を書いている。検察側が（リークを）勝手にやっているんだよ。これから裁判始まったら、反撃しようと思っている」

フランクな語り口ながら、言葉の端々には怒りを滲ませた。

「首の手術をしたんだよね。ちょっとずつ良くはなってはいるんだけど、人に会ったりするのがちょっと苦痛なんだよ。弁護士とは会っているけど、他の人には滅多に会っていない。会わないようにしている」

確かに、その後の初公判の時も、首のコルセットは外れていたが、三時間半に及んだ長丁場では、途中からサポーターを取り出して、首に巻き付ける場面があった。

「まぁ、裁判が始まって、様子を見てからだよね。そうしたら話せることもあるかもしれない」

電話口で穏やかな口ぶりでそう語るのだった。

それから二カ月半後、東京五輪の招致を巡る疑惑を再燃させかねない問題発言が噴き出していた。十一月十七日、石川県知事の馳浩《はせひろし》が都内での講演で、衆院議員時代、自民党の「招致推進本部」の本部長として投票権を持つＩＯＣ委員に対し、内閣官房報償費（機密費）を使って贈答品を渡したことを暴露したのだ。

馳は、当時の首相、安倍晋三から「必ず勝ち取れ」「金はいくらでも出す。官房機密費もあるから」と告げられ、百人を超えるＩＯＣ委員全員に対し、選手時代などの写真を纏《まと》めたアルバムを一冊二十万円で作成。「それを持って世界中を歩き回った」と自慢気に語った。のちに発言を撤回したが、波紋は収まらず、「自民党本部の予算で、手持ちの参考資料として数冊作った」と説明を変えている。

ＩＯＣ委員には選手出身ではない者もいれば、当初からライバル都市の支持を明言していた者もいた。委員全員に渡すという発想そのものが荒唐無稽と言わざるを得ない。しかし、一二年十二月に発足した第二次安倍内閣のもとで、なりふり構わぬ招致活動が展開されてきたことは紛れもない事実だ。

電通役員らへの接待リスト

その中心人物こそ、一一年六月に電通顧問を退任後、安倍政権誕生と軌を一にして招致委員会のスペシャルアドバイザーとなった治之である。のちに安倍が凶弾に倒れ、治之に東京地検特捜部の捜査の包囲網が近付きつつある頃、彼は複数の関係者にこう打ち明けている。

「安倍さんに『過去に五輪招致に関わってきた人は、みんな逮捕されている。私は捕まりたくない』と言った。すると安倍さんは『絶対に捕まらないようにするから、五輪招致をやって欲しい』と。その言葉があったから招致に関わるようになったんだ」

治之は時の首相からお墨付きを得たことで、アフリカ票を握るＩＯＣ委員で、国際陸連（現世界陸連）の会長だったラミン・ディアクとその息子らに猛アプローチを仕掛けていく。招致委員会の口座記録では、治之のコモンズに一三年二月二十五日から開催地決定後の一四年五月二十八日までの間に計十七回、約八億九千万円が支出されている。それは破格のロビー活動費だった。治之は招致活動の舞台裏でも重要な役割を果たしたのだ。

その後、一六年五月に英紙「ガーディアン」が、東京五輪招致の買収疑惑を報道。フランス司法当局が、ラミン親子の汚職捜査を進める過程で、日本の招致委員会が五輪開催決定の前後に二回に分けてラミンの息子が関係する口座に約二億二千万円を振り込んだことも発覚する。フランス当局から捜査共助を要請された特捜部は、一七年にＪＯＣ会長、竹田恒和を任意で事情聴取。竹田は翌年十二月、フランス司法当局の予審判事による聴取も受けた。

その間、特捜部も五輪とカネを巡る疑惑について手をこまねいて見ていただけではなかった。

ここに一七年に検察当局に持ち込まれた、東京五輪の最上位スポンサーである「ゴールドパートナー」の一社、富士通の接待リストがある。

一五年三月から一六年三月までの二百五十五件、約八百九十万円の交際費の内訳で、執行役員らを司令塔にして、組織委員会幹部や電通役員らを都内の高級店で接待している様子が見て取れる。特捜部はこの資料をもとに、企業協賛金の行方や同業種のスポンサー企業との商権の駆け引きなどについて内偵捜査を進めていた。リストに「高橋治之」の名前はないが、その先にいるキーマンの動向を察知していなかったはずはない。

その後も形を変えながら特捜部の内偵捜査は続き、ターゲットが具体的な像として浮かび上がってきたのは、二〇二二年の夏前。ＡＯＫＩルートから芋づる式に治之の疑惑が噴き出し、彼は五輪招致の〝功労者〟から一転、汚れた五輪の〝戦犯〟として一身に批判を浴びることになった。

元日本サッカー協会会長、川淵三郎が治之について語る。

「高橋さんは、サッカー協会がまるでお金も何もない時にトヨタカップなんかを持って来てくれて、サッカー協会に財政的なゆとりを持たせてくれた。ある意味で恩人です。今回のことは、組織委員会の理事にさえなっていなければ罪に問われることはなかったし、気の毒だと思う。安倍さんがお元気だったら、こんなことにはならなかったのに……」

治之は組織委員会の理事に就任した際、挨拶の場で「電通に四十五年勤務して、そのうち三十五年をスポーツビジネスに関わり、五輪はロサンゼルス大会以降お手伝いさせて頂いた」と胸を張った。スポーツマフィアが跋扈する国際舞台で、幾多のビッグイベントを成功に導いた男は、いかにして頂点に上り詰め、そして堕ちたのか。

◇

〝五輪を喰った兄〟には、〝長銀を潰した男〟と呼ばれた一歳違いの弟の存在があった。

二、愛人が見た〝弟の死〟

約千人が列を成した弟の葬儀。二十二歳下の愛人がひっそりと最後の別れを……。

復活の兆しの中で

「高橋さんがサウナで倒れて、高いびきをかいて起きないそうです」

二〇〇五年七月十七日の午後、高橋治則《はるのり》の仕事仲間のもとに一本の電話が入った。彼が、神宮外苑のイタリアンの店のテラスで、友人とランチを食べ始めた時だった。

この日の東京は、朝から梅雨明け前の曇り空が広がり、湿度とともに気温がジリジリと上昇。午後には三十度を超え、薄曇りの空へと変わった暑い日曜日だった。電話の主は、治則の秘書役の若い男性だった。治則と一緒にいた女性から、異変を知らせる連絡が入ったという。

二人は、赤坂の高級住宅街にある三階建ての一軒家にいた。一階のフロアは三十帖ほどの広さがあり、ドライサウナやミストサウナが設《しつら》えられ、浴室には水風呂も完備。約二年前に、サウナ好きの治則の意向で、接待にも使える〝迎賓館〟として関係会社がノンバンクから借入をして購入した物件だ。

秘書役の男性は、突然の出来事に戸惑い、冷静な判断ができないほど狼狽した口ぶりだった。症状を聞く限り、くも膜下出血の疑いがあった。

◇

かつて「イ、アイ、イ」グループを率いて、国内外のホテルやゴルフ場を買い漁り、〝環太平洋のリゾート王〟と呼ばれた高橋治則。資産は一兆円を超え、わずか数年の間に不動産、海運、金融など百社近い傘下企業を持つ一大コングロマリットを作り上げた。しかし、その栄華は長くは続かなかった。膨張した風船が破裂するようにバブルが崩壊すると、次々と綻びが露わになっていく。

彼が理事長を務めた東京協和信用組合と、「イ、アイ、イ」グループの影響下にあった安全信用組合の二つの信組は巨額の不良債権を抱え、国会でも厳しい追及に遭った。治則は一転して約二兆円の借金を背負う身に転落。一九九五年六月、ついに東京地検特捜部に背任容疑で逮捕され、〝長銀（日本長期信用銀行）を潰した男〟の汚名を着せられた。その奈落の底から這い上がり、新たな事業を興そうとするなど復活の兆《きざ》しを見せていた矢先の出来事だった。

一本の電話から事態は目まぐるしく展開していく。

治則は、新宿区内にある慶応病院に救急搬送されたが、その時、まだ息はあった。緊急手術が行なわれ、家族もすぐに駆け付けた。だが、意識が戻ることはなく、医師からは、このまま延命したとしても植物状態になる可能性を指摘されたという。

そして翌朝の午前九時三十六分、力尽きた。享年五十九。

治則の訃報は、死の直後から一気に拡散し、「ホテルのサウナで死んだ」「いや他殺ではないか」

と情報が錯綜する。新聞各紙は翌十九日の夕刊でその死を取り上げたものの、死因はくも膜下出血で、〈高橋氏は、一審、二審の実刑判決が覆《くつがえ》されるのではないかと期待し、事業も本格的に再開していた〉（朝日新聞）などと短く伝えるに留まった。

実は、亡くなる当日の午後、治則は静岡市内にある小長井良浩弁護士の事務所を訪問する予定だった。

小長井は、治則の刑事事件の弁護団に途中から加わり、長銀を相手取った民事訴訟でも代理人を務めていた。彼は、〝バブル紳士〟の一人と称され、競売入札妨害などの罪に問われた不動産会社「桃源社」の佐佐木吉之助社長の控訴審判決で、一審の実刑判決を破棄させ、執行猶予判決を勝ち取っている。治則はその手腕を高く評価して、逆転無罪を勝ち取るため、頻繁に静岡を訪れて打ち合わせを重ねてきたのだ。

この日も、同じく二信組事件を巡る背任罪で起訴された元衆院議員の山口敏夫とともに、打ち合わせが予定されていた。小長井の元に、治則の急死を知らせる一報が入ると、先に到着していた山口は驚きのあまり、「えっ」と声を上げ、二の句が継げなかった。小長井と山口は取るものもとりあえず、東京へと向かった。

その頃、マスコミ各社も裏付け取材に奔走していた。どうやらサウナで倒れたらしいということは掴《つか》んだものの、詳しい経緯は緘口令が敷かれており、伏せられたままだった。

「じいちゃん」「あんた」

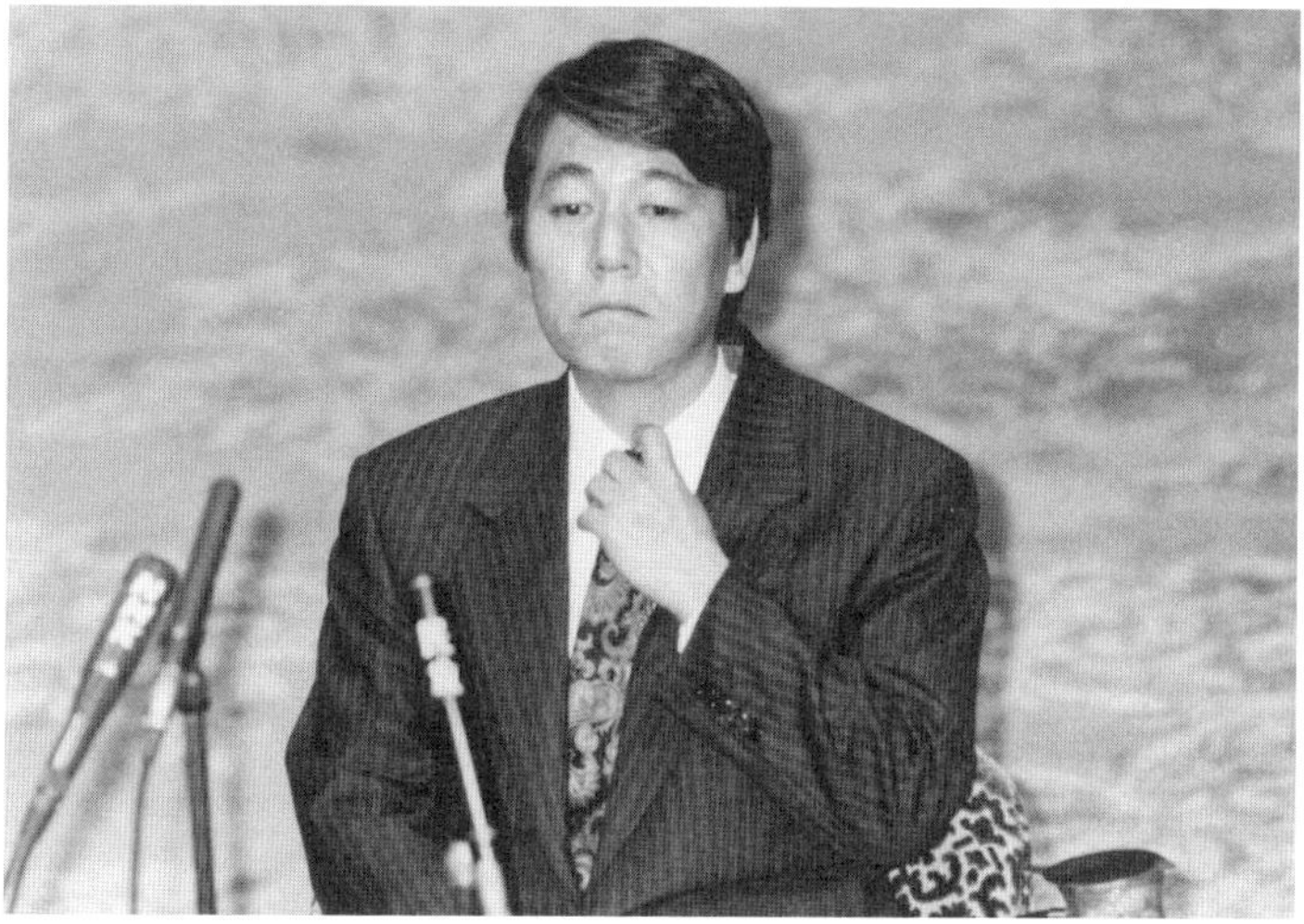

衆院予算委員会の証人喚問で証人席につく治則（文藝春秋写真資料室）

その四日後——。

西麻布にある曹洞宗の永平寺別院長谷寺で行なわれた告別式には、約千人の弔問客が列を成した。

受付を担当した人物が振り返る。

「高橋さんは名だたる政治家の方々とお付き合いがありましたが、葬儀で姿を見たのは当時、自民党幹事長代理だった安倍晋三さんくらいでした。当日は、『香典は一切受け取らない。名簿だけを作って欲しい』と頼まれていました」

生前、治則と親交のあったデヴィ夫人や千昌夫の姿もあった。会場にはベートーベンの交響曲「英雄」が流れ、厳かな雰囲気が漂っていた。喪主を務めた長男、高橋一郎は、父親の突然の死に戸惑いつつ、挨拶に立った。

「父はよく家族に『人間は死ぬ一年前が幸せかどうかで決まる』と話していました。父は死ぬ一年前、幸せだったと思います」

会葬のお礼状には、一郎を筆頭に治則の家族の名前が並び、最後に「兄　高橋治之」と書かれていた。この葬儀を事実上取り仕切っていたのは、当時電通の常務取締役を務めていた実兄の治之だった。

通夜・告別式の遺族席には、高橋兄弟と関係の深い赤坂の料亭「佐藤」の女将の姿もあった。かつては元首相の佐藤栄作や田中角栄も通った老舗料亭として知られ、移転後に経営を引き継いだ女将が、約十億円をかけてビルを新築。その際、治則の東京協和信組が資金を貸し付けて支援しただけでなく、上階には、半ば治則専用のサウナ部屋も設えられていた。

この料亭を舞台に、バブル絶頂期も政治家や大蔵官僚などを招いた宴が夜ごと繰り広げられた。治則は、料亭の各部屋を行き来しながら、一日に二つ宴会を掛け持ちすることも決して珍しくはなかった。

「ノリちゃんが、どこで死んだか知ってる？」

参列者のなかに見知った女性の顔を見つけた「佐藤」の女将は、手を振り、歩み寄って、こう話し掛けた。

その女性は、治則の二十二歳下の愛人、北山裕子（仮名）だった。

キャンディーズの田中好子に似た印象で、細身のスラッとした美人。治則とは八七年八月に出会い、長い愛人関係が続いていた。治則は生涯で何人もの愛人を囲ってきたが、わけても彼女は最も付き合いが長く、特別な存在だった。

裕子は、年の離れた治則を「じいちゃん」と呼んだ。二人で料亭「佐藤」にも度々訪れており、女将は、その掛け合いを聞きながら、治則のことを「あんた」呼ばわりする年下の奔放な愛人を「あんたのキミ」と言って笑った。

裕子は治則の死の前週、電話で「来週会おうね」と約束したが、それが最後に交わした言葉になった。亡くなったことは、新聞に訃報記事が出ていると知人が知らせてくれた。通夜と告別式に出るかどうか迷ったが、「じいちゃんが死んだら、葬式に来なきゃダメだよ」と彼が話していたことが頭を過り、西麻布の長谷寺に向かった。

裕子には、治則が亡くなった場所について、「多分あそこだ」という心当たりがあった。それは、前年の十二月に治則に連れて行かれた赤坂の一軒家だった。青山通りから薬研《やげん》坂に入り、細い路地を右手に折れた奥まった場所。近くには当時、治則が事務所を構えていた草月会館があった。

裕子から一軒家の話を聞いた女将は、その場所が自らの自宅マンションの近くだと知り、合点がいった様子でこう話した。

「あっ、だから犬の散歩をしている時によく会ったんだ」

治則が地検特捜部に逮捕された時、料亭「佐藤」も家宅捜索を受け、女将は治則と政官界の繋《つな》がりを知るキーパーソンとしてマスコミの標的になった。そして葬儀では高橋家の親族と並んで座るほど近しい関係でありながら、晩年の治則とは距離ができていた。

裕子は、治則が隠れ家に自分を誘った日のことを鮮明に覚えている。

「じいちゃんさ、この辺を歩いていた時に、偶然見つけて買っちゃったんだ」

治則は、「売り出し中」のノボリが立っていた中古住宅を衝動買いしたと明かした。

「いくらで買ったの？」

「一億二千万円くらい。それでも現金で払うからと一千万円くらい値切ったんだよ」

「ここで何するの？」

「いろんな人と話をする」

一軒家は、内装にかなり手が加えられており、生活感はなく、さながら小さなお風呂屋のようだった。治則は彼女を招き入れ、冷蔵庫からビールを取り出した。ビールと言えば、決まって銘柄はアサヒだったはずの治則が、手にしていたのはキリンの「一番搾り」だった。

「お手伝いさんがいて、全部やってくれるんだ」

室内には、裕子からすると悪趣味としか思えない家具が置いてあり、違和感しかなかった。ミストサウナを勧められ、服を脱いで入ったが、震えるほど寒いなかを裸で待たされた挙句、突然火傷しそうなサウナの蒸気が足に掛かった。サウナの操作方法が分からず、混乱している様子が手に取るように分かった。コピー一枚自分で取れない不器用な人、それが裕子の知る治則だった。

手向けられた一冊の本

裕子は治則の死の報を聞いて以降、一軒家に連れて行かれた日のことを、「きっと私を死に場所に連れて行ったんだ」と思うようになった。治則は出逢った頃から頭痛持ちで、バファリンを手放せなかった。お腹の調子も常に悪く、顔色も良くない。週に一度の整体が欠かせなかった。

死の四カ月前、治則が彼女に「頭のなかに腫瘍がある」と告げた時も、「大丈夫？」と優しく尋ねることはしなかった。いつも通り素っ気ない口ぶりで応じた。

「そうなんだ。それで？」

「手術できない場所なんだって」

「あっ、そう」

会話はそこで終わった。だが、五月の連休中に会った時、治則は、「やっぱり手術を受けることにした」と前言を翻した。その表情には、約二カ月後に死を迎える悲愴感などまるでなかった。

告別式は、棺に花を捧げる「花入れの儀」へと移り、順番が回ってきた裕子が供花を手に棺を覗き込むと、遺体の表情は笑っているように見えた。

「何笑ってんの？　バカじゃない」

思わずそんな言葉が口を衝いて出た。裕子には、想定外の死に直面した治則が、おどけているようにしか見えなかったのだ。

グレーのストライプのスーツを着せられた治則の遺体の胸のあたりには、一冊の本が手向けられていた。この本は参列者にも配られたが、そこには喪主である息子、一郎からの、こんなメッセージが添えられていた。

〈生前父が創り上げた事業そして無罪を主張し、たたかった裁判の様子が集英社インターナショナル発行・浜田和幸著の『ハゲタカが嗤《わら》った日』で若干著されております〉

著者はのちに参院議員になった国際政治学者の浜田和幸で、正式な書名は『ハゲタカが嗤った日リップルウッド＝新生銀行の『隠された真実』』。そこには、経営破綻後に約八兆円の公的資金が投入された旧長銀を、リップルウッド・ホールディングスを中心とする「ハゲタカファンド」がわずか十億円で買収し、新生銀行が誕生した経緯が克明に綴られていた。

その買収劇の裏で、旧長銀をメインバンクとして急成長を遂げながら、最後はバブルの生贄《いけにえ》として、責任を一身に担わされた治則が、民事訴訟によって一矢報いる姿も描かれている。

裕子は、二〇〇四年九月にこの本が発売された時、しきりに喜んでいた治則の姿を思い出していた。

「今度、じいちゃんは本を出すんだ」

治則は、会食の席に友人を連れて現れた裕子に嬉しそうにそう話した。

「あんたが書いた訳じゃないでしょ」

そう窘《たしな》めたが、治則は本を取り出すと、サラサラとサインし、まるで自分の著書であるかのように彼女の友人にプレゼントした。

告別式では、会葬のお礼として封筒に入れた書籍が手渡されたが、裕子にそれを渡した女性は、彼女に対して敵対心を露わにし、睨みつけるような視線を向けた。

それは、治則の元秘書の女性だった。常に治則の立ち回り先を把握し、行動パターンを熟知しており、治則も「彼女は名探偵なんだよね」と感心するほどだった。裕子は自分が歓迎されざる立場であることを改めて思い知り、足早に会場を後にした。途中で、顔見知りの治則専属の運転手の姿を認めた。彼は一瞬、何か言いたそうな表情を見せたものの、目を逸らし、そのまま去っていった。

北山裕子が、生前の治則に、死の前日までともに過ごした別の愛人が居たことを知るのは、それからしばらく経ってからのことだ。それを聞いた時、彼女は「あの人は逮捕され、東京拘置所を出てからおかしくなった。取り巻く人脈も含めて変わってしまった」と感じたという。

「弟の事業を引き継ぐ」

そして、治則にとって重要な人物の姿が葬儀にはなかった。元衆院議員、山口敏夫である。なぜ彼は葬儀に参列しなかったのか。

治則とは千代田区三番町のマンションで、部屋が同じフロアだったこともあり、親交は約三十年にわたって続いた。治則の死の知らせを受け、慌てて東京に戻った山口は、その日の夜、三番町のマンションの一室で、治則の遺体と対面した。

そこには治則の兄、治之と彼の妻がいた。山口は治則の遺体の顔にかけられた白い布をとり、顔に手を触れ、撫でながら、静かに語りかけた。

「可哀想にな。気の毒にな。苦労して」

慰めの言葉をかけていくなかで、ポロッと彼はこんな言葉を漏らした。

「しかし、お前は、神様のお恵みで、いい時にお迎えに来て貰ったのかもしれないな。そういうこともあるな」

誤解を生みかねない言い方だったが、これに敏感に反応したのが、治之だった。彼は有無を言わせぬ強い口調で、山口にこう迫ったのだ。

「先生、目立つから、葬儀は奥さんだけにして貰えないですか」

山口は、二信組事件の被告として、最後の望みを最高裁判決に託して上告中の身だった。葬儀の場に山口が現れることで、事件の嫌な記憶が蒸し返される。治之は、かねてから金銭面で治則に依存する山口を苦々しい思いで見ていたのだ。

山口が、その時口走った「神様がいい時にお迎えに来た」という言葉の真意を改めて語る。

「私は、彼が復活の拠点にしていた赤坂の草月会館に、仕手株屋のような怪しげな連中が集まっていることを知っていました。彼らの中にはその後、逮捕された人も複数います。その連中に担がれていたのが、治則だった。形だけ見れば、今の広域強盗団の指示役〝ルフィ〟のような存在だった訳です。地検特捜部による背任事件では、治則の無罪を一〇〇％信じていましたが、別件で逮捕されるのではないかと心配していた。だから、そういう言葉が出たのです」

山口は、治之からの突然の申し出に戸惑いながらもこう返した。

「そりゃいいよ、別にね。高橋家の葬儀だから」

そして、治之の提案を受け入れた山口は、通夜には顔を出したが、葬儀には参列しなかった。

山口は八九年に三男を米国で亡くしている。当時、米国留学中だった三男は現地の高速道路で乗っていた車が横転し、路上に投げ出されて即死だった。この時、治則は、「先生、うちの飛行機を使って下さい」と山口に申し出た。そして三男の棺は、治則のプライベートジェットで日本まで運ばれている。山口が続ける。

「それほど深い関係だった。私は治則の死の数カ月前に、彼からパチンコ玉のような瘤の写真も見せられています。『これ、何だ?』と聞くと、『私にできた動脈瘤です』と。すぐに名医に切除して貰えと助言しました。私と彼の関係は他人には窺い知れない部分がある。私は絶対に葬儀に出なければいけない人間だった。その私が葬儀を遠慮したのです」

山口は口惜しそうに当時を振り返った。だが、そこには山口を拒絶する治之の強い意志が現れていた。治之は葬儀を取り仕切った後、弟の側近らを前に、こう宣言した。

「私が電通を辞めて、弟のすべての事業を引き継ぐ」——。

バブルの申し子と呼ばれながら志半ばで逝った弟と、スポーツビジネスの〝フィクサー〟として電通で出世の階段を駆け上がった兄。二人にとって「イ、アイ、イ」グループが創り上げてきた帝国は、誰にも侵されたくない聖域だった。

これから、そのルーツを追っていく。

第1章

慶応 電通 日航

三、人脈の源泉は父・義治

規格外の兄弟はなぜ、生まれたのか。そこには、高橋家を取り巻く環境があった。治則が「天皇家に繋がる家柄」と語る一方で、〝伝説のヤクザ〟とも交流があった。

団塊の世代とは、戦後、第一次ベビーブームの一九四七年から四九年生まれを指す。その間の出生数は毎年二百六十万人以上で、数が多いだけに、必然的に彼らは人生の節目で競争を強いられてきた世代だった。戦中に少年時代を過ごし、戦後の荒廃を体験した焼け跡世代とは、見てきた風景が違う。その二つの世代の間に生まれた者は、戦後復興期に育ち、青年期には高度経済成長を体験、バブルに向かう右肩上がりの恩恵にも浴した。ある意味で、幸せな時代を生きてきたと言えるかもしれない。

高橋治之と高橋治則の兄弟は、まさに、その時期に生まれた。後年、高橋兄弟と親交があった知人は、彼らをこう評する。

「二人とも生まれた時に、太い神経を一本抜かれているんじゃないかと思うほどの桁違いのスケール感があった。普通の感覚ではあり得ないことが、彼らにとっては当たり前だと感じたことが度々ありました」

規格外の兄弟はいかにして生まれたのか。高橋家のルーツを辿ると、その原点は長崎県平戸市にあった。

◇

平戸は、九州本土の西北に位置し、北は玄界灘、西は東シナ海を望む。かつてはポルトガルやオランダを始め、欧州諸国との貿易港として栄え、〝西の都〟と謳《うた》われた異国情緒漂う港町である。寺院の瓦屋根と教会の尖塔が並ぶ独特の風景が、キリシタンの島として知られた歴史を物語る。

治之は父・義治《よしはる》と母・朝子《あさこ》の長男として一九四四年四月六日に東京で生まれている。その後、一家は戦火を逃れ、父方の地元である平戸に疎開。そこで終戦を迎え、約二カ月後の四五年十月九日に生まれた年子の弟が、次男の治則である。

程なく一家は東京に戻ったが、大正生まれの義治は、幼い頃から二人に江戸時代に平戸藩六万石を治めた藩主、松浦《まつら》家と高橋家の縁を説いて聞かせたという。

松浦家は平安時代まで遡る名家で、「松浦水軍」として国内外に名を馳せた松浦党の流れを汲むことでも知られている。

平戸にある松浦史料博物館の学芸員、久家孝史が解説する。

「記録によれば、一六四〇年頃、浪人だった美濃出身の高橋家の祖先が、仇討ちの功績が認められ、平戸藩に家臣として召し抱えられたとあります。松浦家と高橋家の縁が深くなったのは、明治に入り、廃藩置県の間際に『御内向』という形で、東京の松浦家の藩邸に採用されてからのことです」

高橋兄弟の祖父、猪之助は、若くして松浦邸で家従《かじゅう》となり、明治四十一年一月に東京で行なわれた最後の平戸藩主、松浦詮《あきら》の葬儀の際には、儀式係を担当している。その記録が昭和五年に編纂された「松浦詮伯伝」の第二巻に残されていた。猪之助は、家従として働くなかで、松浦家の縁者と結婚。妻は松浦家の本家ではなく、庶流の志佐《しさ》家の出身だったとされる。

治則はバブル期に、「松浦藩主の末裔」として紹介され、その家柄の良さが「イ、アイ、イ」グループの急成長の原動力になったと喧伝されてきた。そこには誇張も含まれていたが、治則自身、親しい友人らには「うちは天皇家とも繫がる家柄」と語っていた。

それはむしろ、高橋兄弟の母方、北田家の家系に見て取れる。母、朝子の従兄には元運輸相の大橋武夫がいる。大橋の妻は「ライオン宰相」と呼ばれた浜口雄幸元首相の娘で、上皇后美智子の正田家とは縁続きとなる。東京ガスの安西家や千葉の旧財閥、森コンツェルンにまで連なる華麗なる家系は、高橋家の拠り所でもあった。

平戸の市街地から車で十分ほど走った高台に、鬱蒼《うっそう》と木々が繁る巨大な邸宅跡がある。敷地を囲う白い塀にも草木が覆い被さり、壊れたシャッターの門構えには「高橋」の表札だけが残されていた。

近所に住む八十代の元市役所職員が振り返る。

「(高橋兄弟の)祖父の猪之助さんは松浦家の執事のような仕事をしていて、昔は大地主だった高橋家の立派なお屋敷が建っていました。一九七〇年代には義治さんが、白いコンクリート造りの三階建ての洋館に建て替え、別荘に使っていた。近隣に義治さんの妹さんが長く住んでいましたが、彼女が関東に引っ越してからは人が訪れることもなくなりました」

それはひと際目立つスペイン風の洋館だったが、二十年以上前に取り壊された。草木が生い茂り、周辺住民から苦情が出ると、治之が地元の業者に手入れを依頼。約十年前に大掛かりな伐採が行な

今では荒れ果てた平戸市内に残る高橋邸（筆者撮影）

われた際は、草むらから猪が走り出て、隠れていたお社《やしろ》も姿を現した。そしてまた、時が戻ったかのように再び敷地は荒れ果てた。今では地元でも高橋家の印象は薄れつつあるが、バブル絶頂期にはヘリコプターをチャーターし、この地を訪れる治則は有名だった。

三軒隣に若尾文子の自宅

平戸から佐世保方面に車で約二十五分も行くと、かつて平戸藩主が参勤交代の往路の第一夜を過ごす宿場町として栄えた江迎町《えむかえ》がある。現在は佐世保市に組み込まれたが、ここにある「平戸ゴルフクラブ」（当時）は、治則が親族のマルヤマ醤油の創業者一族と共同開発の形で九〇年八月にオープンさせたものだ。

マルヤマ醤油は江戸元禄期から松浦藩のもとで醸造業を始めた老舗で、戦前には佐世保の海軍に味噌や醤油を納入して、莫大な資産を築いたと言われる。

その頃、社長を務めていた明治生まれの山下謙次郎は、地元の北松商工会議所の会頭を務める名士だった。彼は、「うちには平戸藩主が参勤交代で泊まった本陣屋敷があり、文化財に指定されている蔵もある。高橋家なんて比べ物にならないほど格上だ。別荘には米国の大使館関係者まで泊まりに来た」と豪語し、全盛期の芸者遊びを周囲に得意気に語っていた。

「儲かってカネがどんどん入るから、使うのに困るくらいだった。佐世保の料亭では、芸者衆をみんな裸で四つん這いにさせて、そこに札束をバーンと撒く。そして口で拾わせるような遊びをしていたんだ」

一八八九年に海軍の鎮守府が置かれた佐世保は、日露戦争、第一次世界大戦、日中戦争、太平洋戦争と、戦争が起こるたびに街が発展した。「東洋一の軍港」と呼ばれ、遊郭・花街も賑わった。カネに群がる人たちが狂喜乱舞する姿を眺めて楽しんだという山下の武勇伝も決して誇張ではない。戦後もその羽振りは続き、山下は客人があると、庭には滝が流れ、茶屋まで設えてある自宅に招き、名物の「白魚の踊り食い」から始まる最高のもてなしで迎えていた。海を臨む絶好の立地にあった別荘には、駐日大使だったマイケル・マンスフィールドや在日米軍の司令官クラスもたびたび招かれていた。山下家と高橋家は親戚でありながら、お互いの家柄を牽制し合う関係で、義治は息子たちに「アイツ（山下謙次郎）は、妾の子供だけど偉くなったもんだな」と漏らすこともあったという。のちに山下の息子の一人は、治則のリゾート開発に感化されて海外進出を果たした。オーストラリアでゴルフ場開発を手掛けたが、バブル崩壊とともに莫大な借金を抱えた末に、親族の前から忽然と姿を消している。高橋家の周辺には、金銭感覚を狂わせる一攫千金を狙うドラマが溢れていた。

戦後、高橋家は、五〇年に東急目蒲線（現目黒線）・洗足駅近くに土地を購入して移り住んだ。この一帯は、米国帰りの渋沢栄一による田園都市構想に基づき、大正時代に「洗足田園都市」として分譲が始まった新興住宅地である。

なかでも高橋邸は広い芝生の庭にプールがある豪邸で、車庫には、当時珍しかったオペルやシボレーなどの高級外車が並んでいたという。三軒隣には、五二年に銀幕デビューを飾り、一躍人気を博した新人女優、若尾文子の自宅もあった。

高橋家と親交があった知人は、当時の様子をこう語る。

「父親の義治さんは、終戦直後に大阪造船所から鉄板を持ち出して売り捌き、当時のカネで億単位の財産を築いたと話していた。儲けた金は百円札で押し入れにしまってあったそうです」

義治は法政大学卒業後、四一年に東満洲産業に入社。この会社は山口県出身の事業家が、有力財界人などを取締役に据え、満洲投資のために設立したもので、義治は秘書課で鉄鋼部門に携わっていた。

大阪造船所は、戦後の一時期、日本の三大億万長者の一人と言われた南俊二が創業した。相場師としても知られた南は終戦後に造船業から鉄に目を付け、東京を舞台に、復興需要が高まっていた薄板を売り、巨万の富を築いた。義治が、安西家から南家にも続く血縁や満洲人脈を駆使し、その儲け話に一枚嚙んだとしても不思議はない。一攫千金を狙う山師的な気質は、高橋家のＤＮＡでもあったのだ。

「コネは自分で作る」

その後、義治は商社「東洋物産」の役員を経て、貿易ビジネスに乗り出す。叔父が三井物産系の東洋レーヨン（現東レ）に勤めていた関係で、ナイロンストッキングの輸入などを手掛け、請われて役員になった「ＳＫＢ鉄砲販売」では米国からライフルを輸入する仕事も始めた。

「家柄がいいだけでは仕方がない。これからは事業でカネを稼がないとダメだ」

当時の義治は周囲にそう語っていたという。

その言葉通り、カメラや顕微鏡を扱う「冨士光学」や映画の業界紙を発行する「中央通信社」、さらに分譲別荘を扱う「住宅造成」も経営し、手当たり次第に商売を広げていく。

その頃、治之と治則は、父親が仕事で扱う空気銃を持ち出して、庭で友達と缶を目掛けて撃つ遊びに夢中だった。当時は規制も今ほど厳しくなく、義治にもライフルや空気銃で鳥を撃つ鉄砲仲間がいた。その一人が旺文社の創業者、赤尾好夫だった。赤尾はクレー射撃の名手で、全日本狩猟倶楽部の会長を長く務めたが、義治は息子たちも赤尾邸に連れて行き、家族ぐるみで関係を深めていた。

そして赤尾は、旺文社が東映や日本経済新聞社などと日本教育テレビ（現テレビ朝日。当時の呼称はＮＥＴ）を立ち上げる際、許認可の取得で力を借りるために義治をスカウト。義治の妻の従兄が内務官僚出身の政治家、大橋武夫だったことから、その政治力に期待したのだ。五七年、銀座にＮＥＴの創立準備事務所ができると、義治も出入りするようになり、二年後の開局時には総務局次長として迎えられている。

ＮＥＴの元幹部が、義治についてこう振り返る。

「草創期のＮＥＴは各方面から雑多な人材が集まった寄り合い所帯でした。そのなかで高橋さんは商社出身で、パリッとしたスーツに身を包み、ダンディーだった印象があります」

部下からも慕われ、昭和三年生まれのＮＥＴ社員の親睦会「昭三会」には、ひと回り年上ながら副会長として参加。飲み会やゴルフ、保養所の軽井沢山荘への旅行にも顔を出した。

義治の実弟も東京放送（現ＴＢＳ）で営業部長などを務めており、高橋兄弟にとって放送メディアは幼い頃から身近な存在だった。のちに治之の長男がＴＢＳ、長女がテレビ朝日に入ったことも、こうした環境とは無縁ではなかったのだろう。

ただ、義治はテレビ局の枠だけに収まるような人物ではなく、「もっとスケールの大きな人だった。テレビ局の仕事も、いろんな金儲けの一つで、何らかの形で自分の商売に利用しようとする強かな面があった」（別のＮＥＴ元幹部）という。

フジテレビとテレビ朝日の支配構造の歩みを追ったノンフィクション『二重らせん　欲望と喧噪のメディア』では、義治が〈大の派手好き、遊び好き、山っ気一杯のやり手〉と評され、ＮＥＴに勤めながら、数寄屋橋に個人事務所を持ち、その奥で、夜にはバーを密かに経営していた様子が描かれている。

その貪欲さは、清濁併せ呑む彼の人脈にも現れていた。

戦後に愚連隊を率いて渋谷を舞台に暴れまわった伝説のヤクザ、「安藤組」の安藤昇もその一人だ。

「安藤さんは戦後、法政大学予科に入って中退している。年齢は義治さんの方がだいぶ上ですが、法政繋がりで縁ができたと聞きました。安藤さんが逮捕された時、親しい法政OBが集まり、彼を支援しようという話になったそうですが、そこで義治さんが指名を受けて、身元引受人にもなったそうです」

「イ、アイ、イ」の元幹部はそう語り、後年、治則の社長室に安藤が訪ねてきた時のことを鮮明に記憶していた。

「ノリちゃん」

安藤は治則をそう呼んで、親し気に話していたという。

高橋兄弟の底知れない人脈の源泉は父、義治にあった。

義治は、妻のたっての希望で治之を慶応幼稚舎に入れた。当時の慶応幼稚舎は、今とは比べ物にならないほど狭き門で、選ばれた富裕層の子供たちが通った。高橋家も受験に備え、地元のうさぎ幼稚園に通う治之をバスで幼児教室にも通わせていたという。

治之が幼稚舎に合格すると、治則もこれに続いた。義治は英国フォード社製の車を駆って自ら送り迎えし、治之のことを「ハチ」、治則のことは「ノリ」と呼んで可愛がった。高橋兄弟を知る慶応OBが語る。

「義治さんは、非常に温厚な印象でした。治之は、仲間からは、高橋の苗字を縮めて『タコ』と呼ばれていた。治則のこともタコと呼ぶ人がいて、一歳違いの兄弟は、お互いの同級生とも親しく交流し、〃幼稚舎組〃の輪のなかで育っていったのです」

慶応ブランドの箔は、のちの二人の人生に大きな影響をもたらしていく。

「コネは自分で作るものだ」

父、義治は日頃からその言葉を度々口にしていたという。彼はＮＥＴの総務局に在籍していたが、体調を崩し、半年ほど休職。復帰後は技術局に配置換えとなった。その頃、出入り業者の一社と出会っている。

その会社の名は、「イ、アイ、イ」、正式名は「Ｅｌｅｃｔｒｏｎｉｃ　ａｎｄ　Ｉｎｄｕｓｔｒｉａｌ　Ｅｎｔｅｒｐｒｉｓｅｓ」。バブル期に治則が飛躍する原点となる会社である。

「イ、アイ、イ」は、終戦後の四八年に設立された電気機器の輸入販売会社で、創立者は郷百合子。彼女の父、郷隆三郎は日清製粉の元専務で、米国に駐在歴があり、百合子も米国生活が長かった。その経験と人脈を生かし、主に世界的な化学・電気素材メーカー、３Ｍの製品の輸入販売を手掛けていた。

そこで副社長を務めていたのが、発明王として知られるドクター・中松こと中松義郎だ。

周到な〝乗っ取り劇〟

東大を卒業後、三井物産に入社した中松は、フロッピーディスクの開発に繋がる「ナカビゾン」を発明して脚光を浴び、「イ、アイ、イ」にスカウトされた。中松が入社の経緯を語る。

「当時、私は三井物産から出向し、松竹と組んでワイドスクリーン技術を開発するためのオフィスを銀座に構えていました。ある日、銀座の大通りを歩いている時に物産時代の先輩とばったり出会ったのですが、彼が『イ、アイ、イ』の総支配人を務めていたのです」

総支配人は中松に会社の窮状を訴え、こう提案したという。

「自分には手に負えないので、手伝ってくれないか」

中松は熟慮の末、「副社長という形でなら」と引き受けることにした。その後は中松が旗振り役となって改革に着手。新卒者を次々採用して規模を大きくし、NHKなど各局に3M社製のビデオテープを販売して商機を摑んだ。その時、NETの技術局にいた愛想のいい担当者が義治だった。高橋家と家族ぐるみの付き合いになり、夏休みには義治と二人の息子と山中湖で、ボートに乗って遊んだ記憶があるという。

中松はコンピュータ事業でも成果をあげ、新規事業を開拓する目的で、米国にも頻繁に出掛けた。当時は、3M社が日本法人設立にあたって住友グループと組む道を選んだことで、「イ、アイ、イ」の業績に陰りが見え始めていた。その逆境下でも、中松は名立たる米エレクトロニクス企業のトップの知遇を得て、新展開に向けて好感触を得ていた。

だが、異変は突然やってきた。

七一年、いつもは二週間程度の海外出張が、この時は約二カ月まで延びた。日本に戻ると、迎えの社員の姿がない。さらに、会社に行くと社内の雰囲気が一変していたのだ。

「出発する時は、社員が笑顔で送り出してくれたのに、何が起こったのかさっぱり分かりませんでした。側近だった秘書室長は居なくなり、私の役員室もロックアウトされ、入ることさえできませんでした」

　貴重な書類や高額な機材も持ち出せず、退職金もないままに会社を追われたという。役員会にも根回しをし、周到に仕組まれた〝乗っ取り〟としか考えられなかった。

　七五年、「イ、アイ、イ」は新しい社長を迎えた。それが、ＮＥＴを退職した義治だった。中松はこの時、追放劇のからくりを悟ったという。

「イ、アイ、イ」の元幹部の一人は、「中松さんは当初、社長含みで招聘されていた。ところが、郷さんがなかなかその座を譲ってくれず、業を煮やした末に一部の社員を引き連れて飛び出したと聞いていた」と反論するが、両者の主張は真っ向から対立している。ただ、中松はこの件ですべてを失ったショックから体調を崩して入院し、裁判所に地位保全の申し立ても行なったという。最後は周囲の説得により、「イ、アイ、イ」と縁を切り、かねて立ち上げていた自身の会社「ナカマスコープ」に専念する道を選んだ。今となっては義治がどう立ち回ったのかを検証する術はないが、彼が独自の人脈で、「郷さんが、会社を売りたがっている」という情報をいち早く摑んでいたことは確かだった。帝国ホテルを常宿にする郷の奢侈生活も禍《わざわ》いし、「イ、アイ、イ」の業績が悪化の一途を辿っていくなか、その情報を持ち込んだのは、のちに治則のゴルフビジネスにも深く関わる人物である。彼は、父親が歌舞伎座の元副支配人だった伝手《つて》で、大学卒業後に松竹に入社。その後は東京タワーの袂《たもと》にハイヤー会社を興し、ＮＥＴにハイヤーを手配する業者として義治と知り合ったという。

　こうして義治が縦横無尽に張り巡らせた人脈は、やがて二人の息子に引き継がれていく。彼らは父親が地ならしした道を往き、成功の糸口を摑んでいくのだ。

四、生粋の慶応ボーイ

幼稚舎から慶応の高橋兄弟。治之は高校時代から高級外車を乗り回し、自宅で盛大なパーティーを開いていた。かたや治則は〝ある事件〟によって、退学処分を食らってしまう。

一九六一年に公開された映画「大学の若大将」は、若大将シリーズの記念すべき第一作である。主人公は慶応大出身の加山雄三。加山が演じる老舗すき焼き屋の長男が、水泳で五輪を目指し、時代を先取りしたアメリカ風のキャンパスライフを送る。その眩《まぶ》しい姿は、当時の若者の憧れの的だった。敗戦から復興を遂げた日本が、「岩戸景気」で勢い付き、世界に例を見ない高度経済成長期を迎えていく活力ある時代の理想像を表していた。

その前年の四月、高橋治之は慶応義塾高校に入学した。男子校の慶応義塾高校は通称、〝塾高〟と呼ばれ、ほぼ全員が推薦で慶応大学に進学できる。そのため、クラブ活動や趣味に伸び伸びとした三年間を過ごせる自由な校風で知られる。幼稚舎から慶応普通部を経て、順当に塾高に進んだ治之は、その自由を謳歌するように四月に十六歳になると、すぐに自動車免許を取得。時に父・義治の目を盗んで、イギリス車オースチンを運転し、日吉の地下壕周辺のスペースに車を停めていた。

塾高の同級生が振り返る。

「あの頃は、車で塾高に通う学生が結構いました。彼も時々親に無断でオースチンを持ち出し、父親から『俺が乗ろうと思っていたのに』と怒鳴りつけられたと話していました」

その後ろ姿を追うように、弟の治則も塾高に入ると「軽免許」を取得した。当時は、軽自動車用の免許が制度化されており、十六歳から軽自動車の運転が可能な免許を軽免許と呼んだ。義治はのちに、大学生になった治之にはセドリックを、軽免許の治則にはスバル車を買い与えた。

白黒テレビと冷蔵庫、洗濯機が「三種の神器」と呼ばれた時代。高校生で高級外車を乗り回す治之は、加山が演じた映画の主人公さながらに時代の最先端を行く〝慶応ボーイ〟だった。

治之の幼稚舎時代の同級生には、昭和天皇の初孫として知られた東久邇《ひがしくに》信彦や世界的ピアニストとなった中村紘子らがいた。とくに旧皇族の竹田家の次男で、伊藤忠理事からブルガリア大使も務めた竹田恒治とは竹馬の友だった。竹田家は五人きょうだいで、恒治の三歳下の末弟が、のちにJOC会長になる竹田恒和だ。

前出の塾高時代の同級生が述懐する。

「当時の〝幼稚舎組〟は結束が強く、高校から慶応に来た同級生を〝外部〟と呼んで一線を引くところがありました。彼らと仲良くすると、『お前、外部と付き合うのか』と露骨に嫌な顔をする者もいました。しかし、治之にはそういう垣根がなかった。逆に彼らの盾になり、温かく迎える度量の広さがありました。彼は外部から来た友人と一緒にボクシング部に入部していました」

国体の神奈川県予選にも出場し、勝ち星をあげたが、試合後に頭痛を訴え、病院に運び込まれた。腕力が強く、パンチ力はあったものの、相手のパンチをブロックする基礎的な技術がなく、連打を浴びた結果だった。

母親は、ボクシングに熱を上げる治之を「それ以上頭を殴られたらバカになる」と心配したが、翌年塾高に入学した治則もボクシング部に入部した。実は、ボクシングを始めたのは、治則の方が先。彼は兄にも内緒で、自宅から少し離れた街のジムに通っていたという。それは、奔放な兄への羨望とは違う、ライバル心の芽生えだったのかもしれない。

治則の幼稚舎時代のクラスメイトには、フジサンケイグループの祖である鹿内《しかない》家の二代目、鹿内春雄や、のちに治則のゴルフビジネスにも関わるゴルフ評論家の戸張捷《とばりしょう》らがいた。

架空パーティーの嫌疑

元衆院議員の太田誠一は、地元・福岡の中学校を卒業して塾高に入学。そこで治則と知り合っている。太田は、博多大丸の元会長を父に持ち、身内に政財界の有力者がいる家系に育ったが、当時はまだ政治家志望ではなかった。品川区小山にあった親族宅に身を寄せ、毎日、最寄り駅の洗足から目蒲線に乗って日吉にある高校まで通った。

目蒲線は、現在の東急目黒線の旧称で、かつて〝都会のローカル線〟の風情を漂わせて走る濃紺と黄色のツートンカラーの車両で親しまれていた。当時の塾高は一学年に約七百人の生徒がいたが、目蒲線を利用して通う同級生は、せいぜい三人。その一人が治則で、同じクラスになり、毎日通学で顔を合わせるうちに言葉を交わすようになった。

太田が当時の記憶を辿って語る。

慶応義塾幼稚舎の夏服を着て写真に収まる治之（左）と治則（高橋治之氏提供）

「高校から慶応に入った同級生には、のちに政治家になる中曾根弘文や小坂憲次がいましたが、決して目立つ存在ではなかった。塾高で目立つのは、やはり幼稚舎から普通部に進んできた連中です。慶応には普通部と中等部という二つの中学がありますが、幼稚舎出身者は伝統ある普通部に進む。彼らは自分たちが慶応の主流だという自負がある。その後、有名になった同学年の幼稚舎出身には、バラエティ番組を制作している『ハウフルス』の菅原正豊（「タモリ倶楽部」などを手掛けたテレビプロデューサー）がいました」

治則も慶応幼稚舎から普通部に進んだ主流派だったが、太田にとって忘れられない出来事が、治則の印象を一変させた。学内の掲示板に張り出された治則の退学処分の告知である。塾高では、学生の不祥事について三段階の処分があり、問題の履歴が記録として残される譴責、次に停学、そして最も重いものが退学処分だった。

治則は、ある事件の関係者の一人として処分を受けたのだ。

「折角いい高校に入ったのに、あっという間にクビになって可哀想に」

太田は掲示板を見ながらそう思った。だが、励ましの言葉を掛けようにも、この日を境に目蒲線で治則の姿を見かけることはなくなった。

当時、巷ではダンスパーティーが大人気だった。早熟な高校生のなかには企画を立ち上げ、会場を押さえて、女子学生を集めたパーティーを頻繁に開催し、収益をあげている者もいた。塾高生も例外ではなく、慶応ブランドの絶大な影響力で、千人規模の客が集まることも珍しくはなかったという。

治之も、品川区小山にあった自宅の広い庭を使って百人ほどを集めたパーティーを開催し、成功させていた。その盛況ぶりを目の当たりにしていた治則も仲間とともにパーティーを企画した。ところが、この情報が学校側に漏れ、会場が確保されていない架空パーティーのチケットを売り捌いたとの疑いを掛けられてしまうのだ。

治則の慶応普通部時代からの友人、中江和彦が当時を振り返る。

「授業中に治則君から『悪いけど、あと五十枚作ってくれ』と頼まれ、パーティー券を一緒に作った記憶があります。私は一度も行ったことがないので、詳しい内容は知りませんでした。手作りのパーティー券だから内輪のレベルかと思っていたら、かなりの規模だったようです。これが学校だけでなく、税務署にもバレて、一発で退学になったのです」

首謀者は、素行不良で二年生に進級できなかった治之の元クラスメイトだった。ダブって治則と同級生になった彼が主導し、横浜の土建業界の大物を父に持つ資産家の仲間が、豪邸を会場として提供する形で準備を進めていた。しかし、学校側は架空であると断じて、治則を含む三人を退学処分にしたのだ。

治則が、好奇心と遊び心から始めたイベントは、〝青春時代の苦い思い出〟では済ませられない、多くの犠牲を払う結果を招いた。

後日、治則は中江ら近しい友人には直筆で、謝罪の葉書を出している。

〈世間知らずで、みんなに迷惑をかけてごめん〉

太田は当時の状況について、「高橋（治則）も横浜の土建業界のボスの息子も男気があったから仲間を庇《かば》って潔く辞めた。二人は大物だなと言われていた」と振り返る。

再び慶応に戻ってきた

ただ、実際には、あっさりと引き下がった訳ではなかった。高橋兄弟の父、義治は息子の処分に烈火の如く怒り、学校に乗り込んで猛然と抗議したという。

高橋兄弟の友人の一人が明かす。

「義治さんは当初、自宅にあった散弾銃を持って学校に乗り込もうとしていた。ただ、その頃、高橋家には元警察官の書生のような人がいて、彼が必死に義治さんを止めて、何とか銃を持って行くことだけは思い止まらせたのです」

しかし、父の抗議を以てしても処分は覆らなかった。そして高橋家はこの頃、品川区内にあった豪邸を売却し、住み慣れた地を去っている。

治則はその後、都内にある私立の世田谷学園に編入した。義治は、息子の受け入れ先を探して奔走し、世田谷学園出身の元農相、広川弘禅《こうぜん》の関係者による口添えで、編入学が決まったという。

だが、仏教系の世田谷学園の校風は治則にとっては退屈なものだった。世田谷学園は、登下校時に校門の白線で立ち止まって一礼するのが、朝夕の風物詩となっている。禅宗である曹洞宗を教育の基盤に掲げており、禅堂での坐禅も授業に取り入れられていた。

塾高時代は、仲間と千葉の海に繰り出し、磯に入ってアワビやサザエを探したり、葉山の別荘地に遊びに行くなど自由気儘だったが、その生活もガラリと変わった。

治則は、成績上位だったが、編入してきた〝異分子〟としてイジメにも遭った。ボクシング経験があった治則は人前では決して手を出さなかったが、イジめた相手を自宅に誘い、ボクシングのグローブを付けた打ち合いで、きっちり〝お返し〟をした。

当時、治則と久々に会った中江は、その変貌ぶりに驚かされたという。

「彼は『暇にしていてもつまらないから』と言って、高校生なのにビジネスを始めていた。放課後に、スーツ姿に着替え、銀座の高級クラブを回り、『これからの時代、エアコンがなきゃダメですよ』と営業活動をしていたんです。どんな伝手があったのかは知りませんが、米国の大手電機メーカーの個人代理店になっていました。あの頃は銀座の有名店でも、エアコンが入っていない店が結構あって、そういう店に米国製のエアコンを売り込んでいた。『スゲーな』と驚くばかりで、我々とはレベルが違う奴だと思いました」

正確に言えば、治則が個人でビジネスをしていた訳ではなく、大学生の兄、治之の仕事を手伝っていたに過ぎない。当時、治之は知人に頼まれ、米国の電機メーカー「キヤリア」の関東地区の販売担当を任されていた。米国製の高性能なエアコンは一台五十万円の高値が付けられていたが、販売の利益は五割。一台売るごとに二十五万円が入ってくる計算だった。

周囲に資産家が大勢いた治之は、割引価格で彼らに斡旋。機転を利かせ、町の電気店と組み、手数料を落とす代わりに、設置作業もセットで行なわせていた。それでも二割、三割の利益は確保できた。治之は大学二年の時点で、得意先だった銀座のクラブでは、すでに〝顔〟だった。

そこには、商魂逞しく戦後を生き、資産を築いた父、義治の影響が見て取れる。そして治則もまた屈辱的な退学で、慶応の輪から零《こぼ》れ、失意のなかにあっても、決して悲観ばかりしていた訳ではなかった。

六四年春、慶応時代の友人たちは再び治則に驚かされることになる。

塾高で同級生だった太田は、大学のキャンパスで久し振りに見かけた治則に、「どうしたの？」と話し掛けずにはいられなかった。治則は一般試験を受けて法学部に合格し、再び慶応に戻ってきたのだと説明した。

太田が述懐する。

「当時の法学部は学内でもそれほど上位の学部ではなかったのですが、それでも驚きました。高校をクビになった時、大学で慶応に戻すことが予め決まっていたのではないかと思ったほどでした」

実際に当時、慶応大関係者の間でも、義治と満洲人脈で繋がる後の環境庁長官の毛利松平《まつへい》の尽力があったのではないかと囁かれていた。毛利は慶応大の柔道部主将として鳴らした有力ＯＢだった。だが、そんな憶測をよそに、入学式の治則は〝噂の男〟だった。

「お前、何やってんだよ」

本来なら居るはずもない治則の姿を見て、あちこちからそう声が掛かった。退学処分から慶応に返り咲いた伝説は、塾高の後輩だけではなく、同じ慶応大の付属高校である慶応志木でも語り草になっていたという。

「受験前は、二十四時間勉強した」

治則は後年になっても、当時を大袈裟にそう振り返ったが、その要領のよさと周りをアッと言わせ、煙に巻く演出は、彼の真骨頂でもあった。

軌道修正に成功した治則は何事もなかったかのように、再び慶応の友人らとつるむようになった。

「大学の面白い遊び人がいっぱい集まるから来いよ」

中江は、治則に誘われるままに慶大のアイスホッケー同好会「レンジャース」に顔を出した。

レンジャースは、治之が塾高のボクシング部で一緒だった同級生らと立ち上げた同好会だった。

レンジャースの関係者が語る。

「当時の慶大には体育会のアイスホッケー部のほかにアイスホッケーの同好会が三つほどありましたが、レンジャースは東京都アイスホッケー連盟にも加盟し、本格的でした。都内のスケートリンクはどこも争奪戦で、夜十時くらいからでないと借りられないケースが多かった。集まって練習をして、そのままみんなでワイワイ焼き鳥屋などに飲みに行く感じでした」

治之の幼稚舎時代からの親友、竹田恒治は、高校時代からアイスホッケー部で活躍。高校から慶応に入り、二人と仲が良かった廣瀬篁治《たかはる》もマネージャーとして入部し、大学でも揃って体育会のアイスホッケー部に入ったが、時にレンジャースにも顔を出していたという。

廣瀬はのちに自動販売機のビジネスなどで実業家として成功し、治之だけでなく、弟の治則とも密接に結びつく。彼もまた、母親が大日本製糖を中心とした旧財閥、「藤山コンツェルン」の出身で、元外相の藤山愛一郎の実妹という名家の血筋だ。

治則は中江ら同級生を連れてレンジャースに合流。高橋兄弟の人脈は、アイスホッケーというキーワードで繋がり、一層広がりを見せていく。

彼女をナイトクラブに

治之は途中からレンジャースに姿を見せなくなるが、その合間に弟のスバル車を借りて、産地から空輸された新巻鮭などを届ける宅配のアルバイトに精を出した。

治之に呼び出された友人が、後部座席に大量に積み上げられた新巻鮭の包みを見て、「これ、届けなくていいの?」と聞くと、彼はこう答えた。

「いいんだよ。面倒くさいから放っておくよ」

当時の治之が、バイトよりも熱を上げていたのは、女性だった。大阪大学医学部出身の医師の娘で、大学の同級生だった。のちに治之の妻になる女性である。ピアノを嗜《たしな》む華やかな美人で、治之の猛アタックで交際が始まったという。

彼女との交際は仲間にも内緒にして、密かに逢瀬を重ねた。

時には背伸びをして大学生ながら、当時赤坂で人気だった伝説の高級ナイトクラブ「コパカバーナ」にも彼女を連れ出した。コパカバーナは、海外のＶＩＰや日本の名立たる政治家や財界人、各界のトップスターが通い、デヴィ夫人がインドネシアのスカルノ大統領と出会った場所としても知られる。フランク・シナトラを始め大物ミュージシャンの華やかなショーも人気で、セレブの社交場だった。

治之はそこで偶然、大学の友人と会った時には、「お前、彼女に手を出したらタダじゃおかないからな」と温厚な彼には珍しく厳しい口調で釘を刺すこともあったという。

一方、治則は、大学の授業にもほとんど出ることはなく、もっぱらビジネスに夢中になった。マンションの売買を手掛け、ここでも商才を発揮していた。

当時、高橋家は世田谷区の用賀に邸宅を構え、庭には犬好きの母親がスピッツを飼っていた。高橋兄弟が大学生だった六六年七月、母親はこの自宅に本店を置く「ハイブリッヂ」という会社を設立している。苗字を英語で表した社名の通り、ファミリービジネスの会社で、山中湖の別荘地の開発や美術品の輸出入販売などを目的とし、取締役には治之と治則も名を連ねた。彼ら兄弟にとってビジネスや金儲けは、学生時代から、ごく身近にある〝家業〟だった。

そして慶応ブランドに染まった映画のような青春時代を過ごした無敵の兄弟は、日本を代表する二つの企業に分かれ、実社会の扉を開いていく。

五、就職、そして結婚

兄は新本社ビルが完成したばかりの電通へ。華やかな雰囲気を纏う医師の娘と結ばれる。弟は日本航空に入社。彼が熱をあげたのは、〝北海道の政商〟と呼ばれる男の娘だった。

一九六七年五月、東京・築地に、日本を代表する建築家、丹下健三が設計したコンクリート剝き出しの柱梁に覆われたスタイリッシュな外観の電通本社ビルが完成した。威圧的な十三階建てのビルの側壁からは梁が飛び出し、短い手足を彷彿とさせた。それは生命力をみなぎらせて手足を伸ばす赤ん坊の如く、戦後に急成長を遂げた電通が、さらに力強く飛躍する未来を象徴しているかのようでもあった。

この年、高橋治之は、慶応大学法学部を卒業し、電通に入社した。就職に際しては、NET（現テレビ朝日）に勤めていた父、義治にも相談したが、口添えできる企業として名前が挙がったのは、NETと電通だった。

治之と同期入社の一人が言う。

「彼は慶応幼稚舎時代からの同級生と揃って電通から内定を貰っていました。内定者は東京モーターショーのアルバイトのクチを紹介して貰えたので、そこで他の同期とも仲良くなるのです。当時は、入社時にあだ名をつけるのが習わしで、彼は学生時代のニックネームのまま〝タコ〟と呼ばれていた。みんな何らかのコネ入社でしたが、採用の時には、学科試験の成績優秀者から順に面接を受ける形でした。その時点で彼は下位に甘んじていたうえ、入社前の二月になって、卒業に必要な単位が足りないかもしれないと慌てていた。何とかギリギリで卒業証書を貰ってきたものの、結局は新築の東京本社ではなく、大阪支社の新聞雑誌局に配属になったのです」

仲人は慶応塾長夫妻

当時の電通は、コネ入社が当たり前の世界だった。電通の〝中興の祖〟と呼ばれた四代目社長の吉田秀雄は、新聞や雑誌など活字媒体が中心だった広告業界にあって、民間のラジオ放送の立ち上げに尽力。その後は、テレビ広告の代理業にも力を入れてメディア全体を掌握し、日本の広告ビジネスの礎を築いた。彼は満鉄（南満洲鉄道）出身者を重用し、人脈を広げた。そのネットワークは〝コネ〟によって増強され、電通の強みとなった。

〈仕事は自ら創るべきで、与えられるべきでない〉
〈大きな仕事と取り組め、小さな仕事はおのれを小さくする〉

吉田は、この言葉に代表される〝鬼十則〟を電通社員の行動規範として残した。新社屋は吉田の悲願として計画されたものだったが、彼はその完成を見ることなく、六三年に亡くなっている。

その後も吉田イズムは脈々と引き継がれ、六四年の東京五輪に続く国家プロジェクトとして、七〇年に大阪で開催されたアジア初の万国博覧会でも、電通は全社をあげて協力体制を組んだ。大阪万博は、電通が七三年に売上高で世界最大の広告代理店となる上で、大きな弾みとなった。

生粋の〝慶応ボーイ〟だった治之には大阪での生活は肌に合わなかった。だが、東京への異動希望が叶えられることはなく、四年強を大阪で過ごした。

大阪時代に治之は、かねてから交際していた大阪出身の同級生と結婚している。医師だった彼女の父親は堅物で、箱入り娘に見合いを勧めており、それを知った治之が、結婚を急いだのだ。

彼女は、六七年に日本航空がロンドンとニューヨーク間を結んで世界一周線を実現した時、東京青年会議所の「国際親善ミス東京」として宣伝キャンペーンの仕事もこなすなど、華やかな雰囲気を纏った女性だった。

二人の仲人は、慶応義塾の当時の塾長、永沢邦男夫妻。実は、永沢の息子は、治則と幼稚舎時代からの同級生で、高橋家と永沢家には深い結びつきがあった。披露宴は都内で、治之の電通の上司や学生時代の仲間などを招いて盛大に行なわれた。

大阪には、慶応の仲間も遊びに訪れ、その縁で貴重な人脈も得た。和歌山県選出の衆院議員、山口喜久一郎の秘書だった中西啓介もその一人である。中西は、治之の塾高時代からの親友だった廣瀬篁治の遠縁にあたり、酒席をともにするなかで関係を深めたという。のちに中西は衆院議員となり、治之の実弟、高橋治則と刎頸《ふんけい》の友となるが、最初の出会いは兄の方だった。

治之がようやく東京に異動になったのは七一年七月。電通の株主だった同盟通信社の関係者による口添えもあったからで、ここでもまた父親の人脈が威力を発揮した。治之は、新設されたばかりの「総合開発室」に配属された。この時、同じく大阪支社から次長職として迎えられたのがテレビ企画制作部の幹部だった入江雄三である。入江との邂逅は、治之のその後の人生を決定付けていく。

関西学院大出身の入江は、ラジオドラマのプロデューサーとして名を売り、大阪万博では笑いの世界をテーマにした「ガスパビリオン」の映像部門をプロデュース。万博後に東京本社に移り、治之の上司となった。

総合開発室はニューメディアの研究というテーマを掲げ、電通の未来戦略を練る部署とされたが、芳しい結果は得られず、「開発事業局」として再スタートを切った。七五年、局長に就任した入江は、スポーツイベントという新たな鉱脈を引き当て、その後、専務まで上った。

電通ＯＢの一人は、「入江さんは非常にバランスのとれた人で、人望もあった。タコは彼に可愛がられたことで頭角を現していった」と明かす。

「電通社内で海外研修員試験を受けた時のことです。今はなくなった制度ですが、試験に合格すると一年間会社丸抱えで海外に行けるため、希望者も多く、私や彼の仲間も受験していました。国際問題などに関する学科と英語の試験、さらに論文と面接があった。その時に、事前に彼から『中東やイスラム教に関する問題が出る』と聞かされたのですが、それは出題者だった入江さんが彼に教えてくれたと聞きました。実際の試験では、予告通りその問題が出ましたね」

驚いて理由を尋ねる仲間に治之は、「お酒を飲ませたんだよ」と答えたという。彼はキーマンを見つけ、その懐に飛び込む術を二十代ですでに身につけていたのだ。

「これは儲かるよ」

一方、治則は慶応大を六八年に卒業し、当時は半官半民だった日本航空に入社。そこには母、朝子の従兄で、前年の十一月まで運輸相を務めていた大橋武夫の強力なコネがあったとされる。

治則とは慶応普通部時代からの友人で、日航にも同期で入社した中江和彦が語る。

「慶応の同級生のなかでは、政治家一族に育った小坂憲次も同期入社です。私はとくに政治との繋がりがあった訳ではないので、就職活動の段階では治則君が日本航空を受けていることも知らなかった。入社が決まったら彼がいて、向こうも『何だ、お前も入ったのか』という感じで。日本航空の場合、最初はほとんどの新入社員が空港や営業の現場に配属されます。彼も羽田空港の昔の古いターミナルで、国際旅客課の一員として顧客対応にあたり、外国人とも英語でやり取りをしていました」

当初から何事にも物怖じしないタイプだったが、マイペースな仕事ぶりは新人らしからぬ醒めた印象を周囲に与えた。

「サラリーマンは偉いよな」

それが口癖で、社内での出世には端から関心がない様子だった。

前出の中江が当時を振り返る。

「熱心に仕事をする訳ではないけれど、同期の中心には常に彼がいた。『今日はビールでも飲みながら歌でも唄おうか』と声を掛ければ、そこにみんな集まる。面倒見はいいし、彼の人柄を知ると、不思議とサポートしてあげたくなるんです。会社の女性も、彼がやらなければいけない仕事をカバーし、現場のシフトまでフォローしてあげていた。その間、本人はのんびり新聞なんかを読んでいるんです。どこか我々とは違う世界にいて、時間潰しでもしているんじゃないかと思うところがありました」

それでいて、中江には、「政治の方に行くかもしれない。米国の大統領という訳にはいかないが、日本なら総理大臣かな」と話し、野心を覗かせることもあった。

「私はその後、ニューヨーク支店に実習生として赴任したのですが、後任として派遣されたのが彼でした。『お前、よく来られたな』と声を掛けると、『まぁな』と相変わらず淡々とした感じでした。時には私の狭いアパートまで足を運んで、髪の毛を器用に切ってくれました」

治則は、現地での仕事は地元のスタッフに任せきりで、「米国の民主共和制が面白いから、これから勉強する。将来のためにニューヨーク州立大学に行こうと思っている」と言い出し、ニューヨークからあちこちに手紙を書いていたという。

さらに、中江を驚かせたのは、日航の業務の傍ら、米国で調達した骨董品を次から次へと日本に送っていたことだった。その理由を治則はこう説明していた。

「骨董品というのは、百年を過ぎたら税金が掛からないんだ。米国は歴史が浅いから、欧州から来た百年を超える骨董品でもそんなに高くない。これは儲かるよ」

治則はサラリーマンの枠を軽々と超え、気儘に副業ビジネスに勤しんだ。当時は父、義治もＮＥＴに勤務する傍ら知人を介して知り合ったニューヨークのダイヤモンド・シンジケートに出入りする米国人とビジネスを手掛けていたという。治則の商売の資質は生来のものだった。中江にとって彼の飄々とした印象は、後年になっても変わることはなかった。

治則はその後、独立し、「イ、アイ、イ」グループを率いて大金を稼ぐようになってからも同期の飲み会には顔を出し、二次会のクラブにも付き合った。だが、彼が羽目を外すことはなかった。隅の方で黙ってチビチビと酒を飲み、好物の不二家のミルキーを舐めながらみんなの話を聞くのだという。そして、いざ支払いの時になると、仲間からこう声が掛かる。

「頼むよ」

すると治則は、恩着せがましいことは一切口にせず、「分かった」とだけ言って会計を済ませるのだ。そのやり取りを目の当たりにした店のホステスは、「彼が全部払うの？」と驚いた表情を見せていたという。

捉えどころのない治則は、終身雇用制度の庇護の下に甘んじている大企業の社員のなかでは明らかに異端の存在だった。その治則が日航時代に心を許した数少ない先輩社員の一人が、同じ国際旅客課にいた河西《かさい》宏和である。

河西もまた日航での仕事に飽き足らず、「近い将来、事業をやりたい」と考えていた。独立志向がある二人は意気投合し、その後は長年にわたるビジネスパートナーとなった。

河西は慶応大の五年先輩で、山梨県の「甲州財閥」の一翼を担う華麗なる一族の出身だった。祖父の河西豊太郎は、衆院議員や貴族院議員を務め、東京電燈（現東京電力）副社長や関東瓦斯（現東京ガス）社長を歴任した実業家。そして父親、河西俊夫も、山梨交通社長や山梨中央銀行の取締役を務めた。河西は、甲州財閥の人脈に通じる日本開発銀行（現日本政策投資銀行）の初代総裁、小林中《あたる》の強力なコネでほぼ無試験で日航に入社していた。

治則は、気心が知れた河西の前では素直に心情を吐露した。

「今までで、こんなにがっかりした日はない」

六九年の冬、治則はいつになく落ち込んだ表情でこう打ち明けた。

理由を尋ねると、NETに勤める父、義治の知人の娘が慶応大を受験し、不合格になったという。当時の塾長は、兄の仲人である永沢邦男だったが、彼の後押しを以てしても、彼女を慶応大に押し込むことができなかったのだ。

「そんなにがっかりするなら、その子を嫁にして生涯面倒をみてやればいいじゃないか」

河西は励ますつもりで冗談めかしてそう言ったが、治則は「そうもいかないんです」と相変わらず深刻な表情のままだった。

それは、〝北海道の政商〟と呼ばれた岩澤靖《おさむ》の次女、滋《しげり》だった。

高橋家と岩澤家の関係

幾多の伝説に彩られた岩澤靖は、まさに立志伝中の人物だった。

香川県出身の岩澤は、明治大学を卒業し、終戦後にリュックサック一つで北海道に渡り、四八年に二十九歳で「金星自動車」を設立。外国車の電気自動車五台から始めたタクシー事業が大当たりし、自動車販売の「札幌トヨペット」や「北海道テレビ放送」「札幌大学」など次々と新しい分野に進出した。そして五十一の企業を傘下に持つ岩澤コンツェルンを作り上げ、グループの総帥として君臨していた。

岩澤が手掛けたビジネスは、いずれも許認可事業のため、政治家や官僚とのパイプは欠かせない。そこで岩澤は中央政界の太いタニマチとなり、札束で政治家を手懐けた。それが政商と呼ばれる所以だった。

そもそも高橋家と岩澤家との関係は、当時NETの技術局長だった義治から始まっている。

一九六〇年代後半、テレビ業界は過渡期を迎えていた。それまでVHF（超短波）に限られていた周波数では、国内で約八〇％の視聴をカバーできるが、難視区域が残る。その対策として新たにUHF（極超短波）帯の周波数の導入方針が決まり、各地域から追加のチャンネル割り当てを求める申請が出された。一方、民放キー局は、ネットワーク拡大のため新設局を取り込んで系列化を推し進めた。

そうしたなか、北海道で初めてのUHFの民放局として誕生したのが、六八年十一月に本放送を開始した北海道テレビ放送（HTB）だった。

当時を知る北海道テレビ放送関係者が語る。

「札幌地区では六社が手を挙げており、六七年五月に最後発の七社目として申請を出したのが、岩澤さんの『道民放送』でした。フジテレビから電波のプロをスカウトし、北海道選出で、岸信介元首相と東大同期だった実力者、南条徳男元建設相の助言を貰っていた。その後、七社を一本化する

数多くの企業を率いた岩澤靖（1967年撮影・朝日新聞社）

案が浮上し、異論はあったものの、社長には岩澤さんが就任しました。そこからはキー局に選定されたＮＥＴの全面協力を得て、開局に向けて邁進していったのです」

その時、ＮＥＴの新局開設を担当していたのが、義治だ。テレビ事業への進出を機に本格的に東京進出を図りたい素人同然の岩澤にとって、義治は頼りになる相談相手となった。

開局に向けた難題の一つがコンバータ（周波数変換器）の普及問題だった。ＵＨＦの電波を受信するには、市販のテレビに専用コンバータを付ける必要があったが、大手メーカーが製造する全チャンネル対応の機種はコストが一万円前後と割高で、普及が見込めない。

そこで義治の協力を得て、北海道テレビ放送だけの単チャンネルのコンバータを古河電工と組んで開発。「ＳＩコンバータ」（ＳＩはシングル・イワサワの略）と名付けて価格を抑え、二千七百円で売り出すのだ。当時を知る古河電工の元幹部は、「技術的には何ら新規性はなかったが、担当部長がかなり前のめりになり、岩澤さんと野心的な契約を結んだ」と話す。

岩澤は札幌トヨペットに営業の前線基地として普及本部を設置。岩澤グループの組織を総動員してコンバータを売りまくり、北海道は全国有数の普及率を誇るまでになった。岩澤は莫大な利益を得て、開局後の北海道テレビ放送は順調なスタートを切った。

義治もその功績で、六八年十一月、ＮＥＴの取締役に昇格。翌年五月には、岩澤も系列局のトップとしてＮＥＴの取締役に名を連ねた。二人は、当時のＮＥＴで頭角を現し、のちに専務となった朝日新聞出身の三浦甲子二《きねじ》とも関係を深め、さらに人脈を広げていく。

薔薇の花束を手に

その頃、世田谷区の高橋邸に、岩澤の名代として付け届けを持って姿を見せていたのが、慶応大の受験に失敗し、青学大に通う岩澤の次女、滋だった。北海道から東京に居を移していた彼女は、見違えるほど垢抜けた印象で、対応した義治の妻も驚くほどだったという。

治則が彼女に熱を上げ始めるのに、そう時間は掛からなかった。治則は薔薇の花束やプレゼントを手に、猛然と滋にアプローチ。その様子を苦々しく見ていたのが岩澤だ。岩澤は、器量がいい自慢の娘を将来は大蔵省か有力官庁のエリート官僚に嫁がせたいと考え、関係者を通じて娘の履歴書まで渡して縁談の口を探していた。そこに突然現れた一介のサラリーマンは、とても理想の結婚相手とは思えなかったのだ。

滋から「治則さんと結婚したい」と告げられた時、岩澤は荒れに荒れ、「婿養子に入るなら」と条件を出したが、それは義治が許さなかった。その後も、両家の間で駆け引きが続いたものの、最後は若い二人の情熱が勝った。七三年、治則と滋は帝国ホテルで盛大な結婚披露宴を行なった。

仲人は日本航空の常務で、〝日航の元帥〟と呼ばれて永田町でもその辣腕ぶりが知られた木村稔夫妻。日航の副社長も新郎側の主賓として挨拶に立ったが、それ以上に人目を引いたのはのちに首相になる三木武夫や福田赳夫、大平正芳ら岩澤と親しい大物政治家の面々だった。

最良の伴侶を得て、岩澤靖という強力な後ろ盾を持った治則が、日航に辞表を提出し、挑戦への第一歩を踏み出したのは、それから約四年後。七七年三月のことだった。

第2章

株五輪リゾート

六、番町の「岩澤総本部」

一九七七年は兄弟にとって転機の一年だった。治之は電通でビッグイベントを仕掛け、治則は日航を退職し、実業家へと転身。その頃、弟の義父は〝権力の絶頂期〟にあった。

巨人軍の王貞治が、ハンク・アーロンを抜き、通算七百五十六本塁打の世界記録を樹立した記念すべき一九七七年。この年は、高橋治之と治則の兄弟にとって、転機の一年だった。

電通に入社して十年を迎えた治之は、七五年に新設された開発事業局に所属していた。開発事業局は、電通が広告事業とは異なる新しい収益ビジネスを模索するなかで立ち上げられた部局だった。局を率いる責任者は、治之が大阪支社から異動して以降、彼の上司だった入江雄三。入江が構想したのは、新聞やテレビなどのメディアを複合的に使ったイベントプロデュースだった。

そして初めて電通がメインとなって取り組んだスポーツイベントが、七七年三月に東京で行なわれた「フィギュアスケート世界選手権」である。当時、日本スケート連盟の会長を務めていた竹田恒徳《つねよし》が、電通に協力を求めたことがきっかけだった。

入江は自著『エンタメ・ビジネス一代記』のなかで、こう記している。

〈昭和天皇の従兄弟にあたる竹田会長が自ら出向いての依頼、当時はロイヤルファミリーの影響力は大きかった。たとえ役員会で反対多数という結果が出たとしても、引き受けないとの結論を出すのは躊躇《ちゅうちょ》せざるを得ない案件だった。結局、役員会は返事をずるずると延ばした挙句、開発事業局長の私が役員会に引っ張り出され、担当を命じられたのである〉

当初は先行きを危ぶむ声が大勢を占めたが、大会は佐野稔の銅メダル獲得が追い風となり、チケットは完売、約二千万円の利益を叩き出した。このプロジェクトは、治之の先輩社員が中心となって取り組み、彼に出番はなかった。

その成功体験の熱が冷めやらぬ半年後、今度は治之にチャンスが巡ってきた。三十三歳の時だった。

テレビCMと抱き合わせ

サッカー界の英雄、ペレの日本での引退試合というビッグイベントである。それはペレの日本での代理人だった青山ヨシオが、テニス仲間だった開発事業局の部長、西郷隆美に持ち込んだ案件だった。西郷は、あの西郷隆盛の弟のひ孫にあたる。彼が治之を指名し、総合プロデューサーを任せたのだ。

試合は、古河電工と日本代表がそれぞれペレの所属チーム「ニューヨーク・コスモス」と対戦する形で、九月に国立競技場で開催されることが決まった。当時の日本サッカー界は、六八年のメキシコ五輪の銅メダルで一時的な盛り上がりを見せたが、その後は長い低迷期に入り、集客も下降の一途を辿る状況だった。電通の社員も実際にサッカーの試合を観戦してみたものの、惨憺たる状況で、ペレの知名度頼みでは、キャパシティが六万人超の国立競技場を埋めることはできない。しかも、準備期間はわずか三カ月しかなかった。

そこで治之が繰り出した数々のアイデアは、その後の彼の評価を決定付けるものになった。

治之はまず、試合を「ペレ・サヨナラ・ゲーム・イン・ジャパン」と名付け、サントリーをスポンサーにつけた。そして、新商品の清涼飲料水「サントリーポップ」の王冠（蓋）を集めて送ると、抽選で試合のチケットをプレゼントするという新企画を提案。テレビCMと抱き合わせる形で宣伝費をカットし、大々的なキャンペーンを仕掛けていく。その訴求効果は絶大だった。

父親がNETや北海道テレビ放送の立ち上げに奔走する姿を目の当たりにし、テレビの影響力を誰よりも知っていた治之だからこそ成し得た大仕事だった。

国立競技場を管轄する文部省（当時）にも掛け合い、ピッチサイドにスポンサー企業の看板の設置を認めさせた。当時は公園法で、看板の設置は禁じられており、日本初の試みだった。ここでは前年に初当選した中西啓介を通じて知り合った竹下登の大物秘書、青木伊平の力を借りた。治之は文部省体育局に乗り込み、課長に直談判したのだ。治之は青木や二階堂進の秘書とは麻雀仲間だった。

当日の国立競技場は超満員の観客がスタンドを埋め尽くした。会場ではペレのマークが入ったTシャツや下敷きなどのキャラクター商品が飛ぶように売れ、キャラクタービジネスの先例を作った。テレビも異例の生中継を組み、後世まで語り継がれる〝伝説の試合〟となったのだ。収益も期待以上で、黒字分は日本サッカー協会と折半し、電通にも三千万円の利益をもたらした。

竹田恒和はJOC会長、父の恒徳は日本スケート連盟会長という立場で電通と関係が深かった（文藝春秋写真資料室）

そして電通の開発事業局は、翌年にキリングループが主催する国際大会「ジャパンカップ」（のちのキリンカップサッカー）、七九年には日本で開催されたワールドユース大会を手掛けて、スポーツイベントで揺るぎない実績を積み上げていく。

電通で存在感を強める兄を尻目に、三十一歳になった治則は日本航空を七七年三月に退職した。七〇年に東証一部上場を果たした日航は、学生の就職先として羨望の的だった。

「何が不満で退職するんだ」

日航の人事部長は、治則とともに辞表を出した五年先輩の河西宏和を面談に呼び、こう引き留めたという。

治則と河西は、在職中の七二年に貿易会社を設立し、独立の準備を着々と進めてきた。父、義治も自分の元女性秘書をサポート役に据え、二人の活動を支援した。当時、顧客サービス業務室に飛ばされ、クレーム対応の閑職に追いやられていた治則には、もはや日航に何の未練もなかった。治則と河西は、義治が経営を受け継ぎ、社長を務めていた「イ、アイ、イ」に揃って副社長として入社し、実業界に転身を図っていく。

麻生を「おい、太郎」

緑豊かな東郷元帥記念公園を擁する文教地区。番町学園通りと名付けられた通り沿いに、ひと際目を引くレンガ色の十一階建てのヴィンテージマンションがある。一九六九年竣工で、当時はモダンな西洋風デザインが人気を呼び、脚本家の橋田壽賀子なども事務所を構えた。

ここにかつて、政治家や官僚たちが挙《こぞ》って通った部屋がある。

通称、「岩澤総本部」と呼ばれた最上階にある約百六十平米のペントハウス。その主は、北海道テレビ放送を始め、札幌トヨペットや金星自動車などの企業グループを率いる〝北海道の政商〟、岩澤靖だった。七三年に岩澤の次女と結婚した治則にとっては義父にあたるが、当時の岩澤はまさに権力の絶頂期にあった。

室内には、毛足の長いフカフカの絨毯が敷かれ、出身地である「四国の岩澤家」とビジネスで成功を収めた「北海道の岩澤家」という二つの仏壇が置かれていた。奥には大きな金庫があり、そこには億単位の札束が纏めて積んであった。

「淵名、大きいのを三本持って来い」

岩澤が、東京の秘書役で、永田町担当の淵名敏勝にこう指示を出すと、淵名は奥に行って金庫を開け、札束を持って来る。〝大きいの〟とは一本が一千万円のことで、〝小さいの〟は百万円の束を指す。岩澤はその札束を受け取ると、黙って客にそれを手渡していく。

時には「土下座しろ」と言って、ポーンッと札束を投げることもあった。岩澤の元側近の一人は、のちに郵政大臣や建設大臣を務めた愛媛県選出の世襲議員が、躊躇いもなく土下座し、放り投げた札束を拾いに行く場面が目に焼き付いているという。

「岩澤さんは子供がそのまま大人になったような無邪気な人で、政治家のタニマチをやっていることが楽しくて堪らない感じでした。岩澤総本部には衆参問わず、たくさんの議員が訪れていました」

さすがに派閥の領袖クラスが姿を見せることはなかったが、元側近が保管していた八〇年当時の名刺の束からは、その人脈の一端が垣間見える。そこには北海道開発政務次官の中村啓一や衆院逓信委員長の佐藤守良、運輸政務次官の三枝三郎、文部政務次官の石橋一弥、法務政務次官の佐野嘉吉などの国会議員のほか、大蔵省主計局主計官の保田博や通産省機械情報産業局次長の小長啓一といった、のちに次官となる大物官僚の名刺もあった。

元側近が続ける。

「金星自動車でタクシー事業、札幌トヨペットで車のディーラーをやっていたので、運輸省系の人が多かった。岩澤グループには、北海道テレビ放送や札幌大学もあるので、それぞれの業界を管轄する郵政省、文部省に関係する議員もいました。よく見かけたのは、山口敏夫衆院議員や当選間もない麻生太郎衆院議員。岩澤さんは麻生さんを小僧扱いで、『おい、太郎』と呼んでいました」

夜になると、赤坂の料亭などに頻繁に政治家らを呼び出した。時には赤坂の芸者を総揚げして連日大盤振る舞いをすることもあり、帰り際には決まって車代として百万円単位のカネを手渡していた。その場には大蔵省事務次官から参院議員になり、外相を務めた鳩山威一郎まで姿をみせたことがあったという。

山口敏夫は、赤坂の料亭での宴席の場で、岩澤から日本航空に勤める治則を紹介された。山口が振り返る。

「私は岩澤さんと同じ明治大学出身。そのうえ岩澤さんと懇意にしていた元労相の石田博英の秘書だったので、石田さんと岩澤さんが支援する北海道の重鎮、地崎宇三郎衆院議員の宴席には頻繁に呼ばれていたんです。羽振りのいい人でね。岩澤さんは高橋（治則）を『ノリ』と呼んでいて、『ノリは次女の亭主だ。あなたと同じ三番町のマンションに住んでいる。面倒を見てやってくれ』と言われました。岩澤さんはノリを政治家にしたいのだなと思いました」

それから山口は、全国遊説の際には、治則を街頭演説会や集会に誘うようになり、一泊二日で出掛けたこともあった。

「やっぱり政治家は大変そうですね」

山口が感想を尋ねると、治則は他人事のようにそう答えた。そこには政治家を目指すギラついた野心は感じられなかったという。

しかし、治則には確かに政治家を目指していた時期がある。半官半民だった日航に入社し、政治家が優遇されている姿を目の当たりにしたことも一因だった。彼は、出身地の長崎県平戸から自民党の公認を得て、出馬する青写真を描いていたのだ。

平戸には当時、義治が別荘として建設した三階建ての白亜の洋館があり、義治や治則も時折姿を見せていた。近所の住民が語る。

「別荘を利用する時には事前に管理を任された知人に連絡が入り、掃除をして受け入れの準備をしていました。私の親は義治さんから豪邸に招かれ、治則さんの結婚披露宴で、政界のお歴々が写った写真を見せられたと話していた。治則さんは出馬に向け、顔写真入りのハガキを平戸の全世帯に送り、話題になりました。地元に少しでも馴染もうとしていたのか、私の家が新築の棟上げ式をしている時に、治則さんが突然、『ちょっと賑やかしに来てみました』と顔を出すこともありました」

治則の選挙用ポスター

選挙用のポスターまで作成したが、自民党の公認は得られなかった。そして治則は政治家を諦め、事業家の道へと舵を切っていく。慶応時代の同級生には、「今後はビジネスで成功して資金を作り、総理大臣を作る方に切り替えた」と話していたという。

だが、それは政商として政治家を操り、権勢を振るう岩澤に倣ったからではない。当時の岩澤は、政治家の前では口にしなかったが、近しい関係者には、「俺が総理になる」と言って憚らなかった。

彼は福田赳夫や大平正芳、中曾根康弘ら、総理大臣になった各派閥の領袖と親しく交友し、竹下登の北海道の後援会長も務めていた。五十代後半にして国を動かす大物議員と対等に付き合うなかで、半ば本気で総理になることを夢想していたのだ。

治則が結婚して約二年後。まだ日航の社員だった時代に、盟友の河西とともに岩澤を日本印相学会の会長だった太田清文のところに案内したことがあった。印鑑から運勢を読む印相学の権威だった太田の元には、政財界の大物から柘植の木でできた実印の注文が入ることで知られていた。実際、太田の部屋には歴代総理の色紙が飾られていたという。

治則も、太田に依頼し、現在の相場に換算すると約五十万円相当の実印や銀行印などを作ってもらっていたことから、岩澤にも作ることを勧めていたのだ。

治則が運転するベンツで太田の元を訪れた岩澤は、早速使っている印鑑を取り出して太田に差し出した。

「この印は欠けている部分がありますね。これを使っていると近い将来大きな災いがあります」

太田が岩澤の印鑑を手にそう告げると、岩澤の顔色が変わった。

「何を言うのか。俺はこの印鑑一本で何百億円ものカネを稼いできた。これで総理大臣になるんだ」

岩澤は感情を昂ぶらせて反論したが、周囲が取り成し、岩澤も最後は新しい印鑑を注文してその場を去った。だが、一度機嫌を損ねた彼が、それを使うことはついになかったという。

当時の岩澤は、不動産投資や株式投資にものめり込み、すっかりカネの魔力に取り憑かれていた。それでいて北海道の一実業家ではなく、一流財界人として扱われることを望み、財界の大物とも関係を深めた。

かつて〝財界の官房長官〟と呼ばれ、経済同友会終身幹事だった日本精工の元社長、今里広記《ひろき》もその一人だ。岩澤は十歳以上も年上の今里の懐に飛び込み、元来の人懐っこさで難なく彼を籠絡した。

ある時、岩澤は「ちょっと一緒に来い」と元側近を連れて髙島屋へ向かった。そこで彼が注文したのは、日本画壇を代表する平山郁夫の五千万円相当の絵画だった。今里が芸術に造詣が深く、平山とはともにシルクロードを旅する仲だったことを熟知したうえで、彼の好みに合う日本画を自宅に届けさせたのだ。

財力にものを言わせ、政財界に人脈を張り巡らせたことで、岩澤は国会同意人事だった日本電信電話公社の経営委員にも選ばれた。電電公社の経営委員は、田中角栄内閣の時代には、角栄の刎頸の友と言われた国際興業社主の小佐野賢治が就任していたが、本来は一流の経済人が任命されるポストだった。

義父の〝本命〟は長女の夫

中央財界で公職を得た岩澤が、グループの将来の後継者として想定していたのは、治則ではなかった。彼が目を掛けていたのは、長女と見合い結婚した東大出身で、日立製作所に勤めるエリートだった。

岩澤は、帝王学を学ばせるため、日立を退職した彼を懇意にしていたNETの三浦甲子二に託した。三浦は岩澤から預かった娘婿を管轄下の部署に置き、秘書のような役回りをさせていたという。

三浦は、朝日新聞の発送部のアルバイトから地方支局の記者に採用され、当時の自民党の党人派の大物、河野一郎に食い込み、政治部に引き上げられた異色の経歴で知られる。中曾根康弘の後見人的存在であり、得体の知れない人脈の持ち主だった。

三浦は朝日新聞からNETに転じて以降、岩澤と赤坂の料亭を飲み歩く仲になった。

「俺が全部支払いをしているのに、ジャガイモみたいな顔したアイツだけが何でモテるんだ」

岩澤は〝ジャガイモ〟のあだ名で呼ばれていた三浦のことを冗談交じりにそう愚痴ったが、三浦もまた岩澤総本部に顔を出し、時には〝大きいのを三本〟貰う間柄だった。治則も夕方になるとNETまで車を走らせ、三浦を料亭に送る運転手兼カバン持ちとして駆り出されることもあった。

岩澤の勢いは止まらなかった。しかし、治則は内心に複雑な想いを抱えてきたことを、後年、友人にこう吐露している。

「日航にいる頃から、義父の岩澤さんの宴席に僕と義兄が出ると、芸者たちはみんな義兄の元に行き、僕には一人も付かない。芸者は、義兄のことを『帝王学を学んでいらっしゃる』と持ち上げ、日航の一介のサラリーマンの僕には見向きもしないんだ」

その後、義兄は日航から「イ、アイ、イ」に転じた治則に触発され、友人と医療機器の輸入会社を始めた。岩澤から出資を受けて、スイスから最新鋭の血液検査機器を導入する事業だったが、売上げは一向に伸びず、これが岩澤の逆鱗に触れた。仕方なく、岩澤が仕手戦で株を買い占めた会社に役員として送り込まれたが、次第に岩澤との関係に隙間風が吹き始めていく。

その頃、岩澤家と高橋家の間にも微妙な亀裂が生じ始めていた。

それはＮＥＴの取締役会で、義治の役職定年を巡る議案が出されたことがきっかけだった。義治は、当然岩澤が異議を申し立ててくれるものだと思っていた。岩澤の北海道テレビ放送の開局に尽力し、彼をＮＥＴの取締役に強く推したのも自分だという自負があったからだ。ところが、岩澤は取締役会で一言も発言しなかった。義治は落胆し、高橋家は岩澤に対して不信感を募らせた。

「ＮＥＴをクビになったのよ。これからは他のことをやらなくちゃ」

当時、義治の妻は周囲にそう話し、治之もまた、「オヤジは人がいいからＮＥＴを追い出されたんだ」と零していたという。

治則にとって七七年は、岩澤を超える実業家となって彼を見返すことを期した原点の年でもあったのだ。

七、〝仕手の本尊〟との因縁

「カネを転がしてばかりで、まるで地に足がついていない」。義父の岩澤靖は、実業家に転身した治則をそう評していた。治則もまた、「私は借り屋だから」と嘯《うそぶ》いていたという。

高橋治之が、スイス・チューリッヒにあるＦＩＦＡ（国際サッカー連盟）本部を初めて訪れたのは、一九七九年のことである。

この年の八月から九月にかけて日本で二十歳以下のナショナルチームが参加する「ワールドユース選手権」が開催された。ワールドユースは、七四年にＦＩＦＡの会長に就任したブラジル出身のジョアン・アベランジェの肝煎りでスタートした大会だった。ヨーロッパや南米以外の大陸でのサッカー振興を目的とし、記念すべき第一回大会は、七七年にチュニジアで行なわれた。だが、成功とは言い難い状況で、次の開催国である日本は厳しい舵取りを迫られていた。

そこで、白羽の矢が立ったのが、「ペレ・サヨナラ・ゲーム・イン・ジャパン」で総合プロデューサーを務めた治之だった。国立競技場を超満員の観客で埋めた実績を聞き付けた大会スポンサーのコカ・コーラが、「電通の高橋」を直々に指名したのだ。

治之が所属する電通の開発事業局は、七八年に「セイコー・スーパー・テニス」やサッカーの国際親善試合「ジャパンカップ」（のちのキリンカップサッカー）を手掛け、スポーツイベントという新たな鉱脈を引き当てて、当時飛ぶ鳥を落とす勢いだった。しかし、プロリーグすらない日本で、しかも無名の若手選手が出場するＦＩＦＡ主催のワールドユースは勝手が違った。

治之の〝英語スピーチ〟

大会の責任者として来日したのは、のちにＦＩＦＡ会長となるゼップ・ブラッター。当時はテクニカルディレクターの肩書きで、アベランジェのアシスタント的な存在に過ぎなかった。ブラッターも頭を抱えるなか、治之はＮＨＫと粘り強く交渉。全試合の中継を決め、漫画家の本宮ひろ志にサッカーを題材にした漫画「あしたの勇者たち」を雑誌に連載して貰い、日本テレビでアニメ化し、大会を盛り上げる素地を作った。

さらに強運も味方した。日本代表はグループリーグで敗退したものの、のちに稀代のスーパースターとなる若き日のディエゴ・マラドーナが躍動。ＭＶＰを獲得する活躍をみせ、アルゼンチン代表が栄冠を勝ち取った決勝戦には、五万二千人の観客が国立競技場に押し寄せたのだ。

「ＦＩＦＡの理事会がある。紹介するから来ないか」

ブラッターはワールドユースを成功に導いた功労者として、治之をこうＦＩＦＡ本部に誘った。勇んでスイスまで出掛けた治之は、アベランジェら並み居る理事会のメンバーの前で、ひと言挨拶するよう促された。

決して流暢な英語ではなかったが、治之はＦＩＦＡのマーケティングを担っていたイギリスのウエスト・ナリー社を引き合いに出しながら、こう話した。

「電通であれば広告看板だけでなく、プラスアルファの戦略的なマーケティングが提案できる」

それはウエスト・ナリーの日本法人が、日本企業とのスポンサー契約で博報堂とタッグを組んでいたことへの強烈な牽制でもあった。このスピーチが、やがてFIFAや電通を取り巻く環境に地殻変動を起こしていく。

FIFAの理事会に出席していた理事の一人が、当時、ウエスト・ナリーと組み、欧州スポーツ界を席巻していた一人の男に連絡を入れたのだ。それが、ドイツのスポーツ用品メーカー、アディダス創業者の長男、ホルスト・ダスラーだった。

ダスラーは電通について情報収集するため、米国のピーター・ユベロスに連絡をとった。旅行会社の代表だったユベロスは、八四年に開催されるロサンゼルス五輪の組織委員会の委員長に就任したばかりだった。

折しも、ユベロスには治之の電通での上司にあたる服部庸一が五輪ビジネス参入を狙って接触を図っていた。

電通OBが語る。

「服部さんは、電通内では〝ハっちゃん〟の愛称で呼ばれ、大学時代に進駐軍キャンプのバンドでギターを弾いていた異色の経歴からエンターテインメントの世界に独自の人脈を持っていた。七〇年の大阪万博で実績を残し、次々とビッグイベントを手掛けてきた先駆者でもある。この時も独自ルートでユベロスの予定を調べあげ、ロスのゴルフクラブで彼とすでに面談を果たしていた」

ユベロスから電通の実力を聞かされたダスラーはウエスト・ナリーに見切りをつけ、電通とのパートナーシップを模索していった。

ダスラーは電通に電話を入れ、面談を申し入れた。電通にとっては願ってもない機会だった。服部から指名を受けた治之は、ダスラーが待つアディダス・フランス社へと向かった。アルザス丘陵の中腹にある人里離れた小さな田舎町、ランダースハイム。そこには社屋に併設された迎賓館、通称ダスラーハウスがあった。スポーツ界の要人たちが高級ワインを手に密談を繰り広げてきた場所である。

「ウエスト・ナリーを外して、電通とアディダスで一緒に会社を作ろう」

ダスラーからの提案で、治之はスポーツビジネスのダイナミズムのなかに身を投じていくことになった。

そして八二年六月、サッカーW杯（ワールドカップ）スペイン大会開催中に、アディダスと電通はスイスのルツェルンに合弁会社「ＩＳＬ」を設立。スポーツビジネスの勢力地図は大きく塗り替えられていったのだ。

「誰だ？　治則か？」

一方、弟の治則は、還暦を過ぎた父、義治の元で、経営危機に陥っていた「イ、アイ、イ」の立て直しに、パートナーの河西宏和と奔走していた。まず河西は、山梨交通の社長だった父親が個人筆頭株主の山梨中央銀行から、七千万円の融資を引き出した。河西の甲州財閥と呼ばれる華麗なる人脈は「イ、アイ、イ」の箔付けに大きく貢献した。社長の義治も、治則が日航にいた当初から河西の人脈に着目し、常々こう語っていた。

「俺はいろいろと事業をやり、それなりのカネは摑んだが、こういう一本筋の通ったものが何もないんだ」

自ら手掛けていた山梨県・山中湖の分譲別荘販売のビジネスでも、河西の父親の尽力で山梨中央銀行から融資を受けていたほどだった。

新体制でスタートを切った「イ、アイ、イ」は、本業の磁気テープやコンピュータ機器の輸入販売が、円高を追い風にして好循環を生み始めていく。

しかし、治則は経営者として資金繰りには常に頭を悩ませていた。

千代田区三番町の「岩澤総本部」には、治則も時折姿を見せた。

政治家や官僚たちが頻繁に出入りする間隙を縫って、アポなしで訪れる治則のことを当時の岩澤の側近の一人は鮮明に覚えていた。

「誰だ？　治則か？」

側近から来客を告げられた岩澤は、不機嫌そうにそう尋ねた。

「どうせカネを取りに来たんだろう。五百万円だけ渡せ。なかには入れなくていい」

岩澤が素っ気なくそう言い放つと、金庫番の秘書は奥にある金庫から札束を取り出して治則に渡す。すると治則は岩澤と顔を合わせることもなく、そのままマンションを後にしていたという。

岩澤は治則をグループの中核企業である北海道テレビ放送などの監査役に据え、人脈も紹介したが、実業家としての手腕については懐疑的だった。

「俺は、最初はわずか数台の外国車のタクシーから始めて、苦労して金星自動車を成功させた実業家だ。運転手が仕事を終えて会社に上がってくると、彼らを先に帰して、雪の中を走り、泥を撥《は》ねて汚れたタクシーを長靴を履いて一台一台水で洗い流したんだ。それに比べて治則は何をやっているんだ。カネを転がしてばかりで、まるで地に足がついていないじゃないか」

岩澤は露骨に不快感を示し、嫁いだ次女の行く末を案じる妻の前でも、構わず、治則への批判を口にした。

〝マムシ〟の森下にも

治則はコツコツ努力するタイプではなかったが、「イ、アイ、イ」の従来の事業を継承するだけの仕事には物足りなさを感じ始めていた。新たな事業展開を模索するなかで、あちこちの会合に顔を出し、人脈作りにも余念がなかった。

治則は、母方の叔父にあたる東急エージェンシーインターナショナル社長の大西一孝から折に触れて東急グループ総帥、五島昇について聞かされていた。

大西はフランス語を嗜み、小説も執筆する知性派で、海外展開を志向する五島とは同年代で覚えもめでたかった。五島は、七〇年代から「環太平洋構想」を掲げ、東急グループとしてハワイやグアムなど海外でのホテル事業やリゾート開発に力を入れてきた。環太平洋地域に点在するホテルを点として捉え、それらを航空路線で結び、観光を切り口とした経済効果を生み出す構想である。治則がのちに手掛けていくビジネスの雛型がそこにはあった。

時に治則は、五島の秘書から東急エージェンシー社長に上り詰めることになる前野徹の宴席にも出席した。新聞記者出身の前野は「東急の政治部長」と呼ばれるほど政財界に顔が利き、仕手筋や裏社会にも通じる怪人脈を持っていた。宴席には、のちに稲川会の会長となる横須賀一家の石井隆匡総長も姿を見せた。居合わせた関係者が岩澤の側近に「ホワイトカラーの治則が来るべき場所ではない」と忠告することもあったが、周囲が気を揉むだけで、本人は気にも留めていない様子だった。治則は、のちに前野が中心となって進めたＦＭ放送局事業の構想にも関わっていく。

当時から治則には、物事に動じない豪胆さがあった。

治則とは岩澤を通じて知り合った元衆院議員の山口敏夫は、今でも忘れられない場面がある。二十六歳で初当選した山口は、その後、ロッキード事件を機に、「政界刷新」を掲げて河野洋平らと自民党を離党。新自由クラブを旗揚げした。

そして結党から約半年後の七六年十二月、初めての衆院選を迎えた。選対委員長だった山口は、公職選挙法の確認団体として政党並みの扱いを受けるため、二十五人の候補者を必死に掻き集めた。しかし、選挙を戦うカネはない。資金繰りに窮した挙句、頼ったのは執拗な取り立てで〝マムシ〟の異名をとる街金、アイチの森下安道だった。山口が語る。

「森下さんとは数回面識があっただけでしたが、『山口先生、選挙でお金が必要でしょうから、いくらでも応援するので困った時は言ってきて下さい』と声を掛けてくれたのです。その言葉に甘えてお願いすると、三千万円を出してくれました」

手形にサインをするだけでお金が借りられる気安さから、その後も何度か資金を融通して貰い、金額は億単位に膨れ上がっていた。選挙は二十五人中十七人が見事当選を果したが、問題はその後だった。

「みっともない話ですが、私は、手形にサインをしても、返済は出世払いだとばかり思っていて、期日に返済を求められ、途方に暮れてしまったんです。人生窮まったと絶望的な気持ちで、高橋（治則）に相談したら、『私もカネはない』と。ただ、『先生、しょうがないからジャンプして貰いましょう』と言われたんです」

ジャンプとは元金の利息のみを払い、返済日を延期して貰うことを指す。治則は、車の助手席に山口を乗せ、田園調布にある森下の豪邸へと向かった。部屋に通され、恐縮する山口に対し、治則は申し訳なさそうな素振りひとつ見せず、堂に入った態度で森下にジャンプを申し入れた。

以降、山口は森下から返済を求められるたびに治則を頼った。しきりに感心する山口に対し、治則は「私は借り屋だから」と嘯《うそぶ》いたという。その後も、彼はあちこちで自らを「借り屋」と称し、借金のプロを自認した。

その頃、義父の岩澤は株式投資にのめり込み、マネーゲームの狂騒にどっぷりと浸っていた。彼が頼ったのは、投資家集団「誠備」を率いて株式市場を席巻し、〝兜町の風雲児〟と呼ばれていた相場師、加藤暠《あきら》だった。

誠備グループを率いた〝仕手の本尊〟加藤暠（加藤の遺族提供）

加藤は、七三年に木徳証券（七七年から黒川木徳証券。現あかつき証券）の外務員となり、業界有数の資金量を誇った平和相互銀行を後ろ盾に、ヂーゼル機器株などの相場で〝仕手の本尊〟として名を売った。七八年に誠備を設立すると、顧客は約四千人にまで膨れ上がり、政治家や暴力団も挙って加藤の神通力を頼った。

岩澤は、平和相銀の〝外様四天王〟と呼ばれた外部ブレーンの一人、日誠総業社長の次郎丸嘉介や参院議員の玉置和郎らとともに加藤と関係を深めたとされる。

もともと株式投資に手を付けていた岩澤は、日興証券ＯＢの秘書を加藤との連絡役にし、七八年十二月から誠備銘柄で共闘していく。この頃から番町の岩澤総本部が入るマンションの駐車場で、たびたび加藤のクルマが目撃されるようになった。七九年三月には長女と次女の名前で黒川木徳証券にも口座を開設。最初に加藤と組んだ丸善株で、約二カ月半の間に三億円以上の売却益を手にしている。これに味を占め、グループ会社の赤字を株取引で埋めようとますます仕手戦に嵌り込んでいったという。

瀬島龍三からの手紙

絶頂期を迎えていた加藤率いる誠備グループは、七九年秋から東証一部上場の三菱系の中堅機械商社「西華産業《せいか》」の株を仕込み始めた。二百円台だった株価は、翌年七月には千五百三十円の最高値をつけ、兜町関係者は固唾を呑んで、その動向を見守った。株式名義人の変更が公表されると、発行済み株式の実に四〇％近くを買い占めていたのは、岩澤グループだと判明する。

「西華産業を乗っ取る。俺は社長で行って、あと四人役員を送り込む」

当初は、三菱グループに保有株式を引き取らせる方向で調整していたはずが、岩澤は経営者として一部上場企業を牛耳ることに魅力を感じ始めていた。西華産業の株主には、岩澤の長女の夫とともに、治則も名を連ねていたが、彼らに経営を委ねる気など毛頭なかった。

岩澤が真っ先に頼ったのは、伊藤忠商事の会長だった瀬島龍三である。瀬島は、第二次世界大戦中に大本営参謀を務め、実業界に転じてからは、総合商社へと脱皮を図る伊藤忠の経営を主導した。旧知の仲だった岩澤は、商社の経営ノウハウを伝授して貰うべく、側近を瀬島の元に走らせた。

すると、瀬島は後日、自筆で、会社の今後の運営方法を詳細に纏めた手紙を岩澤に送ってきたという。

そして岩澤は、八〇年十月の臨時株主総会後の取締役会で会長に就任すると、勇んで北九州市門司にある西華産業の本社に乗り込んだ。

「皆さん、私は岩澤と申します。岩澤の澤は、サンズイに〝尺〟ではないですよ。サンズイに四つの幸せと書きます。私は皆さんに四つの幸せを持ってきます」

それは岩澤にとってまさに人生のピークだった。だが、彼が練りに練ったスピーチは、〝乗っ取り〟という現実を目の当たりにし、敵愾心を剝き出しにする役員たちの前では虚しく響くだけだった。

そして、崩壊は思わぬ形でやってきた。

翌八一年の二月十六日。派手な仕手戦の末に加藤が東京地検特捜部に所得税法違反（脱税）容疑で逮捕されたのだ。その翌日から兜町は誠備銘柄が軒並み暴落し、投げ売りのパニック状態に陥った。岩澤も手持ちの仕手銘柄が暴落。治則にも、「イ、アイ、イ」などから株を買い支えるための追加資金を出せないかと打診があった。

「今の私はそんな立場ではないです」

治則がそう答えると、岩澤は「何だ。お前の自由になる会社じゃないのか」と怒りを露わにした。

この頃、岩澤の側近は政財界のフィクサーと呼ばれた田中清玄にも相談を持ち掛けている。証券会社から信用取引の追加保証金（追証《おいしょう》）を求められたが、資金の手当てができず、銀行融資の口利きを頼んだのだ。すると田中は、〝闇将軍〟として君臨していた元首相の田中角栄の目白の自宅に彼を連れて行ったという。角栄はひと通り説明を聞いた後、秘書に「おい、西華産業」と声を掛けると、あるファイルを持って来させた。西華産業関連の新聞の切り抜きなどが纏められており、角栄はその資料に目を通していた。岩澤の側近は案件ごとにそんな資料を作成していることに感心し、力を貸して貰えるという若干の期待を持って、その場を後にした。

ところがその直後、別の株取引で担保に差し入れていた西華産業株が売り浴びせられて、万事休す。実は相談を持ち込んだ田中角栄側もまた、値下がりを見越して西華産業株を空売りしていたという。要は、初めから相手にされていなかったのだ。

「瞬《まばた》きしている間に、居なくなった」

西華産業の幹部がそう漏らしたほど呆気ない三日天下だった。明らかになったのは、邦銀や外銀、国内の生保や損保からグループ企業への融資の形で借りまくった四百五十億円超ものカネが、すべて仕手戦に注ぎ込まれていた実態である。翌月には中核企業の「札幌トヨペット」が会社更生法の適用を申請し、事実上の倒産に追い込まれ、他のグループ企業も莫大な借金を背負わされた。

政治力を駆使して、ようやく手に入れた電電公社の経営委員も辞任。岩澤はすべてを失い、姿を消した。治則を虚業家呼ばわりした岩澤自身のメッキが剝がれ、雑誌は「黒い立志伝」「灰色交友」と書き立てた。

岩澤の側近は、恐る恐る三番町の岩澤総本部の扉を開けた。カーテンが閉め切られた部屋で、ふかふかの絨毯に顔を突っ込み、鼻を擦り付けている人影が見えた。

「俺は、もうダメだ。ダメだー」

それは、失踪したはずの岩澤の断末魔の叫びだった。

八、兄は五輪、弟はゴルフ場

謀略が渦巻き、時に命の危険にも晒されるスポーツビジネスの世界でのし上がる治之。かたや治則が錬金術を駆使し、手を突っ込んでいったのは、ゴルフビジネスの世界だった。

一九八四年はスポーツ界が新しい時代の扉を開いた一年だった。

ＦＩＦＡ（国際サッカー連盟）はこの年、創立八十周年を迎え、スイスのバーゼルで記念試合を行ない、ＦＩＦＡ本部があるチューリッヒで盛大なパーティーを開催した。

八二年にアディダス社と合弁会社「ＩＳＬ」を設立していた電通も、スポーツ文化事業局などから多数の社員が招かれた。スポーツビジネスを担う開発事業局は、欧州と南米の優勝クラブチームが対戦する「インターコンチネンタルカップ」をトヨタ自動車が協賛して日本で開催する「トヨタカップ」に発展させ、スポーツ文化事業局として新たなスタートを切っていた。パーティーの参加者の一人が当時を振り返る。

「豪華な食事が供され、大きな丸テーブルを囲む参加者の中には、灰色の服を着た北朝鮮の関係者も二人並んでいました。ひと言も喋らない彼らは不気味でしたが、総じてお祭り気分の雰囲気でした。電通関係者が宿泊していたホテルでは、スポーツ文化事業局の幹部だった西郷隆美さんが、広い部屋に高級ワインを揃えて、生ハム、チーズなどのおつまみを用意してくれていた」

ＩＳＬ設立の功労者の一人だった高橋治之も、パーティーの前夜に合流していた。ただ、同じホテルに宿泊していたものの、仲間たちの輪には加わっていなかった。

同僚の一人が、電通が借りていた部屋を夜遅く訪ねると、そこには深刻な表情の治之の姿があった。同席していたのは、アディダスのトップに君臨するホルスト・ダスラーの最側近で、ＩＳＬの社長だったクラウス・ヘンペル。治之が頼りにしていた米国在住のオランダ人のエージェント、ジョージ・テイラーらも顔を揃えていた。突然の訪問者に部屋にいた全員が口を噤《つぐ》み、鋭い視線を向けた。殺気立った雰囲気が漂うなか、同僚は治之と翌朝に再び会う約束をしてその場を離れた。

そして翌日。同僚が治之の部屋を訪ねると、すでにもぬけの殻だった。昨夜、部屋を訪れた後にホテルを出ても、とても飛行機の最終便には間に合わない。しかも、パーティーはまだ始まってもいない。それは、まさに脱兎のごとく逃げ出したという表現が相応しい状況だった。

果たしてその後、治之はＩＳＬと電通とのビジネスから外されることになる。理由は定かではないが、当時ＦＩＦＡの実力者だったブラッターと直接話ができる治之は、ヘンペルにとっては目障りな存在だったことは確かだろう。

スポーツと無縁の部署に

奇しくも、その前年の八月、ダスラーと対立していた欧州サッカー連盟会長のアルテミオ・フランキが、不審な事故死を遂げていた。イタリアで自家用車を運転中に大型トラックと衝突。警察は事故死と判断したが、噂が噂を呼び、ダスラーが絡む謀略めいた話が飛び交っていた。

マーケットの急激な拡大で、当時のスポーツビジネスの最前線は命の危険を感じるほどにシビアな状況にあった。八五年五月、ベルギーのブリュッセルで開催された欧州チャンピオンズ杯決勝で、サポーターの暴動により、多数の死者を出した〝ヘイゼルの悲劇〟の現場でも、緊迫感が垣間見える場面があったという。

現場にいた電通ＯＢが明かす。

「あの時、ＩＳＬは競技場を見渡せるタワーの一室でレセプションを開き、ダスラーもヘンペルも姿を見せました。私たちが競技場に誘導されていった時には、すでに大変な騒ぎで、眼前には遺体が並ぶ惨状が広がっていました。そこに血相を変えたダスラーとヘンペルが現れ、欧州人に見えない私とスポンサー企業の米国人に声を掛けた。そして四人で逃げることになったのです」

最寄りの駅に着くと、ヘンペルが機転を利かせて市街ではなく、郊外に向かう電車に飛び乗るよう指示を出した。数駅先で降りると、ヘンペルがタクシーを捕まえてきたという。

「ダスラーが助手席に乗り、私たち三人が後ろに乗って市内のホテルへ戻りました。支払いの時、ダスラーの財布には高額紙幣しかなく、仕方なく私が料金を立て替えた。その場面とダスラーとヘンペルの怯えた表情が、今も脳裏に焼き付いています。彼らは自分たちが狙われたのではないかと思っていたのです」

スポーツ利権を巡る殺気立った空気を物語る逸話だが、ＩＳＬと距離を置いていた治之は、そこにはいなかった。彼はこの事故の翌月、スポーツ文化事業局の文化事業部長に就任している。電通

1984年のロサンゼルス五輪では女子バレーが銅メダルを獲得（文藝春秋写真資料室）

上層部は、前年の八四年に開催されたロサンゼルス五輪での治之の実績などを評価しつつ、スポーツとは無縁の部署に移したのだ。

ロサンゼルス五輪は電通が、五輪ビジネスに大きく舵を切った記念碑的な大会である。組織委員会の委員長だったピーター・ユベロスは、税金を使わず、テレビ放映権、スポンサー料、チケット収入の三本柱を財源に据えた商業化路線で二億ドル超の利益を叩き出した。電通も日本国内でのライセンスビジネスやスポンサー交渉などを担う独占エージェント契約を締結。スポーツマーケティングの分野に本格的に参入する道筋をつけた。

その過程で最大のハードルだったのが、ユベロスが要求する八百万ドルの最低保証金、ミニマムギャランティーの支払いだった。広告代理業での手数料稼ぎが本業だった電通にとって、巨額資金を投じてリターンを得るビジネスモデルはリスクが高く、手が出せる状況ではなかったのだ。七九年から始まった交渉は難航を極め、八〇年二月、プロジェクト責任者の服部庸一は、やむなく断念の意向を伝えるためロサンゼルスへと向かった。

だが、その頃、若手社員の間からは何としても五輪ビジネスに挑戦したいと上層部を突き上げる声があがっていた。その中心にいたのが治之だった。治之は信を得ていた上司の開発事業局長、入江雄三に直談判し、入江が臨時役員会の開催を要請。入江の二時間にわたる演説の末、最後は社長の田丸秀治が参入を決断した。その方針変更はすぐにロサンゼルスの服部に伝えられ、急転直下、契約締結へと結びついていったのだ。

ロサンゼルス五輪に向け、実務面での問題は山積していたが、八一年に取締役に就任した成田豊らがバックアップした。世田谷区に住む成田と目黒区に住む入江とが、当時は同じハイヤーで会社に出勤する仲で、治之の提案が通りやすい素地があったこともプラスに作用した。のちに〝電通の天皇〟と呼ばれた成田は、治之にとって最大の後ろ盾となっていく。

「M＆Aをやりましょう」

電通の飛躍とともに華々しい八〇年代を迎えた治之に対し、治則も「イ、アイ、イ」を起点に、企業買収などの新展開を模索していた。まだM＆Aという言葉すら一般には馴染みがない時代である。

八一年秋、野村證券ＯＢで、経営・投資コンサルタントとして知られた落合莞爾のもとに、日活の根本悌二社長から電話が入った。

「落合君。今、ある人が融資の話を持ってきた。カネを貸してくれるなら借りようと思うが、どういう話か一緒に聞いてくれないか」

日活にとって落合は、債務超過に陥った会社を巧みな再建スキームで救ってくれた恩人でもあった。根本は落合に、融資話を持ち込んだ人物を「国際的な金融コンサルタントらしい」と説明した。落合が述懐する。

「後日、初めて会ったのが、ノリちゃん（治則）でした。彼はシンガポールの銀行が金利六％、無担保で三十億円を貸すという話を持ってきた。ただ、私は彼の岳父、岩澤靖さんの風評も聞いていたので、日活側には資金繰りに利用される可能性を指摘し、話はそこで終わりになりました」

ところが、その数日後、治則はアポなしで霞町にあった落合の事務所を訪ねてきたという。

「今度一緒にＭ＆Ａをやりましょう。いい上場企業はないですか」

治則は、そう持ち掛けてきた。彼は日活を突けば、落合が現れることを見越し、融資話をダシに落合と知り合う場面を作ったのだろう。

治則と落合はそこから関係を深めていき、まず東証二部上場の産業用照明器具メーカーの「森電機」のＭ＆Ａに着手する。その当時の事情を知る森電機関係者が語る。

「森電機は石油コンビナートなどで使われる防爆型照明器が主力商品でしたが、工場の新設が見込めない状況下で不振に喘いでいた。そこに目をつけた治則さんが、再建計画を提案。常務だった創業一族の森知《さとる》が慶応大の先輩で、旧知の仲だったことで話が進んでいったのです」

治則は、落合の知恵を借りながら、第三者割当増資による資金調達を進言。「イ、アイ、イ」が全株を引き受けると役員を送り込み、業務提携した。その後も第三者割当増資で約二十億円を集め、引き受け先には「イ、アイ、イ」の副社長だった河西宏和の人脈で、富国生命やサンリオなどが名を連ねた。さらに「イ、アイ、イ」が、大手電機メーカーのパソコン用のハードディスクを製造、発売する総代理店となる計画をブチ上げ、株価を吊り上げた。

治則の株式市場を舞台にした錬金術は、この時から始まったのだ。

そこには株投資で莫大な損失を出し、失踪した岩澤靖と同じ轍は踏まないという教訓もあったのだろう。治則はかねてから、「加藤暠なんて奴と組む岩澤が悪い。すっかり欲ボケになってしまった」と周囲に不平を零していた。岩澤の失脚後、治則の生活は、その事後処理に翻弄された日々でもあった。

岩澤が社長を務めていた北海道テレビ放送の関係者が明かす。

「メディアは岩澤さんの行方を追っていましたが、本人は病院に入ったり、治則さんが手配した代々木上原の借家などにいた。側近には時々愚痴めいた長電話をしていましたが、朝日新聞出身の北海道テレビ幹部が、金庫の株券を持ち出し、キー局のテレビ朝日側に渡したと聞いても、反発することもなかったそうです」

岩澤の最大の関心事は捜査のメスが入り、特別背任の罪に問われるか否かという点だった。自らのグループ企業に銀行の融資保証をさせ、四百五十億円を超える株式投資資金を調達していただけに告訴や告発が行なわれる可能性は十分にあった。

元衆院議員の山口敏夫が振り返る。

「岩澤さんの失脚後、後継者と目されていた長女の夫は離婚して居なくなった。次女の夫である治則が、岩澤さんの秘書と連絡を取り合い、後始末に奔走していました。何とか背任や横領で刑務所送りにならないよう献身的に動いていた姿を憶えている」

東京地検特捜部は、誠備の加藤暠の所得税法違反事件を入り口に、岩澤を取り巻く政治家の動向にも関心を寄せているとみられていた。だが、特捜部は失踪中の岩澤はもちろん、政治担当の秘書だった淵名敏勝の事情聴取すら行なわず、捜査の手が岩澤ルートに伸びることはなかった。

高橋兄弟の父、義治は、岩澤の逃亡劇を眉をひそめて見ていた。かつて首都圏紙として発行されていた東京タイムズが、八四年の連載記事を纏めた「兜町の錬金師たち」では、義治は、岩澤とは学生時代からの知り合いだったと説明。岩澤に政治家を四十人紹介したとして、次のような談話を残している。

「派手に金を使ったから政治家は次々に集まってきた。選挙の陣中見舞いには、常に三十万ずつバラまいていた」

岩澤の行状を明け透けに語る義治の言葉からは、岩澤家と高橋家の間には以前と変わらぬ埋め難い溝があることが分かる。さらに義治は、治則が森電機の筆頭株主となり、相場操縦の疑いの目が向けられた時も、こうコメントしている、

〈うちの息子は岩沢の娘と結婚しただけなのに、ぬれぎぬを着せられているんですよ。(中略)岩沢が無責任なお陰で、うちの息子は色眼鏡で見られてしまい、かわいそうです〉(「週刊新潮」八三

年十二月二十二日号）

殺風景な治則の社長室

その頃、岩澤の元側近の一人は、顔見知りだった治則から「イ、アイ、イ」へ転職の誘いを受けた。治則は二度にわたり直筆の手紙を認め、できる限りの好条件を提示した。三顧の礼で迎えようとしたが、それを聞き及んだ岩澤は元側近にこう言い放ったという。

「お前、治則のところに行くのか？　ダメだ。行くなら一億円を貰うか、株券を貰ってから行け。そうしないと利用されるだけだ」

治則は八三年に父親に代わって「イ、アイ、イ」の社長に就任。関連会社の「イ・アイ・イ開発」も本格稼働させ、新規事業に着手するため、実務が任せられる人材を探していた。岩澤が面白く思わないことは百も承知だった。

その少し前、治則は「イ、アイ、イ」を再建した手腕を見込まれ、慶応人脈を介して、経営危機に陥っていた協和信用組合（当時）の立て直しを依頼されていた。新橋に本店を置く協和信組は在日華僑系の金融機関で、預金残高は百億円に満たない小規模所帯だったが、前理事長のワンマン経営による杜撰な融資で、多額の不良債権を抱えていた。さらに大口預金者が十億円の預金を引き揚げてしまい、まずはその穴埋めが急務だった。

治則は人脈を駆使し、瞬く間に十億円を超える預金を集めてみせた。この功績により協和信組の幹部は治則を非常勤理事から副理事長に抜擢した。気をよくした治則は本店の二階に間借りし、新しく「イ・アイ・イ開発」の事務所を構えたのだ。

殺風景な室内には、治則の社長室はあったが、社員は女性一人を含むわずか三人。デスクは用意されていたが、電話線がまだ開通しておらず、電話機も床に置かれたままだった。のちに「イ・アイ・イーインターナショナル」と社名変更され、バブル絶頂期には海外のリゾートを買い漁り、一兆円規模の会社へと成長するが、そのスタートは実に質素なものだった。

「私は個人で、五千億円のお金を動かす男になる」

中途採用で「イ、アイ、イ」グループに入った古参幹部は、治則が採用時の面談で語ったこの言葉に度肝を抜かれたという。入社初日、彼は銀座・数寄屋通りから路地を入った雑居ビルの一室にある本社を訪ねた。

「『新橋へ行って下さい』と案内されたのが、『イ・アイ・イ開発』の事務所でした。当初は、好待遇で迎えられるはずでしたが、行ってみると、役員ですら年収は六百五十万円が上限。『それ以上は出せない』と言われ、徐々に不安になりました」

治則からは「マミヤを買収するから、最初はマミヤの社長をやって貰う」と聞かされていたが、これも頓挫したという。中堅カメラメーカー、マミヤ光機（当時）のことで、主要株主の倒産の煽りを受け、連鎖倒産の危機を迎えていた。

そこに治則よりも早く手を伸ばしたのは、石川島播磨重工業（現ＩＨＩ）からエンジニアらを引き連れ、「コスモ・エイティ」を設立していた碓井優《ゆたか》だ。碓井は、石播時代の上司だった電電公社総裁の真藤恒《しんとうひさし》やゴルフ場経営で名を馳せていた熊取谷稔《いすたにみのる》を後ろ盾に、〝ベンチャービジネスの旗手〟として持て囃されていた。

JALマーク入りのパンフレット

治則は、あっさり路線変更し、今度は、「ゴルフ場をやってもらう」と告げた。前出の古参幹部が続ける。

「ゴルフ場経営のノウハウも何もなかったので、何から手を付けていいのかも分からない状態でした。会社には、得体の知れない人が出入りしていて、社長室に消えていく。他の社員に聞くと、『社長の父親の知り合いで、電気工事会社の社長なのに金貸しもやっている人。二九％の金利をとるんだ』と聞かされ、戸惑うことばかりでした」

治則が最初に持ち込んだのは、栃木県にある「ロイヤルメドウゴルフクラブ」だった。近くにある宮内庁直轄の御料牧場にちなんで、中堅ゼネコンの多田建設が七三年に「宇都宮御料カントリークラブ」として運営会社を設立したが、営業開始前に開発を断念。その後は、買い手が見つからず、長く放置された状態だった。

治則はこれを買い取り、大成建設に開発を依頼し、慶応幼稚舎時代からの同級生だったゴルフ評論家の戸張捷をトータルプロデューサーに据える計画を推し進めていく。

しかし、ゴルフ場の着工前にゴルフ会員権を販売して多額のカネを集めるビジネスモデルに、古参幹部は一抹の不安を覚えていた。

「完成保証もないなかで、パンフレットを刷り、カネを集めるには、相応の〝看板〟が必要だと思いました。ただ、社長の名前は、株式市場であらぬ風評が立っていて、とても前面には出せない。そこで、名のある経済人をトップに招聘しようと社長に候補者を提案したのです」

だが、治則は難色を示し、古巣の日本航空から日本航空開発専務の島田滋敏を新橋の事務所に連れてきた。島田は七〇年の「よど号」ハイジャック事件で現地対策本部事務局長を務めた実力者だった。彼はパンフレットにＪＡＬのマークを入れ、写真入りの挨拶文を別紙の形で差し込むことを受け入れてくれた。そして、治則の風評を気にする古参幹部をこう諭した。

「石礫《つぶて》は、前から飛んでくるものだが、怯まず進めば、やがてそれは横になり、後ろからの攻撃になって、最後は届かなくなるものだ」

島田の後押しで、パンフレットが完成したのは八四年十月末。運営会社の社長には、ゴルフ事業に精通した専門家を据え、十一月一日にはパンフレットの発送手続きを終えた。四十代を目前に、治則の大いなる挑戦が始まろうとしていた。

九、長銀との蜜月が始まった

「海外投資案件の第一号としてやりましょう」。治則はサイパンでのホテル事業に名乗りをあげた。価格は三十三億円。晴れて契約が成立すると、今度は長銀や住銀が挙って――。

一九八五年九月、ニューヨークのプラザ・ホテルで行なわれた先進五カ国（G5）のいわゆる〝プラザ合意〟は、戦後日本の一つの分岐点だった。米国の貿易赤字を是正するため各国がドル売りの協調介入に乗り出し、日本は円高時代に突入、日銀の金融緩和政策によって地価高騰と株高に象徴されるバブル経済が始まる。

高橋治則のバブルへの助走は、プラザ合意の〝号砲〟が鳴る前年から始まっていた。

最初に手掛けたのは、前節で書いた栃木県のゴルフ場「ロイヤルメドウゴルフクラブ」の開発とゴルフ会員権の販売だ。しかし、この計画は思わぬ形でミソが付くことになる。会員権募集のパンフレットの発送手続きをした八四年十一月一日の夜七時のニュースは、一万円札のデザインが聖徳太子から福沢諭吉に代わった新紙幣の話題を伝えていた。ニュースキャスターは「続いても、お金にまつわるニュースです」と話し、画面が切り替わって映し出されたのは、業務上横領の疑いで逮捕されたロイヤルメドウの運営会社の社長だった。

治則のゴルフビジネスは、波乱含みのスタートを切ることになった。

ロイヤルメドウの元関係者が語る。

「慌てて郵便局に走り、パンフレットを回収しました。逮捕された社長は、ゴルフ事業の専門家というフレコミでしたが、前の職場で会員権収入など二千五百万円を着服。愛人に家具や着物、果ては枕まで買い与えていた。仕方なくパンフレットを刷り直し、高橋さんを社長にして新しく会員募集を始めました」

翌年、四百五十万円で売り出された会員権は、ゴルフ人気の波に乗り、順調な売れ行きをみせた。何度か募集を繰り返すうちに、その値段は三千万円にまで跳ね上がり、当初予定していた千五百本を売り切った。

「俺は日銀より凄いぞ。ゴルフ会員権一枚刷れば三千万円になる」

いつもは冷静な治則も周囲にこう漏らすほど有頂天だった。会員権の販売には、父親の義治が、NET（現テレビ朝日）時代に培った人脈も生かされた。その一人がNETに出入りしていたハイヤー業者で、廃業後はゴルフ場経営に関わっていたことから、彼を治則の後任社長に招聘したのである。

会員権収入はあくまで預託金だが、資金が循環し始めると、治則は平河町に土地を取得、本社ビルの建設を計画した。さらに目黒区八雲に五億円超を投じて二階建ての豪邸を建設した。車が三台停められる駐車場があり、室内は白を基調とした豪華な作りで、玄関にはルノアールの絵画が飾られていた。

土曜午後は老舗画廊に

その頃、衆院議員となっていた太田誠一の紹介で、「イ、アイ、イ」に入社したのが、のちに海外事業を取り仕切る山崎正人（仮名）である。山崎が語る。

「伝手を辿って太田先生に就職相談に行ったものの、当時の私は慶応大医学部に九年も通って中退したばかりの二十七歳。さすがに太田先生も手を焼いていましたが、そのうち『見つかったぞ』と二つの会社を提示されました。一つはミロク経理という堅そうな会社。もう一つは『俺の友達で、何をやっているか分からないけど、とにかく破竹の勢いの社長がいる』と説明を受けた『イ、アイ、イ』でした。『君のような経歴なら、高橋社長の方が面白いかもな』と言われ、実際に会ってみることになったのです」

多忙を極めていた治則から「今日なら会える」と連絡があったのは、八五年三月末。場所は六本木交差点近くのビルに入居するバーだった。水割りを飲みながら面接を受け、後日銀座の雑居ビルに入る本社に来るよう指示された。

「うちはコンピュータ関連の仕事のほかにゴルフ場開発もやっている。何がいい？」

治則は山崎に対し、ざっくばらんにそう聞いた。

「どうせなら社長の傍で仕事をつぶさに見てみたいです」

治則は「分かった」とだけ答え、その夜から山崎は秘書役を任された。毎朝八時に八雲の自宅に行くと、運転手が待機しており、そこから同乗して都心へ移動。夜には、車で待っている山崎を治

現在のハイアット・リージェンシー・サイパン（ハイアットのホームページより）

則が呼びに来て、宴会で一曲唄わせることもあった。

「山崎君はさ、ビジネスのことが分かってないんだから頑張らないと」

その言葉に奮起して山崎は簿記の学校にも通い始めたが、最初の半年は無給だった。他の社員が見るに見かねて進言すると、治則は長財布から無造作に十五万円を抜き取って山崎に渡した。決して面倒見が悪い訳ではないが、人を育てる意識が希薄で、カネの出入りをどんぶり勘定で済ませてしまうルーズな金銭感覚は、当時から垣間見えていた。

その頃の山崎はまだ治則の人物像を摑みあぐねていた。会長に退いていた義治からは、「君からもノリ（治則）に言ってやってくれ。アイツはよく考えないでやり過ぎちゃう。もう俺が言っても聞かないんだよ」と打ち明けられたことがある。

だが、山崎には治則が、冷静に自己分析できる常識人に映っていた。

「土曜の午後には、時々銀座にある老舗画廊に行っていました。とくに印象派の画家が好きで、私も一緒に行くのですが、『山崎君、これターナーなんだけど、分かる?』と聞かれて答えに窮していると、『ダメだな、こういうのちゃんと分からないと』と言われて。フラワーアレンジの仕事をしていた社長の奥さんの写真が、ある女性月刊誌に掲載された時には、『妻の後ろに僕のユトリロの絵が写っているでしょ。だから使って貰えたんだよ』と笑っていた。社長は億単位のユトリロの絵をいくつも持っていましたし、キーファーを始め、現代作家の高額な絵画コレクションは相当なものでした」

バブル期には、カネに飽かせて高額な絵画を買い漁ったと批判を浴びたが、治則が幼少期から絵画好きだったことも確かだ。ドイツの現代美術を代表するアンゼルム・キーファーの世界有数の収集家として知られただけでなく、治則の関係会社で所有していた絵画のなかにはモネの「セーヌ河の朝」やミレーの「一日の終り」などの名画がズラリと揃っていた。一時、治則は日比谷の富国生命ビルにも社長室を持っていたが、その廊下には自慢の名画コレクションを飾り、来客を驚かせていた。もちろん投資目的でもあったが、バブル崩壊後、これらのコレクションは価値を知らない金融機関に担保として押さえられ、死蔵された挙句、安値で売り叩かれていくことになる。

一方、山崎はその後、治則の期待以上の活躍をみせ、海外のビジネス案件では、外国人弁護士と英語で契約を纏める辣腕ぶりを発揮していく。

ビーチには治則の妻も

当時、治則は「イ・アイ・イ開発」の幹部とサイパンでのホテル事業の計画を進めていた。サイパンは、東京から飛行機で約三時間半の地の利もあり、日本企業が相次いでリゾート開発に乗り出していた。先鞭をつけたのが、八四年夏に「ホテル・ニッコー・サイパン」の建設を発表した日本航空だった。その開発を担う日本航空開発（当時）の島田滋敏専務は、治則が手掛けたロイヤルメドウのゴルフ会員権募集を後押ししてくれた恩人でもあった。治則の最初の海外進出は、島田からのオファーがきっかけだった。

「ニッコー・サイパンの建設予定地の周辺にいかがわしい建物が立つと高級感が損なわれる。隣の土地を押さえてあるから購入して貰えないか」

治則はこれをリゾート進出の好機と捉え、自らの苗字にちなんだ「ハイブリッヂホテル」という名の四階建ての小型ホテルを建設する構想を描く。そして早速、「イ・アイ・イ開発」の幹部と現地に飛んだ。七色に変化すると言われる幻想的なビーチ沿いに建つ高級ホテル「ハイアット・リージェンシー・サイパン」に宿泊し、日航側の米国人弁護士らと折衝を重ねた。同行した「イ・アイ・イ開発」の元幹部が振り返る。

「その後、日航の米国人弁護士二人が来日した時に八重洲の富士屋ホテルで一緒に食事をする機会があり、彼らの口からサイパンのハイアットが売りに出ているという話が出たのです。オーナーである香港海運界の雄、フランク・チャオが本業の業績悪化で売りに出し、全日空と国際自動車が買いに来ていた。弁護士二人はホテルの株主でもあり、彼らが売買の交渉役も担っていた。

価格は約三十三億円だった。弁護士二人は、無名の「イ・アイ・イ開発」が買収に名乗りをあげるとは想像もしておらず、雑談のつもりで語ったに過ぎなかった。ただ、この幹部は、治則がサイパン滞在中、ホテルの吹き抜けのロビーから見える景色に心を奪われ、いたく気に入っていたことを思い出し、すぐに本人に伝えた。

「それ、取りましょうよ。海外投資案件の第一号としてやりましょう」

治則は声を弾ませてそう答えた。難点は物件のみの売買ではなく、会社ごと買い取るという条件が付いていたことだった。予期せぬ負債を抱え込むことにもなりかねず、先行の二社はリスクを恐れて二の足を踏んでいた。しかし、治則はあっさりその条件を飲み、取引銀行の住友銀行の小切手で約四億五千万円の手付を打って契約を進めた。

そして八六年八月、晴れて「ハイアット・リージェンシー・サイパン」のオーナーとなる。高級会員制の別棟も完成させ、オープン前にはホテルを貸し切りにして、社員旅行と称して店頭公開したばかりの「イ、アイ、イ」の社員、約百人を招いた。コンピュータ事業を担う社員たちは、治則が別会社で畑違いのビジネスに手を染めていくことに戸惑いを感じており、その不安を払拭する意味もあった。

ビーチでは日本から呼ばれた花火師が派手に花火を打ち上げた。プールサイドでシャンパンを飲んで盛り上がり、服を着たままプールに飛び込む社員もいた。治則の妻も姿をみせ、首にレイをかけた治則とともに嬉しそうにその様子を眺めていた。

サイパンでのホテル買収により、治則のもとには世界各地の高級ホテルやリゾート開発への貴重な投資情報が集まるようになったが、恩恵はそれだけではなかった。手付金の融資で住銀に出遅れていた長銀が、すぐに十億円を超える融資を決め、治則の事業を本格的に後押ししていくきっかけにもなったのだ。

長銀の副支店長と再会

八五年十一月、「イ、アイ、イ」社長の治則と代表の河西宏和は一台の社用車で、静岡県の旧韮山町にある温泉治療施設に向かっていた。そこには甲州財閥に連なる東武鉄道創業家の御曹司が、長期療養で滞在していた。治則と河西は東武鉄道と合弁で「東武航空貨物」を設立。その御曹司を出向者として受け入れており、片道約三時間をかけて見舞いに出掛けたのだ。

用事を終えた帰路、横浜市内に自宅がある河西が先に降り、車は治則だけを乗せて東京方面へと走り去った。河西が歩いて横浜の高島屋の前を通りかかると、懐かしい顔にばったり出会った。

「こんなところで何しているんだよ」

河西が声を掛けたのは、慶応義塾高時代の同級生、後藤田紘二だった。彼は約三カ月前から長銀の横浜支店に副支店長として赴任していた。

「お茶でも飲もうか」

二人は髙島屋の五階にある特別食堂で約三時間にわたり、昔話に花を咲かせ、近況を報告し合った。「イ、アイ、イ」と長銀との〝蜜月と離反〟の深い因縁は、こんな偶然の再会から始まった。

長銀は、長期信用銀行法により、戦後の日本経済の復興に向け、基幹産業への長期資金の供給を目的に五二年に設立されている。日本興業銀行（興銀）、日本債券信用銀行（日債銀）とともに、主に金融債の発行により資金調達を行なってきたが、トップを行く興銀には大きく水をあけられていた。

後藤田は「長銀は債券発行銀行なのに、知名度が低く、なかには『長野銀行のことか』と言う人までいる」と嘆いたが、河西が店頭公開を目指す「イ、アイ、イ」の代表で、メインバンクを探していると知ると俄然興味を示した。

「ぜひ長銀をメインバンクで使ってくれ」

後藤田は「イ、アイ、イ」の本店が銀座にあったことから、慶応大の後輩で、長銀東京支店の営業第四部長、原惇一をすぐに紹介した。新規開拓を担当する原は、「イ、アイ、イ」に日参するようになり、慶応繋がりの治則とも意気投合。長銀と「イ、アイ、イ」グループとの取引が始まっていく。

当初、「イ、アイ、イ」のメインバンクの候補の一つは、住銀だった。八六年に銀座支店の副支店長として赴任した山下彰則が述懐する。

「実は、高橋さんとは彼の日航時代の同期が、私の大学の同級生だった関係で、以前から三人で食事に行く仲でした。その後、私が銀座支店に異動すると、顧客リストにはすでに『イ、アイ、イ』

が入っており、高橋さんとまた会うようになった。『イ、アイ、イ』とは五億円ほどの融資の付き合いでしたが、彼から『融資枠をもっと広げたい』と頼まれ、当時の西貞三郎専務に相談に行きました。しかし、『あそこは高橋社長の義父が仕手戦で巨額損失を出し、失踪した岩澤靖なので難しい』との判断でした」

住銀が平和相互銀行を吸収合併して首都圏の店舗網を拡充し、磯田一郎会長の「向こう傷は問わない」の言葉に象徴される収益至上主義に突き進む前夜のことだ。それからしばらくして治則は再び銀座支店に現れ、山下にこう告げたという。

「もう融資枠を広げて貰う必要がなくなったよ。実は今度、長銀が僕のために〝銀行〟を作ってくれることになったんだ」

だが、それは銀行などではなく、八七年十一月設立のノンバンク、ゼネラルリースの構想だったことがのちに明らかになる。そのゼネラルリースに一時社長を派遣していたのが、三井信託銀行である。三井信託もまた「イ、アイ、イ」グループのメインバンク争奪戦に早くから加わっていた。

八六年十一月、治則はロイヤルメドウに続くゴルフ場として栃木県にある「ヒルクレストゴルフクラブ」を買収した。衆院議員の山口敏夫の実姉が持ち込んできた物件で、ロイヤルメドウよりアクセスがよく、開発資金として約三十五億円を見積もった。ヒルクレストの元役員が語る。

「当初、高橋社長は、住銀からの融資を考えていました。ところが、決済期日が近付いた頃に、私が夜に自宅に帰ると、どこで調べたのか、三井信託の担当者が二人、暗がりで待ち構えていた。『ぜひウチで借りて欲しい』と懇願されたので、高橋社長に話すと、『いいんじゃないですか』と。

三井信託側は、『さすがに現地も視察しないで融資する訳にはいかないから』とヘリをチャーターし、形だけの視察を済ませると、期日に三十五億円を振り込んできたのです」

死期を悟った父・義治が

銀行が競い合って融資先を探すバブルの狂騒が始まろうとしていた。なかでも長銀はサイパンで初めて治則と深く結びつき、急速に「イ、アイ、イ」グループに肩入れしていった。

背景には、長銀が重厚長大産業への長期融資から方向転換を図らざるを得なくなった事情と、与信に繋がる高橋家の家柄が大きく関係していた。治則の母、朝子の従兄が元運輸相の大橋武夫で、長銀元頭取の浜口巖根《いわね》は治則の叔父、父の義治も長崎・平戸藩の松浦家の縁者の家系で、信用に足る条件が整っていたのだ。ヒルクレストでも長銀の担当者が現地を訪れ、クラブハウスの豪華さに感嘆し、追加の融資を決めていった。先のヒルクレスト元役員が明かす。

「クラブハウスの二階には、VIPのみを対象にした『プレジデンシャル・スイート・ルーム』を作りました。カーテンを開けるとゴルフ場が見渡せ、室内は複数のベッドルームとシャワー室も完備。阿含宗《あごん》の桐山靖雄管長をお見掛けしたことがあります。高橋社長は接待用として利用するだけでなく、夜中に支配人を呼び出して鍵を開けさせ、女性を招き入れていたこともあった」

四百五十万円で売り出されたヒルクレストの会員権は、飛ぶように売れ、最後は七千万円の値がついた。会員には、兄の治之の勤務先である電通の幹部も三名ほど名を連ねていた。元役員が続ける。

「高橋社長から、電通の幹部だという三人に『会員権を渡してあげて欲しい』と言われましたが、特別扱いを拒否すると、『ちゃんと払うから』と後日、幹部それぞれの名義で振り込みがあった。実際に資金を出したのが誰かは分かりませんが、治之さんから頼まれたのでしょう。ゴルフ場には段ボールで、治之さんが制作に関わった映画『植村直己物語』などのチケットがドサッと送られてくることもあった。普通の社員なら一人で捌けるチケットは高が知れていますが、『イ、アイ、イ』グループの資金力で買い取って貰い、社内での評価に繋げているのだと思いました」

当時、治之はスポーツを離れ、文化事業を担当する部署の部長だった。電通では局長以上になると送迎の車がつくが、治之は部長職ながら、治則に頼んで父親の代からいる運転手を付けてベンツで会社に通っていた。日中も築地の電通本社近くのビルの角にクルマを待たせ、所用があればベンツで移動した。治則は、「兄を電通の社長にしたい」と常々語っていたが、弟の成功でもたらされた財力は、兄の出世にも計り知れない影響を与えていく。

そして、バブルの訪れと入れ替わるように高橋兄弟に多大な影響を与えた父、義治が八六年七月十六日に七十歳でこの世を去った。膵臓がんに侵され、死期を悟った義治は「イ、アイ、イ」の幹部らを慶応病院に集め、「二人の子供には晩年大変世話になった。とりわけノリには金銭面で非常に助けられた」と誇らしげに語ったという。

義治は海外でリゾート王への歩みを始める治則の雄姿を見ることなく旅立った。一週間にわたり用賀の自宅で行なわれた通夜では、広い庭と邸宅のアプローチをざっと三百の献花が埋め尽くし、千人を超える弔問客が訪れた。だが、通夜にも葬儀にも治則の義父、岩澤靖が姿を見せることはなかった。

第3章

政治家
料亭
官僚

十、安倍家と高橋家

「サブタイトルと写真、何とかならないの？」。取材に応じた治之の口から語られたのは、安倍家との深い関係だった。「弟は晋太郎さんの一番のスポンサー。晋三さんとも…」


「バブル兄弟というタイトルはいいとして、このサブタイトルと写真、何とかならないの？」

　二〇二四年一月十一日、都内ホテルのティーラウンジ。二回目の対面になるこの日、高橋治之は、前回のスーツ姿とは一転、黒いカーディガンに臙脂色のマフラーをして現れた。前年十二月に週刊文春でスタートした「バブル兄弟」の連載記事の第二回掲載号が発売された年末、人を介して「取材に応じてもいい」と連絡があった。一度三人で会った後、この日初めて二人で会うことになっていたが、冒頭からこう切り出してきたのだ。

　初対面の時も、そうだった。記事の細かい内容についてのクレームは口にせず、「五輪を喰った兄と長銀を潰した弟」という煽り文句と連載のトップページに掲載されている写真には不満を漏らした。

「五輪を喰ったんじゃない。東京五輪が中止になるところを救ったんだから、そこはまったく違う。弟も長銀を潰したのではなく、国の失政で、急激に金融を引き締めたからバブルが崩壊して、ソフトランディングできなかっただけ。第一、長銀が借りてくれと頼むから借りた訳で、それを潰したというのはおかしいでしょう」

この日は、たまたま通りかかった顔見知りの女性スタッフに、雑誌の連載ページを開いてこう話し掛けた。

「ほら、見てよ。ヒドいよね、こんな写真使うんだよ。この人、悪いんだ」

こちらを指差しながら、怒っているようでいて、目は笑っている。

「こんなお顔じゃないですよね。私も最初、分からなかったですもん」

女性スタッフがそう応えると、釣られて男性スタッフも「私も拝見しました」と笑顔で近付いて来た。治之はおもむろにバッグから写真を二枚取り出すと、「代わりのいい写真、持って来たから」とテーブルの上に置いた。それは、少し微笑んだ治之の斜め顔の写真だった。

「あと、弟も可哀想だから、これ」

こちらは正面から撮られたキリッとした表情の治則だった。

写真は預かったが、冗談とも本気ともつかないやり取りに失笑を禁じ得なかった。本人が意図していたかどうかはともかく、こうして自然に自分のペースに引き込んでいくのは、彼にとってはお手の物なのだろう。

二〇二三年二月に首の手術をし、頸椎のあたりにチタン製のボルトが計八本埋まっているという。手術後の十日間は、その痛みに七転八倒し、痛み止めもまったく効かなかったほどで、一度に長時間の取材は難しいとのことだった。治之が本籍を置く長崎県平戸に話が及んだところで、以前から気になっていた高橋兄弟と二二年に亡くなった元首相、安倍晋三に纏《まつ》わる因縁について尋ねた。

「高橋家と安倍家とが遠縁にあたるというのは本当ですか？」

「高橋さんとは縁続き」

第1章の第三節で、高橋家のルーツについて触れた。高橋兄弟の祖父、猪之助は江戸時代に平戸藩六万石を治めた松浦家の家従で、妻、信は松浦家庶流の志佐家の出身。治之が調べた家系図によれば、九代藩主、松浦静山のひ孫、純恪の三女だという。

「弟は、安倍晋太郎さんの一番のスポンサーでした。晋太郎さんが自宅で麻雀をする時などには弟を通じて私も呼ばれました。麻雀は本当によくやりましたね。その時に、『高橋さんのところとは縁続きなんですよ』と言われたんです。何代目かの松浦家の殿様は、安倍家の関係から出ているという話でした」

高橋兄弟とは盟友だった元衆院議員の中西啓介も、国会の証人喚問で治則についてこう述べたことがある。

「長崎県の平戸というところの御出身なんですよ。安倍晋太郎先生とも松浦藩のいろいろな末裔だとかというような関係で親戚だというようなお話も、（治則と）三人で会食したとき安倍先生からも聞いたこともございます」（九五年六月十七日衆院予算委員会）

安倍晋太郎は、元首相、岸信介の長女、洋子（二〇二四年二月に逝去）と結婚して五八年に政界入りを果たした。外相や自民党幹事長などの要職を歴任し、首相の座まであと一歩のところまで迫

治之が筆者に提供した自身と治則の「いい写真」

ったが、病に侵され、九一年五月、六十七歳でこの世を去った。

その墓所は、山口県大津郡日置《へき》村、現在の長門市油谷《ゆや》蔵小田渡場にある。安倍家の政治一家としての礎を築いた晋太郎の父、安倍寛《かん》は、この地で生を受けている。だが、晋三は、東北を遊説などで訪れると、「私のルーツは東北」と言って憚らなかった。

安倍家の祖先は、平安時代の東北地方で覇を唱えた豪族の安倍宗任《むねとう》とされる。宗任は前九年の役に敗れ、西国に流されるが、後裔が「松浦水軍」として知られる松浦党に加わり、壇ノ浦の合戦に平家方として参戦。敗れ散じた果てに、現在の山口県長門市に住み着いたという説があるのだ。治之はこう話す。

「晋三さんは、晋太郎さんのカバン持ちをやっていたから、弟がいかに晋太郎さんに貢献してきたかをよく知っていた。だからとても恩義を感じていたし、うちの親父が死んだ時には、通夜に香典を包んで持ってきてくれた」

そもそも安倍家と高橋家との関係は、治則の岳父、岩澤靖から始まっている。

八一年当時、岩澤の側近だった一人は、岩澤と安倍晋太郎との会食の場に同席したことがあるという。

「岩澤さんから、『晋太郎とメシを食うから、お前も付いて来い』と言われてお供しました。岩澤さんが安倍さんに電話で、『お前、暇か？　これからクルマで国会の前まで行くから、ちょっと出て来られるか』と言うと、国会近くで晋太郎さんが待っている。そのまま拾って、クルマで日本橋の老舗蕎麦屋『室町砂場』に行くのが、お決まりのコース。当時、まだ神戸製鋼にいた晋三さんが同席したこともあります。晋三さんが名刺を出して岩澤さんに挨拶し、晋太郎さんが『いずれコイツは政治に出しますから』と紹介していました」

岩澤を介して晋太郎と知り合った治則は、そこから関係を深め、岩澤の失踪後は、頻繁に二人で会食する仲になった。のちに、晋太郎が下関市に約一億二千万円で地元のパチンコ店経営会社から自宅を購入した際には、晋太郎の依頼で、彼が所有する静岡県や山梨県の四つのゴルフ場の会員権を治則が約一億円で買い取り、資金の捻出に協力している。

晋太郎が、八六年に福田赳夫から派閥を禅譲されて以降、竹下登、宮澤喜一の〝安竹宮〟が三つ巴で、首相、中曾根康弘の後継レースを争ったことは、今や語り草である。その三人のなかで、最も資金集めに苦慮してきたのが、晋太郎だった。ゼネコンを始め強固な支持基盤を持つ竹下、財界との太いパイプを有する宏池会の宮澤、それに比べて晋太郎には目ぼしい人脈や金脈がなく、福島交通の小針暦二など新興勢力に頼らざるを得ない面があったのだ。

ＩＢＭの窪田という男

晋太郎と親交があった山口敏夫が振り返る。

「晋太郎とは相性がよくて、彼が外相時代、日本にいる時の週末はだいたい私をゴルフや麻雀に誘った。私は新自由クラブから自民党に復党して中曾根派に入り、渡辺美智雄が派閥を継承してからは事務総長になりましたが、一貫して安倍政権誕生を唱えていました。晋太郎を囲む会も治則と一緒にやっていた。その世話役をやっていたのが、日本ＩＢＭの窪田だった」

窪田邦夫は、大蔵省など中央官庁にネットワークを張り巡らせ、治則の官界人脈の窓口となった人物だ。バブルを象徴する存在だった一歳下の治則とは表裏一体の関係にあった。

彼は獨協大学出身で、ＴＤＫに入社後、一年で日本ＩＢＭに転職。営業畑で実績を積み、当時の社長、椎名武雄による財界二世を中心にした私的な勉強会「しいのみ会」で事務局を任されたことで一気に人脈が広がった。東急建設の五島哲やサントリーの佐治信忠など錚々たるメンバーが揃っており、そこにはバブル真っ只中の八八年にＩＢＭのコンピュータを擁する東洋一の巨大なトレーディングルームをオープンした三洋証券の土屋陽一もいた。

土屋の実弟は三洋ファイナンスの社長で、治之とは慶応幼稚舎時代からの同級生だった。ＩＢＭの椎名も慶応大の評議員を務める有力ＯＢだったことから、窪田は慶応人脈の輪の中に溶け込み、しいのみ会の末席にいた治則とも関係を深めた。

そして表舞台に立つことを嫌う治則の意を受け、山口とともに安倍晋太郎を囲む会を立ち上げていくのである。そのメンバーの一人がＴＤＫ会長の大歳寛《おおとしゆたか》だった。窪田は、ＴＤＫには一年しか在籍していなかったが、役員の車輛係だった郷里の中学時代の後輩を通じて、新入社員ながら、当時営業担当の役員だった大歳に食い込んだ。退社後もたびたび大歳のもとを訪れ、結婚時には仲人も依頼している。大物を籠絡していく人たらしぶりは天性のものと言っていい。

大歳が九二年十一月に逝去した際に編まれた回想録には、安倍晋三の次のような文章が掲載されている。

〈私が大歳さんに初めてお目にかかったのは、神戸製鋼を退社して父、安倍晋太郎の秘書となった頃のことでした。父が可愛がっていた日本アイ・ビー・エムの窪田邦夫氏（現、情報科学国際交流財団常務理事）が、あるとき「自分の大変尊敬している人物」と父にご紹介下さったのです。そして確か、大歳さん、父、山口敏夫代議士、窪田氏の上司のアイ・ビー・エムの佐伯さん（現、日本アイ・ビー・エム情報システム社長）と窪田氏と私、といったメンバーで食事をご一緒した〉（原文ママ）

そこから、当時外相だった安倍晋太郎を囲む会が立ち上がり、山口を始め、オリエントファイナンス社長の阿部喜夫、富士銀行頭取の端田泰三、野村證券社長の田淵義久らがメンバーとなった。安倍晋三と窪田が幹事役を務め、二、三カ月に一回のペースで、会合が開かれていたという。

窪田は九一年にＩＢＭを退社し、その後は、治則が立ち上げた「情報科学国際交流財団」に籍を置きつつ、コンサルタントとして活動を始めた。

治之が窪田との関わりを語る。

「私は、しいのみ会のメンバーではなかったですが、IBMの椎名さんとはサウナで会う親しい仲だった。窪田さんは、事業家の弟が普段会えない大蔵官僚や通産官僚とのパイプ役を務め、一連の経費はすべて弟が持っていた。彼自身もビジネスをやっていて、資金繰りに困ると弟だけでなく、弟を通じて知り合った私を頼ってくることもありました」

大蔵官僚との観桜会

窪田の霞が関人脈は、大蔵省の主計局を中心に通産省や建設省、郵政省から警察庁にまで及んだ。彼らは赤坂の料亭「佐藤」や治則が開発を手掛けたゴルフ場「ヒルクレストゴルフクラブ」などに招待され、接待を受けていた。

六六年(昭和四十一年)入省の大蔵官僚、中島義雄もその一人だった。「花の四十一年組」と呼ばれ、同期にはのちの日銀副総裁で東京五輪の大会組織委員会の事務総長を務めた武藤敏郎や、大蔵省証券局長だった長野厖士《あつし》ら豊富な人材が揃っていた。なかでも中島は本流の主計局畑を歩み、同期の出世レースでは次官候補の本命だった。

今回取材に応じた中島は、約七年前に脳梗塞を患い、懸命のリハビリで、何とか後遺症を免れたと話した。中島とは、彼が大蔵省を去り、セーラー万年筆の社長を務めていた当時、酒席をともにしたが、その時のマイクを手にした陽気な表情とは打って変わり、八十歳を超え、苦労を重ねた悲哀が滲んでいた。中島が、記憶を辿るように当時を振り返った。

「あの頃は、大蔵省の庁舎を女性の保険外交員やヤクルトの女性販売員が自由に出入りできる緩い時代でした。窪田さんもＩＢＭの霞が関担当として、毎日のように大蔵省や通産省に通っていろんな部署に顔を出し、当時、主計局の主計官だった私とも顔見知りになっていたんです」

ちょうどその時期に、もう一人、中島と治則との媒介役となったのが、大蔵政務次官を経て、八九年から衆院の大蔵委員長に就任していた中西啓介だった。中島は、中西から「若手の経営者を集めた勉強会を開きたいので、大蔵省からも若手を選んで集めて貰えないか」と依頼を受けた。早速手配し、赤坂の料理屋に駆け付けると、中西の傍らにいたのが治則だったという。中島が続ける。

「その場に窪田さんがいたかどうかは記憶が曖昧ですが、場所は料亭『佐藤』だったかもしれない。高橋さんと名刺交換しましたが、社名を見ても、何の会社かもよく分かりませんでした。そこから三カ月に一回くらいのペースで勉強会をやりましたが、高橋さんはずっと聞き役で、浮ついたところが一切ない人でした。太平洋を拠点にした大規模なリゾート計画の夢を語る真面目な人という印象はずっと変わりませんでした」

しかし、中島のエリート官僚としての〝約束された未来〟は、治則との出会いによって、大きく横道に逸れて行き、やがて雲散霧消する。

「イ、アイ、イ」の元幹部は、大蔵官僚や長銀の幹部らを招き、向島の料亭を舞台に繰り広げられた豪華な観桜会が今も忘れられないという。芸者をあげて、ひとしきり盛り上がったあと、参加者は用意された屋形船に乗り込んだ。

当時、治則は人の紹介で、六〇年安保闘争の象徴的存在だった全学連委員長の唐牛《かろうじ》健太郎の盟友、篠原浩一郎を雇い入れ、屋形船の運営を任せていた。その屋形船は、治則親子に共通の〝治〟という漢字をとって「美治丸」と名付けられ、当日は美治丸の名前が入ったタオルも参加者に配られた。ゆっくりと進む船の上で、酒を酌み交わしながら夜桜を眺めて過ごした粋と雅の光景は、まさにバブルを象徴する栄華の極みだった。

「晋三さんからお花が」

中島はバブル崩壊後、接待スキャンダルが発覚して大蔵省を去って以降、治則が亡くなるまで一度も彼と会うことはなかったという。

「なかには、『さぞかし高橋さんのことを恨んでいるんでしょう』と言う人がいましたが、私にはそんな気持ちはまったくないです。彼が亡くなった時、葬儀には参列しませんでしたが、一周忌の法要には参加しました。連絡をくれたのは、当時内閣官房長官だった安倍晋三さんでした。実は、私は大蔵省にいた当時、まだ政治家になっていなかった安倍さんを囲む勉強会を二年ほどやっていました。のちに事務次官になった保田博さんから頼まれたのです」

保田は、福田赳夫の蔵相時代に秘書官を務め、福田赳夫内閣でも総理秘書官を任された。福田派と近かった保田が、安倍晋太郎から「今後、政治の世界に進む息子のために勉強会をやって欲しい」と依頼され、人選を中島に委ねたのだ。

「それで私が香川県知事になった浜田恵造さんやのちの金融庁長官、三國谷《みくにや》勝範《かつのり》さんら五人ほどを集めて三カ月に一度くらいのペースで勉強会を開いたのです。安倍さんは義理固い人で、高橋さんとも非常に親しかったので、私に連絡をくれたのだと思います。ちょうど第一次安倍政権の発足前だったので、忙しかったのでしょう。安倍さん本人は法要に姿を見せませんでしたが、お花が届いていました」

中島は、そこで初めて治之と挨拶を交わしたという。

治則の人脈形成は、一見すると戦略的に見える。だが、決して緻密ではなく、場当たり的で、それはビジネスでも同様だった。

サイパンのハイアット・リージェンシーを手に入れた治則は、ハイアットの幹部からオーストラリアのシドニーにある同系列のホテルの買収を打診され、現地に飛んだ。ところが、治則は、お目当ての物件ではなく、たまたま宿泊した「リージェント」に一目惚れする。立地の良さやホテルの格式の違いは一目瞭然だった。

「ここいいね。こっちにしようよ」

そして、交渉の過程で知り合ったのがリージェントのオーナー、ロバート・バーンズである。かつて東急グループの五島昇ともホテル事業で組んだ経験があり、世界の名立たるホテルを手掛けた伝説のホテリエだ。

香港に拠点を置くバーンズは、治則を始め「イ、アイ、イ」の幹部らを夜景を見下ろす高台にあるプール付きの豪邸に招待した。贅を尽くした宴で、映画女優が接待役を務め、さながらハリウッド映画の世界のようだったという。

後日、ホテルで打ち合わせに臨むと、バーンズがテーブルの上に無造作に四角い箱のようなものを置いた。

「それ何ですか？」

治則が尋ねると、電話だという。帰国した治則が、携帯事業の会社を設立し、人脈を総動員して新規分野に挑んでいったのは、それから程なくしてのことだった。

十一、ひと晩で百億動かせる男

〝越山会の女王〟も交錯する治之と治則の人脈。わけても弟の勢いは強烈だった。八〇年代半ば、〝長銀のドン〟の後押しを受け、環太平洋のリゾート王へと上り詰めていく。

高橋治之の港区にあるタワーマンションの事務所には、一九九三年に撮られた一枚の写真が保管してある。

日付は九月三日で、場所は防衛庁の長官室。テーブルの議長席には、当時の防衛庁長官、中西啓介が座り、その右手には上座からFIFAのジョアン・アベランジェ会長と事務総長のゼップ・ブラッター、そして電通とアディダスが共同で設立したISLの社長、クリストファー・マルムスらが続く。末席には、和やかな表情でその様子を見つめる治之の姿もある。

当時、中西は自民党を離党し、羽田孜《つとむ》や小沢一郎らと新生党を結成。七月の総選挙を経て誕生した細川護熙《もりひろ》内閣で、防衛庁の長官として初入閣したばかりだった。アベランジェらは同日、首相官邸を訪問しているが、それに先立って中西との面談を設定したのが治之である。

「弟の方が昭さんに」

治之は、タワーマンションの所有物件を売りに出し、二〇二三年から同じマンション内に新たに事務所を借りていた。

「前はパイプをやっていたんだけど、拘置所から出てきた後は、このニコチンガムが癖になっちゃってね」

治之は、時折ガムを口に入れ、終始リラックスした表情で語り始めた。

「中西とは仲が良かったから、海外から要人が来ると紹介していたんです。あの時は二〇〇二年のサッカーW杯の日本招致委員会も立ち上がっていて、政治家に協力を得た方がいいという気持ちもあって引き合わせたんだと思う」

中西は九二年に七人の国会議員で発足した「国会議員招致委員会」のメンバーで、当時の委員長は新生党の代表幹事、小沢が務めていた。中西を起点にした人脈は、小沢だけでなく、田中角栄元首相の金庫番で、〝越山会の女王〟と呼ばれた佐藤昭子にも繋がっていた。治之が続ける。

「最初は中西が、昭さんに気に入られて、麻雀のメンバーが足りないからと、僕もよく一緒に行って卓を囲んでいました。そのうちに弟の治則も加わるようになった。僕は電通のサラリーマンでそんなに付き合えないので、途中からは弟の方が昭さんに可愛がられるようになったんです」

昭子は治則を「ノリちゃん」と呼び、大学を中退したばかりの娘、あつ子にも引き合わせている。あつ子は著書『昭　田中角栄と生きた女』のなかで、治則の印象をこう綴っている。

〈治則さんは不思議な人だった。母の周囲はご機嫌取りをする人ばかりだったのに、治則さんは茫洋とした人で、母に媚を売ることがない。積極的に自己アピールをするわけでもなく、その雰囲気

は小沢一郎先生に似ていた〉

八二年に、協和信組の立て直しを依頼された時も、昭子は大口の預金者集めに奔走する治則に力を貸した。治之と治則の人脈は交錯しながら、本人たちの与り知らないところで広がり、そして肥大化していった。

治則の株の指南役だった経営・投資コンサルタント、落合莞爾と治之の出会いもそうだった。落合は当時通っていたホテルニューオータニにあるゴールデンスパのフロントで、知り合いの姿を見つけて声を掛けた。

「お前もメンバーなの？」

それは和歌山県立桐蔭高校の同級生、中西啓介だった。中西は文系で、軟式野球のピッチャー、落合は理系でのちに東大法学部に進学。タイプは違うが、気心の知れた間柄だった。

落合が、フロントで記名している中西の手元に目をやると、そこには「竹下」とサインがしてあった。中西は、「竹下登事務所が払ってくれているんだ」と話した。

「せっかくだから飲みに行こう」

落合は行きつけの六本木のバーに中西を誘った。中西は「今から一人呼ぶから」と言って、後で店に合流してきたのが、治之だった。落合は、治則とはすでに親しい関係だったが、治之とはこの時が初対面だったという。

「彼は電通の社員だったが、運転手付きのジャガーに乗り、父親の影響で不動産ビジネスを手掛けていると話していた。当時から普通のサラリーマンという感じではなかった」

落合はその後、中西の政治資金指定団体「中西啓介21世紀クラブ」の代表も務めた。八四年に警視庁の摘発を受けて倒産した投資ジャーナルの中江滋樹から、その団体への百万円の献金が問題視されたこともある。落合が続ける。

「あれは、中江に推奨銘柄を教えてあげたらお礼に百万円をくれたから、中西への寄付として処理しただけです。治之も中西の政治資金集めの手伝いをしていましたが、三割近く手数料をとると聞いて、『まるで業者みたいだな』と思ったことを憶えている」

これについて治之は「友達のために政治資金を集めていただけで、そんなことをするはずがない」と言下に否定したが、彼の押しの強さが、周囲に利に聡い人物という印象を与えていたことは確かだろう。

治則は携帯事業にも

八七年に治則が設立した「日本携帯電話」を巡る通信利権獲得に向けた一連の動きでは、高橋兄弟の人脈が結集された。前節で述べたように、治則は、商談で訪れた香港で、リージェントホテルのオーナー、ロバート・バーンズの携帯電話を見て、すぐに日本でのビジネス化を模索し始めた。それは米モトローラ社が世界に先駆けて発売した携帯電話だった。日本では八五年に、肩からぶら下げるショルダーホンが発売されたが、高額なうえに、重さが約三キロあった。八七年に登場した日本初の携帯電話でさえ九百グラムで、まだ一般に普及するレベルではなかった。「イ、アイ、イ」

の元幹部が明かす。

「その決断力は凄かったですし、日本ではかなり早く携帯電話に目をつけた実業家だと思う。香港ではバーンズの豪邸に招かれ、歓待されました。ところが、夜の接待役として現地の女優がいたという話に尾ひれがついて、社長の奥さんの耳に入ってしまった。奥さんは無口で、大人しい印象でしたが、怒り心頭だったらしく、腹いせに伊勢丹で約二百万円の買い物をして、二カ月間、ほとんど口を利いてくれなかったと零していました」

当時の治則はビジネス勘が冴え渡り、ある種の全能感に支配されていたのだろう。彼はモトローラ社と組んで新規参入を図るべく、衆院議員の山口敏夫を通じて「日本経営者団体連盟」（日経連）の元専務理事、松崎芳伸を社長に招聘。自民党の総務会長に就いていた安倍晋太郎にも郵政省の許認可取得に向けて、働き掛けを依頼した。そして、「イ、アイ、イ」と同じく晋太郎を囲む会のメンバーだったオリエントコーポレーションとの共同出資の形で日本携帯電話がスタートする。治之も計画を後押しし、関係者による会議にも出席したという。

治之が振り返る。

「僕も弟には『面白いからやれ』と言って、出版社の知人に掛け合って、月刊誌に携帯電話の時代を先取りした記事を書いて貰った。中西を経由して小沢さんにも協力を仰いだと思う」

郵政省は全国を地域で割り、一地域二社体制を提唱していたが、一枠は全国展開するＮＴＴが押さえ、残りの一枠はライバル二社が地域ごとに棲み分ける形で先行。うち一社がモトローラ社と組んでいたが、首都圏から弾かれたことで、治則は、モトローラ社を担いで首都圏市場での巻き返しを狙っていた。

治則は、NTT初代社長、真藤恒の側近だった「コスモ・エイティ」社長の碓井優に、有望株として仕込んでいたNTT関連事業を担う東証一部上場の大明電話工業の株式約百万株を市場外で譲渡。真藤人脈も含めた通信利権の取り込みに躍起になったが、これは失敗に終わり、最後は小沢の外交力に望みを繋いだ。

八九年六月、米国で行なわれた日米電気通信摩擦交渉で、首相特使として派遣された小沢が、ヒルズ米通商代表部代表と会談。焦点は、新たに世界最小携帯を開発したモトローラ社の首都圏参入問題だった。足掛け三カ月にも及んだ交渉は、モトローラ社の首都圏参入を認める形で決着をみたが、選ばれた事業者はトヨタ自動車系のIDO（日本移動通信）で、日本携帯電話は一敗地に塗れた。

そして会社そのものも業界再編の大きなうねりに飲み込まれて行き、治則の夢は呆気なく潰《つい》えた。

しかし、当時の治則には、そのダメージを跳ね返せるだけの破竹の勢いがあった。サイパンから始まった海外事業が、オーストラリアで大きく花開き、世界各国に瞬く間に広がっていたのだ。

スペシャルな物件が

八六年、「リージェント・シドニー・ホテル」を約百三十億円で買収した後、治則は西オーストラリア州パースに拠点を置く実業家、アラン・ボンドと知り合った。ボンドは、看板書き職人から身を起こし、不動産業で成功を収めると、鉱山会社の経営やビール会社の買収で名を馳せた。国を代表する実業家の彼が治則に持ち込んだのは、オーストラリア初の私立大学「ボンド大学」の創設計画だった。

前出の「イ、アイ、イ」元幹部が経緯を語る。

「社長は以前、『スポーツ、教育、大学』を三本柱にしたいと語っていました。スポーツは、ゴルフ場開発だけでなく、総合リゾート開発も含めた構想で、教育とは一九八七年に若手研究者の育成を図る目的で設立した情報科学国際交流財団を指します。財団の理事には、情報科学分野の専門家である元東大名誉教授の國井利泰さんなどが入り、事務方は、社長と近い窪田さんが連れて来た元IBMの女性社員が仕切っていました。やり手の女性で、最終的にこの財団の主導権は彼女に移ってしまった。大学については、義父の岩澤靖が札幌大学を創設したことに影響を受けて社長も興味を持ったのだと思う。ボンド大学を含む海外事業の水先案内人は、英語が堪能で、周囲から『プロフェッサー』と呼ばれていた『イ、アイ、イ』グループの顧問、石崎文吾さんでした」

石崎は、関西などで私立大学を経営していた谷岡学園の理事長、谷岡太郎とも親しく、ボンド大学の計画には谷岡学園も一枚嚙むことになった。「イ、アイ、イ」グループの海外事業を石崎とともに手掛けてきた前出の山崎正人が振り返る。

「オーストラリアでは、ノーザンテリトリー州政府から北部の州都、ダーウィンと大陸中央部の砂漠地帯の間を結ぶ約千六百キロの鉄道を敷く計画を持ち掛けられるなど、次々と大型案件が舞い込むようになっていました。なかでもゴールドコーストにある『サンクチュアリー・コーブ』の取得

豪華リゾートのサンクチュアリー・コーブ（当時のパンフレットより）

は象徴的でした」

　サンクチュアリー・コーブは巨大な敷地に高級ホテルや別荘、ゴルフ場、マリーナなどを擁する豪華リゾートである。実は、治則は最初にオーストラリアを訪れた際、この開発予定地を視察している。大量の蚊が飛び交う広大な湿地を前に、「ぜひ買いたい」と意欲をみせたが、同行した「イ、アイ、イ」の役員が「規模が大き過ぎる。手を出してはダメです」と窘めるとあっさり引き下がった。ところが、完成した途端、すぐに買収したのだ。価格は約三百七十五億円だったが、手続きは複雑だった。山崎が明かす。

「所有者だったニュージーランドの上場企業の総帥が、役員会にかけて買えるようにする代わりに、三百万豪ドルの裏金を要求してきたのです。結局そのカネは、長銀から調達したのですが、のちのち問題にならないよう長銀側にも相談しながら、書類を整えるのに苦心しました」

買収資金は、長銀が事業の将来性や採算性を審査し、有望と判断した長期融資、いわゆるプロジェクトファイナンスとして調達している。敷地内に別荘を建てて日本国内で買い手を探し、借入金を返済する形だった。のちにテレビ司会者の大橋巨泉が購入し、彼の紹介で芸能界にも所有者は広がった。治之もまた、「イ、アイ、イ」グループのノンバンク、ゼネラルリースからの融資で一棟を購入している。治之が言う。

「東京ドームの何倍もある敷地にゴルフ場が二つとビール工場まであった。別荘の前に小さい運河があり、小舟でゴールドコーストまで行けた。マッドクラブという名物の蟹が大量に獲れるので、家族と訪れ、そこでパーティーをやったりして過ごした」

その後、「イ、アイ、イ」グループの海外展開は、グアム、ハワイ、フィジーなどへ一層拍車が掛かった。煩雑なトランジットの手間を省くため購入した合計三機のプライベートジェットで、治則は環太平洋へと羽ばたいていった。

それを後押ししたのは、〝長銀のドン〟と呼ばれた相談役最高顧問の杉浦敏介《びんすけ》である。杉浦は家族とともに治則のプライベートジェットでサンクチュアリー・コーブに招待され、帰国すると、治則と河西宏和らを新橋の料亭に呼んだ。

「君たちは若いのに大したもんだ。どうやってあんな素晴らしい物件を見つけられるんだね。うちの行員など逆立ちしても見つけられないよ」

杉浦はご満悦の様子で治則らをこう絶賛したという。その場にはすでに現地を視察していた頭取の堀江鐵彌《てつや》らも同席していた。

「堀江君と私の息子はどちらが年上だったかな」

杉浦は頭取など息子同然の存在であるかのように、その場で威厳を誇示してみせた。市場には資金が溢れ、各銀行が融資先を探して新規開拓に血眼になるなか、こうして長銀は「イ、アイ、イ」グループに照準を合わせ、海外事業や不動産事業、ゴルフ場への融資を加速させていったのだ。

「ひと晩で百億動かせる男がいる」

そんな謳《うた》い文句で、治則の名は徐々に浸透していき、彼のもとには環太平洋に限らず、優良物件が持ち込まれるようになっていく。前出の山崎がそのカラクリを明かす。

「リージェントのバーンズやアマンリゾーツを立ち上げたエイドリアン・ゼッカらと知り合ったことで、スペシャルな物件が持ち込まれるようになった。世界の王室や富裕層が密かに抱え、一般には決して出回らない物件です。その内情を知った社長は、世界有数の不動産グループ、ジョーンズ・ラング・ラサールなどが持って来た案件ですら手を出さず、彼らのことは鑑定評価をとるためだけに使っていました」

時には、英国の元首相、マクミランがパリに所有した別荘とゴルフ場、競走馬をセットで買収し、途中で資金が焦げ付いたこともあった。だが、治則が香港のリージェント・インターナショナル・ホテルズに資本参加し、リージェントの商号で開発したミラノやニューヨークのホテルは、大きな成果を生んだ。現在は「フォーシーズンズホテル」に経営が引き継がれているが、その格式と集客力の高さには、治則の先見の明を感じざるを得ない。

治之も仕事のついでに現地を視察、治則に助言したこともあるという。

「ミラノのホテルは、高級ブティックが建ち並ぶモンテナポレオーネ通りに近く、十五世紀の修道院を改装して作られたものです。掘削作業中に遺跡が見つかり、工事が約二年もストップしてしまいましたが、知恵を絞り、発掘品をホテルに飾る条件を提示して開発許可を得ていた」

ニューヨークのリージェントホテルは、二十世紀のアメリカを代表する建築家、I・M・ペイの設計で、八九年に開発に着手している。治之は当時、セントラルパークの目の前にあるエセックスハウスのレジデンスを二部屋購入しており、リージェント・ニューヨークの起工式にも出席しているという。

治之は八二年八月七日にニューヨークの郊外にあるジャイアンツスタジアムで、ユニセフ主催のサッカーチャリティマッチ、欧州選抜対レスト・オブ・ザ・ワールド（欧州以外の世界選抜）を実現させている。ペレやベッケンバウアーら錚々たる顔ぶれが揃い、超満員の七万八千人の観客を集めた伝説のイベントだった。この時にニューヨークに長期滞在し、米国在住のエージェント、ジョージ・テイラーと彼の韓国人の妻のサポートを得ていた。テイラーもまた治之を「タコさん」と呼んだ。テイラー夫妻はニューヨークのミッドタウン・イーストに自宅を購入していたが、治之にとってニューヨークは知り合いも多く、高級クラブもあって、羽根を伸ばして遊べるお気に入りの場所だった。

治之が語る。

「その後も度々行く機会があったので、投資の意味もあって借入をして家を買いました。テラスからの眺望が最高の物件でした」

治之は八五年六月から約三年半、スポーツから離れ、文化事業を担う部長職だった。バブル期とはいえ、一部長とは思えない羽振りの良さだ。当時の社内事情を電通OBが語る。

「その頃は八五年に社長に就任した木暮剛平さんの後継を巡って、一種の社内抗争があり、最後は二人の専務が社長の座を争った。つくば万博や花博でプロデューサーを務め、イベント演出の実績が豊富だった豊田年郎さんは、治之のことを『タコ、タコ』と呼んで可愛がっていた。かたやライバルの成田豊さんも、ロサンゼルス五輪の総指揮を執り、スポーツに強い治之とは蜜月だった。結局、木暮さんは同じ東大出身の成田さんを選んだが、治之は二人の間を上手く立ち回っていた印象があります」

治之は、出世レースの荒波を乗りこなしながら、文化事業でも実績を重ねた。その一つが、八八年三月の東京ドームのオープニングイベントだった。

かつて主要メンバーの麻薬禍で来日公演が中止になったローリング・ストーンズのミック・ジャガーのソロ公演を実現させ、プロボクシングの世界ヘビー級タイトルマッチ、マイク・タイソン対トニー・タッブス戦もコーディネートしたのだ。人気絶頂だったタイソンには当初東急エージェンシーが接触していたが、早々に撤退。そこで治之が米国に飛んで契約を纏め、後楽園スタヂアムの担当者と帝拳ジム会長、本田明彦とで夢の一戦を成功に導いたのである。

治之はサントリーとのスポンサー契約の交渉役も担ったが、前金を要求するタイソン側に対し、サントリー側は年度内の支払いを渋っていた。

「分かった。俺が全部立て替える」

強気に打って出た治之の言葉で、難局は一気に打開に動いた。治之を後押ししていたのは、リゾート王となった治則の〝見えざる力〟だった。

第4章

愛人
家族
兄弟

十二、「私の『じいちゃん』」

「初めて会ったのは、一九八七年、新宿ワシントンホテルです」。過去の記憶をそう手繰り寄せるのは、治則の愛人だった女性だ。彼女だけが知る〝リゾート王〟の秘密とは——。

金融緩和を背景に株や土地の価格が高騰を続けたバブル期。金融機関は派手な融資合戦を演じ、好景気の恩恵に浴した企業は優秀な人材を確保するため、大学生の〝青田買い〟に精を出した。当時の就職戦線は超売り手市場の様相を呈していた。

その狂騒を横目に見ながら、翌春卒業予定の女子短大生、北山裕子は、夏を迎え、出遅れた就職活動にようやく重い腰をあげた。そして、高橋治則と知り合った。裕子は、プロローグで登場した治則の愛人だった女性である。

「初めて会ったのは、一九八七年の八月。西新宿にある新宿ワシントンホテルで行なわれた東京協和信用組合のパーティーだったと思います」

裕子は、過去の記憶を手繰り寄せながら、そう振り返った。最初の取材は二〇一九年三月。帝国ホテルのティーラウンジに現れた彼女は、ショートヘアで、華奢な印象の女性だった。それから幾度となくやり取りを繰り返してきたが、彼女が語る治則との約十八年の日々の記憶は驚くほど鮮明だった。

裕子は就職について、とくにこだわりがあった訳ではない。最初に相談を持ち掛けた従姉から、「希望する職種はあるの?」と聞かれた時も、「航空会社がいいかな」と軽い気持ちで答えていた。当時はまだ女性客室乗務員が、スチュワーデスと呼ばれていた時代だ。

治則との出会い

従姉が最初に紹介したのは治則の兄、治之の慶応義塾高校時代の同級生だった。実家が建設会社を経営しており、治之も、治則も、自宅を建てた時にはその建設会社に依頼したほど親密な間柄だった。彼は、婿養子に入った妻の実家が、新宿ワシントンホテルの地主一族だったことから、ホテルの一部の権利を管理する会社を経営していた。政財界にも顔が広く、特に当時運輸大臣だった橋本龍太郎とは非常に近しい関係だったという。裕子が続ける。

「橋本さんに打診してくれたらしく、東急系の『東亜国内航空(のちのJAS)なら入れてあげられる』と言われました。ただ、その時の私は、『兼高かおる世界の旅』という番組に影響され、海外への憧れがあったので、『国内線は嫌だ』と偉そうなことを言ってしまったんです」

そこで浮上したのが日本航空で、当時はまだ半官半民だったが、すでに内定枠は埋まっており、手遅れと言っていい状況にあった。

「じゃあ、ノリちゃんに頼むしかないいな」

従姉と親しかった紹介者の社長が、最後に頼ったのは、日本航空OBの治則だった。

「ノリちゃんはとにかく時間がない人で、パーティーの合間に会ってくれることになった。偉い人だから、ちゃんとした恰好をして来てね」

その言い付け通り、当日は白い襟がついたネイビーブルーの服を選んだ。当時はマルイが全盛期で、学生もマルイの赤いカードを手にＤＣブランドを買うのがトレンドだったが、彼女は自分に似合うＪＵＮグループの人気ブランド、ロペのワンピースをマルイで選んだ。学生ながら母親に貰うお小遣いで、月に百万円分も洋服にお金を掛けることもあり、バブルを先取りした田中康夫の小説「なんとなく、クリスタル」にも登場したアルファ・キュービックなどもお気に入りだったという。後に知ることになるが、アパレル業界で異彩を放ったアルファ・キュービックの創業者、柴田良三は治之とは趣味のゴルフなどを通じて非常に親しく、治則とも縁の深い人物だった。

裕子はその日、従姉の友人の美容師に髪をセットして貰い、ホテルへ向かった。ホテル内のバーで紹介者の会社社長と従姉の三人で待っていると、パーティーで挨拶を終えた治則が姿を見せた。

裕子が語る。

「偉い人と聞いていたので、大臣クラスの国会議員が来るのかと思っていたら、普通のオジサンでした。当時、彼は四十一歳。『ＪＡＬに入りたいって言っているんだ』と紹介して貰い、私も挨拶をしましたが、特別愛想がいい訳でもなく、口数も少ない印象でした。高橋は十分ほどで席を立ち、またパーティーに戻って行きました」

呆気なく終わったと思っていたら、約四十分後、治則は再び席に戻って来た。

治則はこれまで約三十人をコネ採用で日本航空に入れたことがあると話した。頼まれると断われ

裕子が「思い出の場所」と語る帝国ホテル（文藝春秋写真資料室）

ない性格で、偉ぶるでも安請け合いするでもなかったが、淡々とした言葉の端々からは自信のようなものも垣間見えた。

「私のシックな服装に好印象を持ったのかもしれません。同席した会社社長も『まさか戻って来るとは思わなかった』と話していました」

日本航空の入社試験は、四次選考まであり、その間は就職相談を理由に度々治則から呼び出された。当時、治則の「イ、アイ、イ」は、帝国ホテルから徒歩圏内に本社があったことから、帝国ホテルで会うことが多く、「ここは思い出の場所でもあるんです」と彼女は懐かしそうに語った。

「どうしてもＪＡＬに入りたい訳でもなかったのですが、どんどん話が進んでいきました。試験が終わるたびに高橋に呼び出され、『どうでしたか』と聞かれましたが、大体用件は十分くらいで終わるんです」

最終面接で合格が決まった時には、日本航空からの報告が来る前に、治則が裕子の実家に連絡を入れた。電話をとった彼女の母親は、「受かりました」という治則の言葉に涙を流していたという。裕子が続ける。

「本来ならコネ採用は、社長室付きの秘書課が窓口になるものらしいのですが、そのルートを通したのでは、とても間に合わないギリギリのタイミングでした。高橋も『今回は無理かも』と言っていたのですが、採用担当になっていたＪＡＬ時代の後輩に強引に頼み込んだそうです」

「最初は、嫌で嫌で」

内定が決まると、治則は「大阪に行きましょうか。今度、大阪に出張の予定があるんで」と誘ってきた。裕子は、「あっ、いいですね」と無邪気に答えたが、後でそのやり取りを聞いた従姉は、「馬鹿じゃないの。大阪って日帰りじゃないってことだよ」と苦言を呈した。そう言われてハッと気付いたが、相手が妻帯者だと安心しきっていたのだ。どうしようかと迷っている間に、大阪出張の予定はなくなり、話は一旦立ち消えになった。

「新宿で飲みましょうか」

治則は改めて、裕子を新宿のセンチュリー・ハイアット（現ハイアットリージェンシー東京）に呼び出した。ホテルのバーで飲むものと思って向かうと、フロント近くのベルボーイが裕子に近付き、館内の電話を手渡した。電話口の治則は「上の階まで上がってきてください」と告げた。

ベルボーイに付いて指定された階まで行き、廊下を歩いて行くが、店がある雰囲気ではなく、ある客室の扉の前まで案内された。そこはスイートルームだった。

「いいバーがなかったから部屋で飲もうかと思って」

治則はそう言って裕子を部屋に招き入れた。室内にはラジオから音楽が流れていた。治則は「バーボンのソーダ割りがいい」と言う彼女のために飲み物とおつまみを頼み、「僕も普通に一本くらい飲めるんだよ」とハイペースでバーボンを呷った。この時点でも、彼女に警戒心はなかった。途中からラジオは音楽から数学講座に切り替わっていた。

「そこで半ば強引に関係を持たされることになったのです。場違いな数学講座の記憶だけは鮮明にありましたが、気付くと長い時間が過ぎていました。その時は嫌悪感しかなかったです。高橋本人は、バーボンをほとんど一本空け、気持ち悪くなって、トイレで嘔吐していました。その様子を見て、なぜか可哀想だと思ってしまったんです」

彼女は「私もどうかしていますよね」と自嘲気味に話したが、そこから次第に彼女には治則に対する愛憎相半ばする複雑な感情が芽生えていく。

当時、裕子には交際相手がいた。高校時代の恩師で、教え子と付き合う前に学校を辞め、二人は近い将来結婚も考えていた。だが、治則との一件で、彼との付き合いも消滅した。

「最初は、嫌で嫌で仕方がなかった。当時は携帯電話もない時代でしたから、実家に連絡が来て、短大の事務局から校内放送で呼び出されたこともあります。高橋の電話を受けた母が、就職でお世話になっている人からの伝言だと、慌てて学校に連絡を入れたんです。何かあったのかと、すぐに指定された赤坂プリンスホテルの旧館に駆け付けると、特に用事はなく、ただ会いたかっただけのようでした。ストレートな愛情表現ができない不器用なところがありました」

そのうち治則のペースに押し切られるように、裕子も頻繁に会うことを受け入れるようになっていった。

「人目を気にして、最初はホテルの部屋で会うだけでした。当時の私は彼が何の仕事をしているのかもよく分かっていなかった。面倒臭がり屋で、私に偽名でホテルの予約を取るように言うので、いつも私が『スズキヨシコ』の名前で部屋を押さえていました。高橋は帝国ホテルの新館なら顔がささずに（周囲に顔を見られることなく）宴会場から出入りできると言っていましたが、バブル全盛期は主だったホテルはどこも予約が取れず、本当に大変でした」

千葉に住んでいた彼女は日比谷に着くと、八七年にオープンしたばかりの「日比谷シャンテ」で時間を潰し、先に帝国ホテルのフロントで手続きを済ませる。そして、部屋で待つのがいつものパターンだったという。

「その頃流行っていた高木美保と渡辺裕之の『華の嵐』という昼ドラを観て待っていると、高橋も来て一緒に観たり、少しだけ居て、すぐに帰ってしまうこともあった。帰り際に『危ないからタクシーで帰って』とタクシー代とホテル代を渡されていましたが、いわゆる愛人としてお手当を貰うような関係ではありませんでした」

異常なこだわりや嫉妬心

彼女は日本航空に入社後、国際線の仕事を希望したが、それには一定の訓練を経る必要があり、まず国内線で経験を積んだ。そして実家を出て、白金台のマンションで一人暮らしを始めた。治則の自宅からは目黒通りを行けば、さほど遠くはない場所で、彼女は気が気ではなかったが、治則は多い時には一日に二度、三度と訪ねてくることがあった。

「社会人になって誘いが増えたので、私のことが心配だったのだと思う。パイロットと仕事終わりに飲みに行ったと聞くと、『たかが運転手だろ』と見下した言い方をすることもありました。高橋にJAL時代のことを尋ねると、『入れ食いだった』と話していました。世間知らずの私は、その意味がまったく分からず、彼から『釣り堀で糸を垂れたら一杯釣れたってことだよ』と説明されました。私はなし崩し的に既婚者の高橋と付き合うようになった苦しい胸の内を日記に残していましたが、それを勝手に読まれたこともありました。その内容を目にしたから、私のことを大事にしようと思ったのかもしれません」

裕子は治則のことを「じいちゃん」と呼んだ。二人で大河ドラマ「春日局」を観ている時、劇中に登場した千姫を見て、「私が姫なら、あなたはじいやだね」と言ったのが始まりで、「じいや」から、いつしか「じいちゃん」になったという。裕子が振り返る。

「私もまだ若くて、素直ではなかったから、高橋には常にツンデレで接していました。こちらも破天荒に振る舞っていないと、並の神経ではあの人とは付き合えなかったんです。それでも、年が離れていたので、喧嘩になることはありませんでした」

裕子が運転免許を取得し、スポーツタイプの「ベンツSLシリーズ」に乗りたいと言うと、治則は紙袋に詰めた二千万円を持って現れた。

「ただ、私は車検が面倒だったので、三年で売ってしまい、その後も車検のたびに左ハンドルのクルマに買い替えていた。高橋は、記念日にプレゼントを贈るタイプではなかったですが、ある時、パウチ加工された透明な袋を渡されたことがあります。『何これ？』と聞くと、ダイヤモンドの四角い原石が入っていて、『なんか売りに来たんだよ。八百万円だった。ネックレスか、指環にしたら』と言うんです。私の誕生日が過ぎた頃だったので、気を利かせたのかもしれませんが、『普通は指環にしてから持って来るでしょ』と呆れました」

しかし、彼女のわがままを受け入れる寛容さとは裏腹に、治則の異常なこだわりや嫉妬心が垣間見える場面もあった。裕子が一泊二日のフライトから帰京した時のことだった。自宅に戻ると、ちょうど治則も訪ねてきたが、彼は真っ先に濡れたタオルで彼女の顔を拭こうとした。

「痛いから止めてよ」

治則はそう言われるまで、裕子の顔から化粧を落とす手を止めなかった。治則自身は仕事の付き合いで銀座の高級クラブに行くこともあり、知人に経営を任せ、自らクラブのオーナーを務めた時期もあったが、「とにかく化粧や派手な女性を嫌っていた」と裕子は語る。

「客室乗務員の仕事を『ホステスと一緒だろ』と言って、辞めるように再三言ってきたこともありました。感情のスイッチが入ると暴走してしまうんです。高橋には、私が誘われた人のことは逐一話していましたが、そのなかに都内の老舗お菓子屋の御曹司がいました。既婚者でしたが、誕生日に薔薇の花束を持って自宅に来るような人で、執拗にアプローチを受けていた。当時、私は箱根の強羅花壇が大好きで、高橋に内緒で、その御曹司と強羅花壇に行ったことがあるんです。ちょうど高橋も母親を連れて箱根湯本に来ていたらしく、近くの桜庵にいました。たまたま高橋から携帯に連絡があって、話をしているうちに何かを察知したようで、彼は『今どこにいるの？』と聞いてきたのです」

強羅花壇はアルファ・キュービックの柴田の元部下が経営に関わり、桜庵は治之の慶応義塾高校からの同級生が手掛けていた。どちらも高橋兄弟には縁のある宿だった。

治則は、誤魔化そうとする裕子の口ぶりから、彼女が強羅花壇にいると気付き、すぐに乗り込んで来た。

「公安の者ですが、こちらに宿泊している女性に至急会いたい」

治則は、フロントでそう告げたが、旅館側は彼の要求を突っぱねた。そこから約四時間、治則は何度も裕子の携帯を鳴らし、旅館側には彼女が犯罪者だと説明して面会させるよう迫った。最後は旅館側が「日帰りで温泉に入っただけで帰られたようです」と機転を利かせ、ようやく治則は引き揚げていった。裕子が語る。

「あとで改めて高橋に『従姉とご飯を食べに行っただけだから』と説明したら、『そうなんだ』で終わりでした。まるで嫉妬心など微塵もないかのような口振りでした」

「お兄ちゃん、お兄ちゃん」

治則と裕子とで出掛けた先に意外な先客がいたこともある。

「あれ、お兄ちゃんのクルマがある」

それは、治之のクルマだった。治則は一瞬焦った表情を見せたという。

「彼は二言目には、『お兄ちゃん、お兄ちゃん』って言うんです。『うちのお兄ちゃんは、電通の社長が黒塗りの社用車で出社するのに、自分はジャガーを運転手付きで乗り付けちゃうような人なんだ』と。高橋と違って要領がよくて、交遊関係も派手で、オープンなタイプ。〝動と静〟という感じで、不思議な兄弟だなと思っていました」

艶福家で知られる治之は、仕事柄芸能人と知り合う機会も多く、歌手の小柳ルミ子や女優のかたせ梨乃らと浮名を流した。時には手切れ金代わりにクルマを気前よく譲ったこともあると言われるほど、豪快な伝説にも事欠かなかった。裕子が続ける。

「高橋は当時、ヘリコプターの会社を持っていたのですが、『お兄ちゃんが勝手にヘリコプターに乗ってゴルフ場に行っちゃうんだ』と零していました。『しょうがないな、うちのお兄ちゃんは』が口癖でしたが、手を焼きながらも兄の奔放さを受け入れていた感じでした」

実は裕子も、治之、治則の兄弟と食事をともにしたことがあるという。

「今は閉店した和食の名店、新橋の『京味』でした。お兄さんにも連れの女性がいたので、予約はお兄さんが取ってくれたのかもしれません。高橋は食べるものにはこだわりがなく、私が海外のフライトから戻ってくると焼肉としゃぶしゃぶのローテーションでしたから。この時は、鱧《はも》と松茸のしゃぶしゃぶを食べたのですが、私が高橋と付き合った十八年で、一、二を争う絶品の食事でした」

会食は、兄弟で会話が弾むでもなく、淡々とした雰囲気だったが、裕子はその場で治之がポロッと漏らした言葉が今でも忘れられないという。

「俺、子供っぽい女性には興味はないからさ」

本音を口にして世の中のメインストリームを歩む兄に、羨望とライバル心が入り混じった複雑な感情を抱いていた弟。バブルの狂乱は、二人を大きな渦に巻き込んでいった。

十二、実像と虚像の狭間で

バブルの波に乗り、巨額の取引を重ねる治則。〝若き帝王〟は、愛人の裕子をゴルフ場や仕事先にも同行させていく。そこで彼女が目にしたのは、「一流」を嫌う男の姿だった。

一九八九年十二月二十九日の大納会で、日経平均株価は三万八千九百十五円の史上最高値をつけた。その数字は最近になって更新され、一時四万円の大台を超えた株価を以て、バブルの再来と話題になった。バブル期にあって現在にはないものと言えば、社会全体を覆っていた「浮かれた空気」に他ならない。

バブル期、東証一部の時価総額は世界の市場の四割以上を占める約六百兆円に膨れ上がり、日経平均株価はプラザ合意から四年で約三倍に達していた。個人も企業も財テクに走り、「買えば上がる」「上がるから買う」という空前の株ブームのなか、日本経済は、確かに一つのピークを迎えていた。

東京駅から近い八重洲のビジネス街にあった古びた雑居ビル。二階には雀荘が入り、一見してバブルの華やかさとは縁遠い印象だったが、その五階に「株式会社新事業開発本部」なる会社が入居していた。室内には書類が山積みにされた机があり、その脇に証券会社の店頭などにある〝クイック〟と呼ばれた大型の情報端末が置かれ、画面には「森電機」「日新汽船」「大明電話工業」「文化シヤッター」といった登録銘柄の株価がリアルタイムで映し出されていた。

いずれも高橋治則が関わっているとされた〝高橋銘柄〟だった――。

インサイダーの〝第一号〟

社長は治則のブレーンの一人だった落合莞爾で、さながら彼らの株式投資の前線本部の様相を呈していた。クイックは、日経新聞の子会社が始めたオンラインサービスの総称で、証券会社以外で導入しているケースはまだ珍しかった。そこで、落合は取引時間の場中は画面を睨みながら、ひっきりなしにかかってくる電話に対応していた。落合が振り返る。

「ノリ（治則）ちゃんは当初、『落合さん、長期信用銀行ってどんな銀行なんですか』と私に聞いてきたくらいで、長銀のことはよく分かっていませんでした。それが、海外事業を始めて数カ月も経たないうちに数十億円、そして数百億から数千億円へと物凄い勢いで取引が増えていった。借り手を探していた長銀側の都合で湯水の如く貸し付けが行なわれていた訳です。私は彼と一緒に株を買っていましたが、それがどんどん膨らみ、彼の借金も肥大化していった。私はその後、株の世界からは離れましたが、今でも彼には悪いイメージはない。八重洲の部屋は、彼から『もっと広いところに移った方がいい』と言われて見つけた物件でした」

治則は、森電機のM&Aを通じて株式市場での錬金術を身につけ、八八年三月には、東証二部上場の日新汽船（のちのシーコム）に資本参加した。海運大手、ジャパンライン系列の日新汽船は、海運不況で債務超過に陥り、上場廃止の危機が目前に迫っていた。そこで「イ・アイ・イ開発」が約二十一億円の第三者割当増資を引き受け、救済に乗り出したのだ。

三百円台だった日新汽船株は連日ストップ高をつけ、その後も上昇を続けた。同社は本業に加え、東京湾の遊覧船事業や「イ、アイ、イ」のグループ会社が所有するオーストラリアの「リージェント・シドニー・ホテル」を、第三者割当増資などで集めた約二百九十億円で買収する計画をブチ上げた。グループ内で所有権を移動したに過ぎないが、株価は続伸、八九年六月には三千円の大台に乗った。大蔵省と東証は株価の動きや出来高に不自然な点があるとしてインサイダー取引を疑い、調査に乗り出していた。

日本で、本格的にインサイダー取引規制が導入されたのは、八九年四月施行の改正証券取引法以降のことである。日新汽船への調査は大きな関心を呼んだが、強制捜査権を持たない大蔵省と東証は、〝シロ〟と判断した。翌年、警視庁は日新汽船株で増資を引き受けた金融会社の前社長をインサイダー取引の第一号として摘発したが、治則の周辺に捜査の手が及ぶことはなかった。当時は借名口座や偽名口座が横行していたうえ、証券会社側も捜査には非協力的で、インサイダー取引での立件のハードルはまだ高かった。北山裕子が振り返る。

「日新汽船や文化シヤッターは〝ノリちゃん銘柄〟と呼ばれ、彼の周辺の人たちも結構株を買っていました。本人はインサイダー取引にならないよう気を付けていましたが、時には『この株は買っておいた方がいいよ』と言うこともありました。私は買いませんでしたが、私の身近にも日新汽船株で儲けた人がいて、証券会社の担当者から『こんな株情報、どこから仕入れているんですか』と

1988年に全館竣工した新東京証券取引所。ここがバブルの震源地だった（文藝春秋写真資料室）

驚かれたと話していました」

のちに、衆院議員の中西啓介の元秘書らも日新汽船株を購入していたことが判明するが、高橋銘柄の情報は兜町だけではなく、永田町にも広く浸透していた。治則は、〝金のなる木〟そのものだった。

破局し、また復縁して

兄、治之から繋がった中西との盟友関係はバブル期には一層深くなり、八七年七月からは「イ・アイ・イ開発」が所有する月額家賃八十二万円の麹町のマンションの一室を、東京事務所として無償提供していた。さらに同年十二月には、中西の議員在職十周年の記念パーティーで、一枚二万円のパーティー券を「イ・アイ・イ開発」で三千枚購入し、六千万円を振り込んでいた。二人はプライベートでも隠し事のないオープンな関係だった。

裕子が続ける。

「中西さんとは彼が当時交際していた公務員の女性と高橋の四人で、九四年に完成した恵比寿ガーデンプレイスのモデルルームの内覧に行ったことがあります。高橋が二人まとめて愛人のマンションを買うという話でした。当時で約二億円だったと思いますが、その時は資金繰りが上手く行かず、高橋からは『ごめん、買えなかった』と言われました」

裕子は当初、白金台の賃貸マンションに住んでいた。しかし、契約トラブルで退去せざるを得なくなり、それを知った高橋が用意したのが、渋谷区神山町の一軒家だった。

「外国人専用の住宅で、トイレが三つある大きな家でした。私は客室乗務員の仕事で、一年の半分を海外で過ごすような日々だったので、勿体ないほどの物件でした。ある時、米国から私の男友達が一時帰国することになり、ちょうど高橋もハワイに出張の予定が入っていたので、『うちに泊まりなよ』と誘ったことがあるんです。自宅に荷物を置いてご飯を食べに出掛け、家に戻ってみたら、その荷物が玄関の外に出してありました」

スーツケースには張り紙がしてあり、そこには「この荷物は何ですか？　ハワイに行くのは止めました」と書かれてあった。この件をきっかけに二人は別れることになり、治則は「この家にはもう住まなくていい」と告げたという。

ところが、裕子が新たな転居先を探していると、「じゃあ、ここに住めば」と治則は江東区清澄にあった家具付きの１ＬＤＫのマンションの一室を紹介した。そこからは、なし崩し的に二人の関係は元に戻り、以前にも増して治則の彼女への依存度は高まっていった。裕子が語る。

「部屋のなかで、電話をしていたり、掃除機を使っていたりして、インターホンの音が聞こえなかった時があったんです。物音がして、気付いたら高橋が目の前にいたので、びっくりしました。本人は『部屋で倒れているのかもしれないと思って』と話していましたが、管理人に事情を説明し、ドアチェーン代わりについていたU字型のドアロックを壊して部屋に入って来たのです。またスイッチが入ったのかなと思いました。結局、その部屋からも転居することになり、私が引っ越した後、中西さんの愛人がそこに入居していました」

ある時期から治則に女性の影があることは、妻の周辺にも勘付かれていた。裕子は赤坂の料亭「佐藤」で、女将からこう耳打ちされたという。

「この前、岩澤さんから『治則に女がいるだろう。誰と付き合っているか白状しろ』と問い詰められたから、『いませんよ』と答えておいてあげたわよ」

その頃、治則の義父、岩澤靖は株の仕手戦で財産を失い、失踪中とされていたが、一時は赤坂の料亭街では〝顔〟だったことから、治則が利用する料亭「佐藤」の女将とも通じていたのだ。治則自身も裕子に対し、「三行半を突き付けられた」と家庭内でのゴタゴタを窺わせる言葉を漏らしていたが、彼女は「あっ、そう」と素っ気なく突き放した。

それでも治則は、料亭「佐藤」だけでなく、「イ、アイ、イ」グループのゴルフ場や仕事先へも構わず裕子を同行させた。

裕子が振り返る。

「衆院議員の山口敏夫さんの実姉が、埼玉県に所有していたゴルフ場にも誘われて一緒に行きました。アップダウンが激しいコースでしたが、『ここを買って欲しいと言われているんだよね』と話していました。私が、『こんなところ買っても仕方ないじゃん』と言ったら、『二十億とか三十億って言われている』と。高橋は頼まれると断われない性格で、この時も一定の資金を融通してあげていました」

治則が経営を引き継いだ東京協和信用組合は、前理事長が台湾出身で、三鷹を拠点に都内で複数のパチンコ店を経営していた。そのパチンコ店も前理事長に頼まれて治則が継承していたという。

「荻窪周辺にあった彼のパチンコ店にも二人で行ったことがあります。私はパチンコが好きだったので、自由に打っていたのですが、彼は打ち方も知らず、『玉がもったいない』と言ってすぐに止めてしまった。そもそもギャンブルには興味がないんだろうなと思っていました」

飛行機がタクシー代わり

治則は、国内だけでなく、オアフ島で人気のゴルフ場、マカハバレーカントリークラブの会員になるためにハワイを訪れた時も裕子を誘った。

「そこでファースト・ハワイアン・バンクの幹部とハワイ州の最高裁判事とのラウンドに私も付き合いました。彼は数多くのゴルフ場を持っていましたが、腰痛持ちで、ゴルフは決して上手くなかった。練習もほとんどしませんでしたが、私が、ゴルフ好きな男性に誘われ、〝打ちっぱなし〟に行くと言ったら、『じいちゃんも一緒に行くわ』と港区の芝ゴルフ場について来たことがありました。芝ゴルフ場はバブル期には二時間待ちが当たり前で、名立たる芸能人もよく来ていました。高橋は、露骨に『俺の女に手を出すな』と言うタイプではありませんが、不機嫌そうな表情でした」

当時、海外メディアに「世界一忙しい男」と評された治則にとって、彼女の存在こそが仕事で抱えた過度なストレスの癒やしだったのかもしれない。

八八年に「イ・アイ・イ開発」から社名変更した「イ・アイ・イーインターナショナル」で、海外事業を担当した前出の山崎正人が述懐する。

「バブル期の四年強の間で、私が担当した案件だけで金融機関から調達した金額が約四千億円です。トータルすると一兆円どころではない。社長は私の与り知らないところで、どんどん別の契約事を進めていき、サイン入りの書類を後から見せられて青ざめることもありました。ロンドン中心部の金融街にあった『ブリタニック・ハウス』という地上十五階と十二階のツインタワーのビルの契約は五百億円を軽く超えていましたが、『社長、サインしちゃったんですか』と尋ねると、『さすがに、これくらいの金額になるとサインする手も滑るよね』と笑っていました」

そのビルは、国際石油資本「ブリティッシュ・ペトロリアム」（当時）が入居していた有名物件。単体の不動産取引としてはイギリス国内でも最大級の規模だった。山崎が続ける。

「社長が、どこの金融機関と何を話したのかが分からないことも多く、毎月の恒例行事のように金融機関を回っていました。財務担当の役員から『長銀の営業第四部に一緒に行こう』と言われ、彼の車で東京支店に行き、担当者に会うと、『うちの社長と会われた時、どういう話が出ましたでしょうか』と擦り合わせをする。具体的な案件について『その話は、高橋さんは三井信託にすると言っていましたよ』と聞くと、今度は三井信託銀行に行く。そこで社長が買った物件を初めて知って、忙しく飛び回る社長を捕まえて確認する訳です」

山崎は「イ、アイ、イ」グループが所有するプライベートジェット機、ボーイング７２７や７３７を手配する担当でもあった。どちらも中古機だったが、座席を取り外し、乗客が向かい合って座れる応接室やベッドルームなどを完備していた。

「普段は香港に駐機してありました。予定が入ると、まずはスイスにある会社に連絡を入れて日程を調整し、抱えていた九人のクルーに声を掛ける。そして出発前日に成田に飛行機を持って来るんです。成田は当時、駐機料が一日約六十万円と高額でした。社長にとっては贅沢というより、飛行機をタクシー代わりに使っている感覚だったと思う。ＪＡＬ出身だった社長は、『飛行機の食事なんてどう作ってもマズいんだから』と言って、機内ではカップヌードルを食べていました」

週刊誌記事が出た時は

治之も電通の文化事業部長時代には、〝部会〟と称する社員旅行で、治則のプライベートジェットを借り、部下をサイパンに招待している。

治之が事情を説明する。

「あの時は一人、一万円を会費として払って貰った。ただ、その他でプライベートジェットを使わせて貰ったのは、母親を連れてオーストラリアに行ったり、家族旅行の時だけで、好き勝手に使っていた訳ではない」

プライベートジェットを使った最大の見せ場は、八八年八月にあった。四月に約二百億円を投じてリゾート開発に着手したフィジー共和国から、マラ首相を始め、主要閣僚七人とフィジー準備銀行総裁らが、治則のプライベートジェットで来日を果たしたのだ。「イ、アイ、イ」の元幹部が明かす。

「帝国ホテルでパーティーを催して、国会議員や外務省の官僚も出席しました。その頃のフィジーは二度の軍事クーデターによる政情不安のなか、ようやく暫定民政政権が発足したばかりで、主要閣僚の不在は現地で問題になっていた。私は晴れがましい気分よりも、肩身が狭い思いでした。オーストラリアの新聞も、次々と大型案件を手掛ける『イ、アイ、イ』グループを持ち上げる記事を書いていましたが、『本社を訪ねると銀座の裏通りにある小さなビルのなかにあった』と、そのギャップに違和感を覚えていました」

オーストラリアへの進出では、大手不動産ディベロッパーの大京が、「イ、アイ、イ」グループに先んじていた。後塵を拝した「イ、アイ、イ」グループが、破竹の勢いでオーストラリアの不動産を買収し始めた頃、大京の横山修二社長は麻雀仲間でもあった治則をパーティーに誘ったことがあったという。

治則は、「僕、そういうの苦手なんで、代わりに行って貰えませんか」と「イ・アイ・イーインターナショナル」の幹部に代理出席を頼んだ。

そして、この幹部がパーティーで、横山に挨拶しようとした時だった。

「お前のところは、あんまり生意気なことするなよ。治則に言っておけ」

その剣幕に一瞬怯《ひる》んだが、幹部も負けてはいなかった。

「お前呼ばわりされる筋合いはないです」

憤慨してその場を後にした幹部が、治則にその顚末を報告すると、治則はただ、笑っていたという。

実像と肥大化する虚像の狭間で、治則は人知れず劣等感を抱えていた。海外で成功を収め、逆輸入の形で国内に存在感を見せつけたが、〝エスタブリッシュメント〟に支配された日本では相変わらずアウトサイダーだった。裕子は、当時の治則が「経団連や一流と呼ばれるものを徹底して嫌っていた」と語る。

「高橋の口癖は、『男の嫉妬ほど怖いものはない』でした。時計は父親の形見だという国産の凄く古いものをつけていました。それが壊れると、今度は『Asahi』というロゴが入った時計をするようになった。アサヒビールの記念品か何かのようでした。当時はビジネスマンでもカフスボタンやネクタイピンを付けている人も多かったですが、彼は決して付けることはありませんでした」

高級ブランドにもまったく興味はなく、洋服は、贔屓の仕立て屋が定期的に持ち込んでくる中から選び、とくにこだわりもなかったという。

「本人は常に目立たないように気をつけてはいましたが、その反面で、週刊誌に自分のインタビュー記事が出た時は喜んでいました。人一倍、認められたい気持ちもあったと思う」

「週刊現代」は、八九年七月二十九日号で「資産1兆円〝噂の若き帝王〟高橋治則（43）イ・アイ・イ会長の野望」という記事を掲載している。その中で治則は、「自分でいうのもヘンですが、ぼくは人にもよくいわれるんです、カネには意外に淡々としていると」などと話す一方、将来の夢については、こう豪語している。

「世界のトップリーダーとしての自覚をもち、一国家や一企業の利益を追求するのではなく、世界の中で果たすべき役割を守らなくてはならない。しっかりと日本の将来を考えながら、グローバルなビジネスを展開していきたいですね」

遠慮がちに自己PRしつつ、最後は背伸びをして天下国家を口にする。野心を隠しきれないところが、いかにも治則らしいところだが、それは、まさしく彼がバブルの頂点を極めた瞬間だった。

十四、「僕とノリの兄弟仲」

タイソンが敗れた世紀の一戦を仕掛けたのは、電通の部長だった治之だ。大イベントを実現させるには、時に弟の資金力も頼りにした。そんな兄に、弟との関係を尋ねると……。

それはまさに歴史的一戦だった。

一九九〇年二月十一日、東京ドームで行なわれたプロボクシングの統一世界ヘビー級タイトルマッチ。試合は不敗神話を誇った王者、マイク・タイソンに対し、序盤からリーチ差を生かした挑戦者のジェームス・ダグラスのペースで進んだ。八ラウンド、タイソンは右アッパーでKO寸前まで持ち込んだものの、十ラウンドには連打を浴びた末、最後は左フックでマットに沈んだ。プロとして初めて喫したダウン。しかも、屈辱のKO負けは、世紀の大番狂わせとして大きな話題を呼んだ。

タイソンが東京ドームで試合を行なうのは、これが二度目だった。その約二年前、東京ドームのオープニングイベントとしてサントリーをスポンサーにタイソン戦をコーディネートしたのが、電通のスポーツ文化事業局で文化事業部長だった高橋治之である。当時を知る電通OBが語る。

「その後、トヨタ自動車が発売した『ダイナ』という小型トラックのCMにタイソンを起用する話があった。少年院でボクシングを覚え、十代でプロデビューを果たしたタイソンは、破壊力あるパンチで快進撃を続け、〝ダイナマイト少年〟の異名を取っていたことから、当時のトヨタの広告部長が、タイソンの起用を提案。関連会社の広告代理店を通じてオファーを出したものの、けんもほろろの対応だった。そこで、タイソンにルートを持つ高橋に白羽の矢が立った」

取材で繰り返した言葉

治之に、その交渉の経緯を尋ねると、懐かしそうにこう振り返った。

「僕は高校時代にボクシングをやっていたから、最初にタイソンと会った時に少し打ち合ったりして、とても仲良くなった。一回目の試合の時には、まだ悪名高いドン・キングがプロモーターではなかった。彼はタイソンに食い込もうと誕生日にロールスロイスをプレゼントするなど必死でしたが、周りは警戒していました。その後、ドン・キングがプロモーターとなり、試合の話とCMの話をセットで交渉した。ロサンゼルスから少し離れた砂漠でのCM撮影にも立ち合い、スポンサーにトヨタを迎える形で試合の契約も纏《まと》めたのです」

しかし、トヨタとともに、マットやコーナーポストに広告を出すリングスポンサーの選定は思いのほか難航を極めた。タイソンの圧倒的な強さで、テレビ中継がすぐに終わってしまう可能性が高く、宣伝効果が期待できないため企業側も二の足を踏んだのだ。残り二枠は、治之が伝手を頼って見つけてきた。

ところが、タイソンがノックアウトされ、倒れ込んだのは、運悪く「renoma」と書かれた、スポンサー企業の一社のロゴの上だった。企業イメージの低下を心配した治之は「大変なことになった」と青くなったが、フランスに本社を置くレノマと当時日本でライセンス契約を結んでいたアルファ・キュービックの柴田良三はこう告げた。

「フランス人社長は、タイソンがダウンした時の写真が世界に配信されて大喜びだった」

治之はそう聞いて、ホッと胸を撫で下ろしたという。

「柴田さんとは趣味のゴルフを通じて仲良くなり、困った時にはいつも頼っていました。彼はファッション業界をリードする存在であると同時に、青山でイタリア料理の高級レストランも経営していました。ハイセンスで、芸術にも造詣が深い文化人として、幅広い人脈を持っていた。巨人の長嶋茂雄さんや江川卓さん、ゴルフのジャンボ尾崎さんなどと知り合ったのも最初は柴田さんがきっかけだったと思います」

八六年には、文化事業部長だった治之が、旧ソ連からアメリカに亡命したバレエ界の至宝、ミハイル・バリシニコフを招く企画を手掛け、アルファ・キュービックが全面的にスポンサードして公演が実現した。

治之は、弟の治則にも柴田を紹介している。柴田はゴルフ好きが嵩じて千葉県内に長嶋を名誉理事長に迎えてゴルフ場の開発に乗り出すが、資金面のバックアップをしたのは治則だった。高橋兄弟の人脈は、ここでもまた複雑に交錯していく。

「僕とノリは兄弟仲が良かったから」

治之は取材のなかで、殊更にその言葉を繰り返したが、バブル期の二人は確かにビジネスでも深く結びついていた。

加熱するバブルに大蔵省は総量規制をスタート。バブル崩壊が始まった（文藝春秋写真資料室）

治之の妻が代表の会社

実は、タイソン戦のもう一つのスポンサー企業、ミサワリゾートを連れて来たのは治則だった。ミサワリゾートは、ミサワホームの創業者、三澤千代治社長がゴルフ場を中心とした総合リゾート事業に進出するために傘下に収めた会社で、ゴルフ場開発で実績があった「イ・アイ・イーインターナショナル」と提携。治則らを取締役として迎えていた。当時を知るミサワリゾートの関係者が明かす。

「三澤社長は独特の経営哲学を持つ方で、当時は取締役会が朝七時から開かれることもありました。『イ・アイ・イーインターナショナル』の幹部から『タイソン戦のスポンサー料として五億円を出して欲しい』という提案がなされましたが、上場企業だったミサワリゾートは、『五億円も出せない』とあっさり断わりました。そこから交渉が始まり、高橋さん側からは、『いったんミサワリゾートにタイソン戦のスポンサー料を払って貰うが、その穴埋めはこちらで何とかする』と提案があった。そして高橋さんは、適当な名目で書類上は業務委託契約の形をとり、『イ・アイ・イーインターナショナル』がミサワリゾートに五億円を払う体裁を整えてくれた。その段取りで事を進め、試合当日はマットやコーナーポストに『ミサワリゾート』の名前が入りました」

つまり、ミサワリゾートは一切身銭を切ることなく、タイソン戦のスポンサーになったのだ。「イ、アイ、イ」の幹部のなかにはリングサイドにチケットを用意して貰い、観戦に訪れた者もいたが、スポーツそのものに関心がない治則が観戦に訪れることはなかった。治則にとって、どの程度のメリットがあったかは不明だが、兄の面子を立てたことによる貢献度は決して小さくはなかっただろう。

治之は八九年一月、満を持して文化事業の担当からスポーツビジネスの世界に返り咲き、スポーツ事業部長のポストを得た。そしてタイソン戦を手始めに快進撃を続けていく。九〇年十一月に東京ドームを皮切りに八試合が行なわれた日米野球では、再びレノマに特別協賛を依頼し、成功に結びつけた。さらに「イ、アイ、イ」グループが買収したオーストラリアのサンクチュアリー・コーブにあるゴルフ場で、プロゴルファーを招いてトーナメントも実現させた。電通が企画し、スポンサーには「イ・アイ・イーインターナショナル」が入った。

その時の状況を治之が説明する。

「シーズンオフは、日本でもアジアでもトーナメントがなかったので、私と親しかった青木功さんを始め複数のプロゴルファーに声を掛けたんです。渡航費もすべて負担し、私がサンクチュアリー・コーブに所有していた別荘にも招待しました。前日に家の前にある運河で、名物のマッドクラブという蟹を大量に獲っておいて、皆さんにご馳走して喜ばれた憶えがあります」

治之はバブルの狂乱のなかで、それまでに培った人脈をフルに活用し、電通で数々の実績を積み上げる一方、自らも副業として手広くビジネスを手掛けていった。

八三年に港区内に設立された「エイチ・ティー・エンタープライズ」なる会社がある。社名は「高橋治之」のイニシャルから採られており、事実上は治之の会社だが、電通の社員である治之は役員には入っていない。

代表は治之の妻で、取締役には治則のほか、自動販売機のビジネスなどを手掛けていた廣瀬篁治ら治之の慶応高校時代の同級生三名が名を連ねている。三人は治則のビジネスにも深く関係しており、家族ぐるみで付き合いがある仲間だ。登記簿の目的欄には、「不動産の売買、賃貸及び管理」「美術品の輸出入及び販売」「サウナ浴場の経営」「航空券の販売」「ゴルフ会員券の販売」など多岐にわたる事業内容が記されている。治之を知る電通ＯＢが語る。

「彼は銀座の高級クラブで大盤振る舞いすることもありましたが、接待費で電通名の領収書を切ることはなく、いつもエイチ・ティー・エンタープライズ名で切っていた。社内で公私混同を疑われないよう一線を画し、電通の仕事に自分の個人会社を嚙ませることもありませんでした。大きなイベントを手掛ける責任者は、いくら綺麗事を言っても、最後に物を言うのは、資金が足りない時に、カネを調達できる能力があるかどうかです。彼にはスポンサーを見つけてくるだけの人脈と、いざとなれば弟の関係先から個人会社で借入をしてでも立て替えできるという強みがあったと思う」

世界を股にかけて活躍する治之は、ロンドンやマカオなどでカジノに興じることも珍しくなかった。

「弟に言えば、電話一本でいくらでもカネが届く」

そう嘯く治之の羽振りの良さの一方で、治則は、友人らに「また兄貴がカジノで負けちゃって。しょうがないな」と笑って話していたという。豪快な伝説には事欠かない治之には、高レートの賭けゴルフでひと儲けし、フェラーリを買ったという話まで実《まこと》しやかに囁かれていた。

もともと高橋兄弟は小学生の頃から賭け事が大好きだった。

夏休みになると家族で揃って軽井沢に出掛け、常宿だった雅叙園に宿泊した。食堂の奥にあるバーカウンターの横には、前身のニューグランドロッヂ時代の米軍の名残りと思われるスロットマシンが置いてあり、兄弟で競い合うように夢中になったという。

治則もかつてはカジノにのめり込み、普段とは違う激しい面を見せることがあった。

前章で取り上げた『昭　田中角栄と生きた女』には、佐藤昭子の娘、あつ子が治則とラスベガスを訪れた時の様子が次のように書かれている。

〈治則さんの意外な一面を見たのは、彼がラスベガスでギャンブルをやっている時だ。あのふわふわした不思議な人のテンションが、それまでに見たことがないほど上がっていた。私はその場の雰囲気にも、治則さんにも圧倒されて、すっかり疲れてしまった〉

しかし、ビジネスで巨額の資金を動かすようになって以降の治則は、ほとんどギャンブルに関心を示すことはなかった。裕子とパチンコに行った頃には、すでにそうだった。

「イ・アイ・イーインターナショナル」の元幹部が、オーストラリア出張でサンクチュアリー・コーブの近くにあるホテルに治則と宿泊した時の場面を振り返る。

「そのホテルにはカジノがありましたが、私は初めてのカジノだったので、のめり込んで朝方までずっとバカラに夢中になっていました。ところが、社長は途中で『続きをやってください』と私にチップを渡してその場を離れ、さっさと寝てしまった。ギャンブルで高揚感を味わいたいという雰囲気はまったくなかったです」

ノーパンしゃぶしゃぶも

一歳違いの兄弟は、似ているようで、実態はまるでコインの表と裏だった。当時、治之は一年のうち半分以上は海外出張で日本を空ける多忙な日々を過ごしたが、東京では必ず週に一度は家族で食卓を囲んだ。友人との会合にも妻を伴って現れ、いつの間にか輪の中心にいた。食通としても有名で、ニューヨークでは、購入した自宅から徒歩圏内にあったフレンチフュージョンの名店「ペトロシアン」を贔屓にして、キャビアや燻製のトラウトをアテにシャンパンを飲んだ。

かたや治則はパーティー嫌いで、妻子同伴で行事に出席することもほぼなく、常に秘密主義だった。日々の昼食はカップ麺やアンパンで済ませることも多く、接待で高級料亭を度々利用したが、懐石料理ではなく、わざわざ焼きそばや餃子を出前で取り寄せるなど質素なものを好んだ。

バブル当時の兄弟の関係について治之に尋ねると、苛立ったように、一瞬険しい顔になり、こう説明した。

「カジノでの負けを弟に補塡させたことはない。周りが誤解していただけで、実態はまるで違う」

あくまでもカネの行き来は、エイチ・ティィー・エンタープライズの借入の範囲内で処理していたという。

「私は学生時代から不動産の売買を手掛けてきたので、専門家の目で見て、ニューヨークで不動産を購入したり、世田谷区内の自宅の近隣の土地を購入したり、ファミリービジネスとしてノリの仕事を手伝ってきた。借入は、私の責任で、『イ、アイ、イ』グループのゼネラルリースや安全信組などから行なってきたもので、ノリにおんぶに抱っこだった訳ではない」

安全信組とは、治則が理事長だった東京協和信組とセットで、のちの二信組事件の主役となる安全信用組合のことである。もともとは高橋兄弟の父、義治が「イ、アイ、イ」の社長を務めていた時代に、同じビルに入居していた安全信組の創立者、鈴木進と知り合ったことが高橋家と鈴木家との繋がりの始まりだった。義治は、安全信組の参与を務め、家族ぐるみで親交を深めた。治之が続ける。

「最初は私が父から鈴木さんを紹介され、安全信組の融資で、友人の廣瀬と喫茶店経営を始めたんです。その繋がりで、私がノリに安全信組を紹介しました。当時は、鈴木さんの息子の紳介が理事長として経営を引き継いでいたのですが、彼はノリのことを信奉し、非常に仲良くなった。そこから二人は協力し合う関係になっていったのです」

鈴木紳介率いる安全信組はその後、「イ、アイ、イ」グループへの貸付だけでなく、治則の背中を追うように海外の不動産投資やゴルフ場開発を手掛けていった鈴木の個人会社にも資金を注ぎ込み、バブルの波に飲まれていく。治則の愛人だった北山裕子は、「イ、アイ、イ」グループのゴルフ場、ヒルクレストゴルフクラブを治則と訪れ、紳介と彼の愛人だった女子プロゴルファーと四人でラウンドしたことがあるという。

「高橋は鈴木さんのことを〝シンちゃん〟と呼んでいましたが、彼もまたバブルに踊らされた一人でしょう」

膨れ上がる経済とカネ余りのなかで、国民全体の金銭感覚が麻痺し、銀行員のモラルも低下していた。夜の繁華街では、タクシーが捕まらず、一万円札をヒラヒラさせた酔客が争奪戦を繰り広げ、高級クラブで飲み明かした羽振りのいい客は、話のタネに金粉がちりばめられた一万円のラーメンを啜った。派手さを嫌っていた治則も、ハイアット・リージェンシーを運営する日本法人の幹部から教わった新宿の「ノーパンしゃぶしゃぶ」を接待で利用した。会員制の店で、ノーパンの女性店員が接客することが売りだったが、治之も来日したサッカー界の英雄、ペレを連れて行ったことがあった。

壮大な計画に異変が

バブル経済が絶頂期を迎えた八九年、一月には昭和天皇が崩御し、元号は昭和から平成に変わった。六月、中国・北京では民主化運動が武力によって弾圧された天安門事件が発生し、十一月には東西冷戦構造の象徴だったベルリンの壁が崩壊した。時代が大きな転換期を迎えても、治則の勢いは変わらなかった。

その頃、衆院議員の山口敏夫は、住友不動産会長の安藤太郎から築地の料亭「吉兆」に呼び出された。安藤は旧住友銀行の副頭取から住友不動産の社長に転じ、中興の祖と言われた大物である。不動産業界では豪腕で鳴らし、地上げに絡んで右翼団体から襲撃を受けたこともあるなど、強烈な個性の持ち主としても知られていた。安藤は山口に単刀直入にこう切り出してきた。

「今日は、政治の話ではなく、山口先生が高橋治則さんと昵懇の仲だということで、折り入って相談事がある」

そして安藤は、「イ、アイ、イ」グループがオーストラリア・シドニーに所有するリージェントホテルの売却を治則に打診して欲しいと持ち掛けたのだ。

山口は、治則の海外事業の詳細までは把握していなかったため、すぐに翌朝、治則を呼んで事情を聞いた。

「シドニーにリージェントホテルなんて持っていたっけ？」

「持っていますよ」

「いくらで買ったの？」

「百三十億です」

安藤が提示した買収金額は四百八十億円。ざっと見積もって三百五十億円の利益が出る。そこで、山口はこう提案した。

「売っちゃえよ。それで百億くらいは俺が総裁選に出るまで金庫にしまっておけよ」

治則は、すぐにこう切り返した。

「事業というのは、買ったものをすぐに売ると、それで仕事は終わってしまうんです。あと五年のうちにアジア太平洋に十兆円のリゾートネットワークを作りますから、その時は先生、半分持って行ってください」

しかし、それからわずか一年足らずで、その壮大な計画は見直しを迫られることになる。

異変は、九〇年代に突入してすぐに現れた。八九年の大納会で、日経平均株価は史上最高値の終値で引けたが、年を跨いで、一月四日の大発会では、株式市場はほぼ全面安の展開となった。さらに債券も円も売られるトリプル安となり、その後も株価は回復の兆しを見せることなく、ジリジリと下がり続けた。そしてバブルは崩壊へと向かっていく。

九〇年三月、大蔵省はついに強権を発動する。金融機関に対して不動産融資を抑制するよう行政指導を行なったのだ。いわゆる総量規制である。八月にイラクがクウェートに侵攻、湾岸危機が勃発すると金融引き締めは一段と強まり、公定歩合は六％まで引き上げられた。

それは高速道路を猛スピードで走る車に突如速度制限をかけ、急ブレーキを踏ませたようなものだった。治則はハンドルをとられ、迷走を余儀なくされていく。

第5章

暗転
破綻
裏切り

十五、長銀の〈機密メモ〉

資産一兆円を築いた「イ、アイ、イ」の経営は急速に悪化していく。筆者が入手した長銀のメモにはこう記されていた。〈まったくと言っていいほど見通しが立たない状態に〉

一九九〇年代に入り、バブル崩壊が始まると、国内外で複数の巨大プロジェクトを手掛けていた「イ・アイ・イーインターナショナル」の資金繰りはみるみる悪化した。

高橋治則にとって、取り巻く状況が暗転した九〇年は、まさに薄氷を踏む思いで過ごした一年だった。

治則は、「イ、アイ、イ」グループをわずか十数年で資産一兆円のコングロマリットに育てあげた。当時、国内外に存在した治則が興した会社は、実に二百二十社を超えると言われた。会社作りが趣味であるかのように、突然構想を思い付いた治則が、コースターの裏に会社名などを走り書きし、部下に会社を作るよう指示を出すこともあった。

バブルで膨らみ、巨大な飛行船と化した「イ、アイ、イ」グループは、高く舞い上がり、やがて失速していった。その行方を誰もが固唾を呑んで見守っていた――。

今回、取材を通じて、「イ、アイ、イ」グループの当時の内部書類やメインバンクの長銀が作成した「CONFIDENTIAL」(機密)と印字された多数の書類やメモを入手した。その資料を紐解いていくと、長銀と「イ、アイ、イ」グループとの関係性の変化が克明に浮かび上がる。

「イ・アイ・イーインターナショナル」は、すでに株価が下落を始めた九〇年一月の時点で、シドニーの「パークハイアットホテル」や八九年に買収した映画「プリティ・ウーマン」の舞台となったロサンゼルスの「リージェント・ビバリーウィルシャーホテル」のコンドミニアムなど複数の所有物件の売却や保有株式の放出の検討に入っていた。

九〇年一月三十日付の〈情報メモ〉と題された長銀の内部文書には、「イ・アイ・イーインターナショナル」の財務担当役員と長銀幹部との面談の内容が記されており、纏めとして次のような長銀側の意見が付記されている。

〈これら一連の物件売却については金融情勢不透明の中、手元資金を高める意味合いのものでもあり、高く評価出来よう。また高橋社長もここ半年～1年は資金を回収、実績を社内外（特に金融機関）に示した上で次へのステップの足場作りとも考えており、物件売却（含・会員権）に全力をだす意向〉

しかし、度重なる公定歩合の引き上げによる金利上昇に加え、不動産融資を抑制する総量規制が追い打ちをかけ、「イ、アイ、イ」グループは想像を超えるスピードで窮地に追い込まれていく。

治則は、長銀に緊急支援を申し入れ、危機を乗り切る道を選ぶしかなかった。

〈金利は3年間支払猶予〉

九〇年十一月、長銀は、本店ビルから程近い場所にある大手センタービルの二階に特別室を秘密裏に設置した。会議用のテーブルが置かれただけの簡素な部屋。それは、長銀が緊急支援の前提として、治則の個人情報や「イ、アイ、イ」グループ各社、治則が理事長を務める東京協和信用組合などの実態を調査する前線基地だった。

「長銀が必ず支援します。ですから、調査のことは社員や他の金融機関、家族にも一切漏らさないようにして下さい」

調査を統括したのは、長銀の取締役で、業務推進部長だった鈴木克治。バブル期には中小企業への融資の旗振り役だった鈴木は、「イ・アイ・イ－インターナショナル」の財務担当役員を呼び、徹底した緘口令を敷いた。そして、同社に出向していた長銀の役員とともに調査を進めるよう指示したのだ。

ここからバブルの清算を巡る治則と長銀との本格的な駆け引きが始まる。九〇年十一月末時点での「イ、アイ、イ」グループの金融機関などからの借入総額は九千三百六十一億円。うち長銀と関連のノンバンク分は、千九百八十三億円を占めていた。

調査は約一カ月に及び、長銀は十二月七日に緊急支援として五十億円を「イ・アイ・イ－インターナショナル」に先行融資することを決定した。十二月十四日付の調査報告書では、当面の対応策をこう記している。

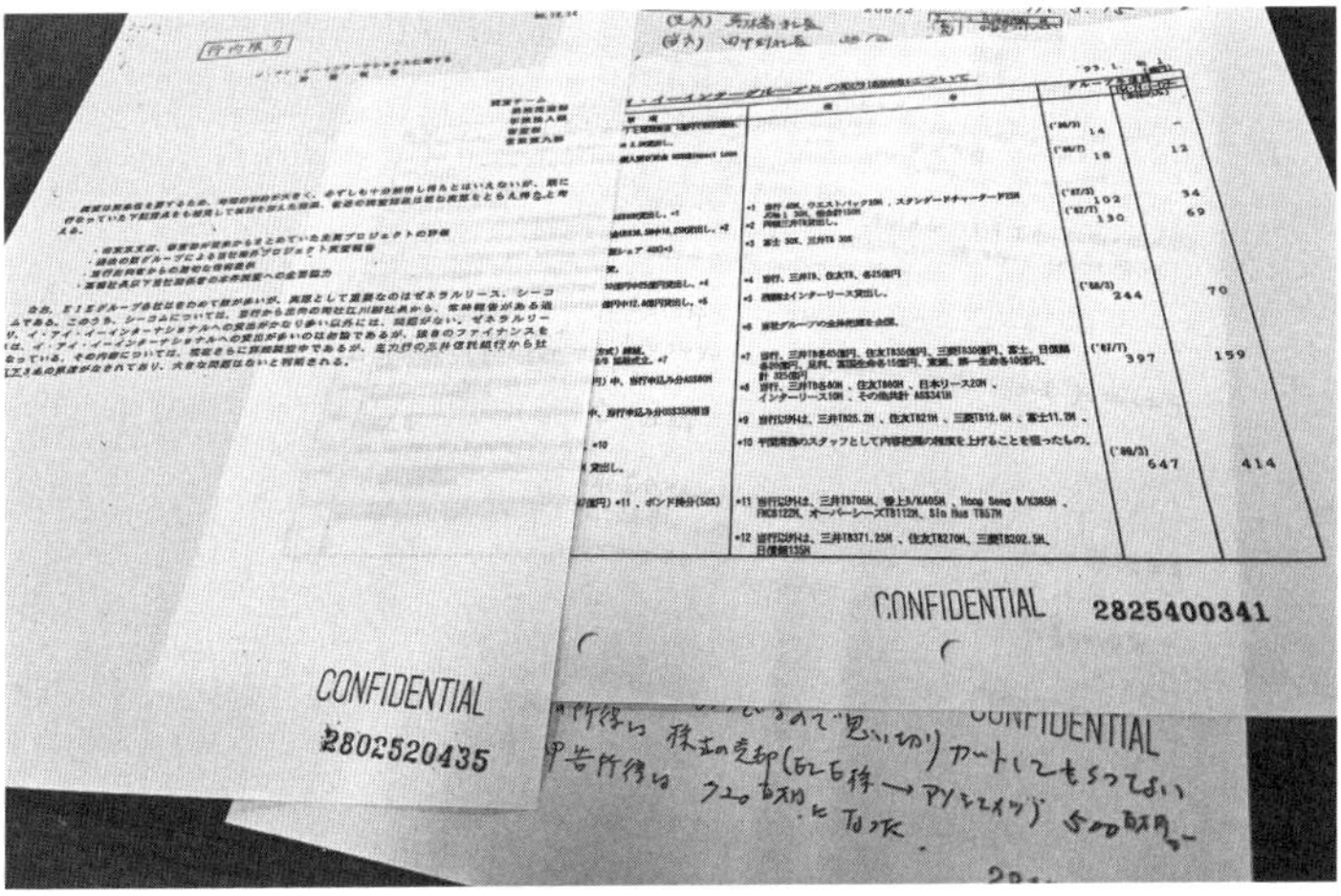

「イ、アイ、イ」グループに関するメモの右下にはCONFIDENTIALの文字が（筆者入手）

〈高橋氏の企業家としてのセンス、力量は活用しつつ、主要取引金融機関の協力を得ながら、当行が実務的、実践的にはリードする経営体制にする〉

　その三日後には治則が、長銀本店に呼び出しを受け、専務の亀田浩から堀江鐵彌頭取宛ての誓約書にサインを求められた。そこには〈私の行動、経営の意思決定は銀行団の指示に従います〉などと箇条書きで四つの決め事が記されていたが、恭順の意を示していた治則は、異議を唱えることもなく、すんなりサインした。こうして「イ、アイ、イ」グループは実質的に、長銀を幹事とする銀行団の管理下に入ったのだ。

　翌年一月には長銀の福岡支店長だった取締役の田中重彦が、「イ・アイ・イーインターナショナル」の副社長となり、計十五名が長銀から「イ、アイ、イ」グループに〝進駐〟した。これに三菱信託銀行ら他行からの出向者も続いた。

治則は一月下旬、長銀本店で亀田と鈴木から厳しい指摘を受けた後、「ちょっとお会いしたい」と、かつて業務推進部にいた同世代の行員の部屋に立ち寄った。

「亀田専務は、行内でも怖い方だということになっていますか？」

治則がざっくばらんにそう尋ねると、旧知の彼は「〝怖い専務〟ということになっている。物事の本質をズバリ言われる方です」と答えた。

さらに治則は、長銀から副社長として乗り込んで来た田中についても「怖い方ですか」と聞いた。

「一見とっつきにくい感じを与えるかもしれませんが、（信販大手の）ライフへ出向経験もあり、話は聞いてくれる方です」

その返事に少し安堵したのか、治則は現状についてこう打ち明けた。

「今回の一連の動きで、私としても反省すべき点は多々あると思っています。結局、私の能力を超えるところまで、事業が広がっていたということに気付くのが遅かった。春先から物件の売却などに動いていたが、環境の変化が早かったということ。もう半年余裕があればと悔やまれる」

そして、治則の影響下にある東京協和信組と安全信組の預金獲得に力を入れるよう指示を受けたことについても厳しい現実に直面していると説明し、理解を求めた。

「最近、静かな生活をしたいと思うようになってきた。借金を返済するまでは、そうもいくまいが。先ほど、亀田専務から、そう簡単に借金は返せないだろうとの指摘があった。少なくとも六十歳を過ぎたら、借金をしなければならないような新しい仕事はやらないようにしたいと思っている」

弱音を吐く治則に対し、旧知の彼は「静かな生活などと言わず、頑張って欲しい。社員は常に社長の顔を見ているのだから、元気を出して事に当たることが肝要です」と発破をかけて送り出した。

だが、この時の二人のやり取りは、〈とりとめのない話し〉というタイトルでメモに纏められ、長銀上層部に報告されている。すでに治則は長銀内で味方を失い、針の筵《むしろ》に置かれた状態だったのだ。

長銀側は九一年四月、向こう三年にわたって実施するリストラ計画を債権者説明会で発表した。

「このリストラ案が唯一の再建策であり、債権者全員の同意があって成立するものです。万一、一社でも反対すれば、この場で長銀は手を引く」

長銀側は強気の姿勢で、債権者に理解を求めた。そのリストラ計画は、「イ、アイ、イ」グループの国内外の資産を「継続・開発部門」と「整理部門」に分類するというもので、長銀の内部資料では次のように明記されている。

〈リージェントホテル事業、南太平洋リゾートプロジェクト、ゴルフ場プロジェクトの3つの中核事業を継続・開発部門に位置づけ、当該プロジェクトについては当行、三井信託、三菱信託、住友信託、日債銀の主力5行による借入れを基礎に投資を継続、商品化により借入金の返済を実施〉

〈整理部門に分類された資産は早期に、効率的に売却を進めるとともに当該部門の借入金に係る金利は3年間支払猶予〉

それは、〝選択と集中〟によって事業を絞り込み、「イ、アイ、イ」グループの再生を図る方針だった。海外のプロジェクトは、開発を途中で放り出して撤退すれば、国際問題に発展する懸念もあり、融資の蛇口を完全に閉めることができなかったのだ。

当初、「イ、アイ、イ」グループでも、長銀の方針を肯定的に受け止める雰囲気があったという。元社員が明かす。

「長銀の庇護の下で、救済して貰えると思っていたのです。住宅手当も長銀並みに出るので、社員はみんな喜んでいました。まだリストラという言葉が、人員削減を示す用語として定着していなかったので、本来の〝事業の再構築〟という前向きなニュアンスで捉えていたのです」

「イ・アイ・イーインターナショナル」は八九年から、環太平洋のリゾートを舞台にした「サザンパシフィッククラブ」の会員権ビジネスに着手していた。タヒチのボラボラ島にある水上コテージやハワイのコンドミニアムのほか、各地のゴルフ場を自由に使える高級リゾート会員権で、個人・法人会員で計五千口、約千三百三十六億円を集める壮大なプランだった。

バブル崩壊後、売上げは頭打ちとなったが、危機感を持たない「イ・アイ・イーインターナショナル」の幹部のなかには、相変わらずプライベートで各リゾートを自由に利用している者もいた。のちに使用禁止命令が出されたが、長銀の管理下にあっても、社員の間にはまだまだ安穏とした空気が漂っていた。

国内では、「イ、アイ、イ」名義で購入し、高橋家が使っていた山中湖の別荘を「イ、アイ、イ」グループの社員寮として使うようになった。前出の元社員が続ける。

「みんなで順番を決め、楽しみにして利用していました。社長のお母様がよく利用されていて、運転手付きの車で友達と訪れて、夜通し麻雀をやっていました。お母様は名門のご出身だと聞いていたので、意外な面があるのだなと思いました。管理人は麻雀の間、『お握りを作って』などと頼まれて大変だったと零していましたね」

別荘は、フラワーアレンジの仕事をしていた治則の妻も利用しており、治則は、この聖域を守ることにこだわっていた。

治則と長銀の激しい攻防

バブルの余韻を引き摺っていたのは、長銀側も同じだった。「イ、アイ、イ」グループが資金繰りに窮し始めた頃、「長銀の担当者らが『イ、アイ、イ』が所有するプライベートジェット機で、崩壊したベルリンの壁の見学ツアーに出掛けていた」（グループ元幹部）という。

プライベートジェットもすぐに売却対象となったが、「イ、アイ、イ」グループは、それ以外に、オランダのアムステルダムに「エクスタシー」という大型船も所有していた。香港の事業パートナーから勧められ、治則が購入を決めたが、買ってすぐに麻薬取引で使われた疑いがある船だとして差し押さえを受け、一度も乗船せずに手放している。パンフレットでしか見ていない船に、億単位のカネが呆気なく消えていた。

長銀主導で進められたリストラのシナリオは、スタートしてすぐに綻びが見え始めた。長銀は、〈ＥＩＥインターナショナルの現状について〉という文書にこう記している。

〈ＥＩＥインターナショナルという会社は常にフォローの風のもとでしか成立しない企業体質と企業構造をもっている。すなわちゴルフ会員権とＳＰＣ（サザンパシフィッククラブの略）会員権、コンドミニアム販売については「売れる」ことがプロジェクト成立の大前提となっている。言い替えると外部環境が悪いときには、事業のコンセプトが不明確になるのみならず先ゆき見通しについてもまったくと言っていいほど見通しが立たない状態に追い込まれる〉（原文ママ）

この期に及んで見通しの甘さを認めたうえ、さらに〈日銀考査を控えメイン銀行の物理的処理能力に限界が有る〉として、新たな対応策が必要だとも言及している。

当時は、長銀からの出向者のなかにも長銀と「イ、アイ、イ」との板挟みのなかで、本音を漏らす者もいた。前出のグループ元幹部は、長銀で支店長を経験した出向者の一人と酒を酌み交わしながら聞いた話を今も記憶している。彼は、こう語っていたという。

「長銀は、営業なんかしなくても、新日鉄みたいな大手企業に行って書類を出すだけで簡単にカネを借りてくれた時代があった。それが直接金融の発達や設備投資の需要の低下で、我々もどぶ板を踏まなければいけなくなり、手っ取り早く融資できる不動産業界に入っていった。それまでは口約束ですら確実に守られていたものが、期日に書類が出ないこともあれば、印鑑が押してあっても契約をひっくり返す人もいた。そんな世界を我々は知らなかった」

しかし、バブルの後始末を迫られた長銀には一刻の猶予も許されなかった。九一年十二月にリストラ計画の見直しに入ると、そこからは温存するはずだった中核事業にも手を付け、次々と資産を二束三文で売却していくことになる。

長銀がリストラ遂行の主たる財源と見ていた国内ゴルフ場の預託金ビジネスでさえ頭打ちで、水面下では治則と長銀の激しい攻防が続いた。長銀の機密メモにはこうある。

治則「ゴルフ場リストラ問題は、いろいろとむつかしい要因があり、かつやってみなければわからぬという側面が強い。御行に前面に出ていただくことは、私としては却ってご迷惑をおかけすることになると思っているので、私に全てやらせてもらえぬだろうか。債権者に対しても長銀がどう言ったとか、どうしろと言っているとか、一切言わず、私の責任で処理するという説明でいきたい」

長銀「そうは言っても、世の中は高橋社長が言うようには受け止めないだろう。ある程度双方が納得する迄、スリ合せが必要と思う。従ってこの場で高橋社長の提案につき『結構です。』という訳にはいかない」

治則が事業継続を望んだベトナム沖の油田開発では、石油の採掘権も取得したが、長銀主導で売却され、敢え無く夢は潰えた。「イ・アイ・イーインターナショナル」で海外事業を担当した山崎正人が明かす。

「ベトナムでは、私たちの会社が所有していたフローティングホテルをオーストラリアから曳航した。サイゴン川に係留してオープンし、政府から絶大な信頼を得ました。当時はまだ米国による経済封鎖下で、シンガポールでフジツボなどを落として化粧直しし、内装もやり直した六階建ての船上ホテルは人気を呼びました。ところが、うちの会社が傾き始め、米国の経済封鎖が解除されると、一転して立ち退きを命じられました。その後、パラオ政府が引き取る話もあったのですが、最後は韓国の現代グループが金剛山観光に使うというので売却しました。数年前、金剛山観光地区を視察に訪れた北朝鮮の金正恩の後ろに、あのフローティングホテルが映っている映像を感慨深く見ました」

連絡ボードに〝GTS〟

治則が築き上げた〝資産一兆円の帝国〟が無残に切り売りされていくなか、兄の治之は、電通内で揺るぎない地歩を固めつつあった。

スポーツ文化事業局のスポーツ事業部長だった治之は、連絡ボードに〝GTS〟と書いて頻繁に姿を消した。「銀座」「東急」「サウナ」の頭文字で、築地の電通本社から近い現在の時事通信本社がある場所にはかつては銀座東急ホテルがあった。その地下のサウナが当時の治之のお気に入りだったのだ。自由気儘な治之の振る舞いを見ても、もはや社内で彼を咎める者は誰もいなかった。

九一年一月から治之はスポーツ文化事業局の局次長に昇進した。この年の八月には東京で国際陸連が主催する世界陸上が開催されている。当時の国際陸連のトップは、イタリア出身のプリモ・ネビオロ。IOCのサマランチ、FIFAのアベランジェとのラテントリオでスポーツ界に絶大な影響力を持つ大物の一人だった。

治之はすでにネビオロにも深く食い込んでおり、ローマにある彼の自宅マンションにも招かれるほどの仲だった。当時の治之は「俺は端金には興味はない」が口癖で、向かうところ敵なしだった。

電通ＯＢが振り返る。

「電通は約百人の所帯の局であれば、トップの局長の下に局次長が二名仕え、七人ほどの部長が連なる陣容でした。彼は局次長になった時、『出世して局次長にならなきゃ局長にはなれない。局長にならなければ、もっと大きな挑戦ができない』と話していた」

電通は組織改編で、アディダスと共同で設立したＩＳＬの東京本社の窓口を海外統括本部のＩＳＬ事業局とし、治之に局次長を兼務させた。そして九三年、治之はついにＩＳＬ事業局長に就任し、そこから二〇〇二年サッカーＷ杯の招致ビジネスにも本格的に関与していった。

しかし、その矢先、衝撃のニュースが駆け巡った。日経新聞は九三年七月十日付朝刊の一面でこう報じたのだ。

「イ・アイ・イ支援打ち切り　長銀、今期１０００億円償却も　債務７０００億円」

事態は風雲急を告げていた。

十六、〝籠の鳥〟となった弟

長銀の〈機密メモ〉には、治則に支援打ち切りを通告するまでの経緯も詳細に綴られていた。それでも、彼は愛人にこう繰り返していたという。「取られたものは、また買えばいい」

「ちょっと珈琲でも飲みませんか」

一九九三年六月下旬、千代田区平河町にある「イ・アイ・イーインターナショナル」の本社ビル。高橋治則は、そう言って幹部の一人を社長室に呼んだ。

多忙な日々が続き、治則はなかなかゆっくりと部下と言葉を交わす時間も作れなかった。その日は誕生日を目前に控えた幹部の労をねぎらおうと声を掛けたのだ。

珈琲を飲みながら話を始めたその時、電話が鳴り、治則はその幹部に断わって、電話をとった。神妙な顔つきで話を聞いた後、治則は最後に「ああ、そうですか。分かりました」と言って電話を切り、幹部の方に向き直った。

「何かありましたか？」

「長銀の亀田さんですよ」

約二年半前、「イ・アイ・イーインターナショナル」が長銀の管理下に入る際、治則に誓約書へのサインを迫った専務の亀田浩だった。

「長銀が撤退することになりました」

その言葉を聞いた瞬間、幹部は「えっ」と驚きの声をあげて、頭の中が真っ白になった。恐れていた最悪の事態がついに訪れたのだ。しばしの沈黙が流れた後、その幹部は正直な心情をこう吐露した。

「長銀がいなくなったら、もう無理ですよ」

彼の言葉を黙って聞いていた治則は、反論するでもなく、淡々とした口調で答えた。

「これでよかった。長銀がいなくなって、僕は自由にできる」

その表情を見る限り、決して強がりではなく、心底そう思っているかのようだった。

「私はもう無理です。会社を辞めさせて頂きます」

治則は敢えて慰留はせず、翌日、その幹部の名義だった東京協和信用組合からの借入を自らの名義に切り替えた。

治則は、遠からず、この日が来ることを覚悟していた。

長銀はすでに九三年の春の時点で、「イ、アイ、イ」グループの分社化を進め、主だった資産を売却するか、銀行団の管理下に移し終えていた。さらに弁護士の助言により、グループ内の海外法人の役員から長銀の出向者を外すなど着々と撤退準備を進めてきた。

長銀の当時の「機密メモ」のなかに、〈当面のスケジュール〉の「素案」と書かれている工程表が残されていた。六月一日付で、七月末までの作業の工程スケジュールを一日単位で組み、撤退までの青写真を密かに描いていたのだ。その工程表と実際の事実経過を照らし合わせると、その通りの手順で撤退の根回しが図られた様子が見て取れる。六月二十九日の長銀の株主総会までに〈日銀・信組説明〉〈ＭＯＦ事前説明〉と続き、法律事務所との調整も済ませてあった。ＭＯＦとは大蔵省のことである。

亀田から治則への電話は、その前後だったとみられ、六月三十日には改めて治則が長銀に呼び出されている。そこで彼を待ち構えていたのは、不良債権処理の専門部署として九二年六月に新設された事業推進部の部長、鈴木恒男だった。鈴木は治則に、長銀の撤退を告げるとともに、債権放棄を伴う和議適用を要請した。つまり事実上の倒産を迫ったのである。

当時、長銀が選択し得る道は三つあった。一つ目は更に一年間の現状維持を続けることだったが、その場合は長銀に追加融資の負担が重くのしかかる。最悪のシナリオとして、「イ・アイ・イーインターナショナル」に破産を迫る道もあったが、海外プロジェクトに大混乱を引き起こすことは必至で、この二つの選択肢は早々に消えた。残されたのは〝再建型〟の法的整理で、そこには会社更生法適用の申し立てと和議申し立ての二つの手段があった。

どちらも債務者が裁判所に申請して手続きが進められるが、会社更生法では現経営陣は即退陣となり、管財人が裁判所の監督下で経営にあたる一方、和議の場合、経営者はその後も経営にタッチできる。長銀は当初から、「イ・アイ・イーインターナショナル」に和議を申請させる想定で、計画を進めてきた。

しかし、鈴木から和議を提案された治則は、「『イ、アイ、イ』グループには十分な資産もあり、到底受け入れられません。債権者に迷惑を掛けることになる」と突っぱね、こう主張した。

「事業家生命を終わらせたくない。自分が石にかじりついてでも自主的な再建を目指す」

それは、長銀にとって想定内の反応だった。長銀は素案のなかで、予め七月七日を〈高橋協議決着〉の日と設定し、そこから両者の話し合いの結果によって、二つの工程に分けてスケジュールを組んでいた。

別の長銀の資料では〈不退転の決意で高橋氏を「和議申立て」へ説得〉などと書かれているが、実際には治則が拒否することを前提に、素案では〈対立ケース〉がメイン案で、〈進行ケース〉は腹案のプランBに過ぎない位置づけとなっている。

メイン案では、七月八日に〈対マスコミ記事表面化〉、七月十二日に〈関係者説明（債権者他）〉を行ない、七月十九日に〈引き上げ作業。（E社内書類チェック）〉と続く予定だった。

だが、ここから計画には若干の狂いが生じていく。

「対外厳秘」の火種

治則は七月五日、三菱信託銀行を訪れ、長銀の支援打ち切り後について切り出したが、逆に担当部長に「法的措置をかりて財産を保全しておくのも一法ではないか」と窘められている。このやり取りは翌日には長銀側にも伝わっており、長銀は三井信託銀行にも経緯を説明。そして再度治則を呼び出し、和議要請を拒否する意思を最終確認すると、七月九日、正式に支援打ち切りを通告した。

治則「私としては、貴行からの借入分を含め全て返済するつもりでいる」
長銀「気持ちとしては当然と思うが、テイクノートしておく」

寝耳に水だったのは、長銀から、「イ・アイ・イーインターナショナル」に出向していた役員である。「イ・アイ・イーインターナショナル」の元社員が明かす。

「支援打ち切りと同時に彼らも長銀に引き上げるよう指示がありましたが、常務として派遣されていた人ですら事情を把握しておらず、混乱していました。彼ら役員は、最初に会社に乗り込んで来た時に、それぞれ個室が与えられ、大量の書類を持参していました。それは、とても一度に持ち帰ることができる量ではなかった。彼らは、その日の退社時に、それぞれの個室のドアの隙間をガムテープですべて塞いで帰っていきました。翌日になって、万が一にもガムテープが剝がされた痕跡があれば、私たちプロパーの社員が勝手に部屋に入って書類を持ち出したとみなすという意味です。私たちのことなどまるで信用していませんでした」

この日、長銀から、副社長として派遣されていた田中重彦は辞表を提出し、出向していた十三人の行員も帰任した。

そのなかには、「イ、アイ、イ」グループと長銀とを最初に結び付けた長銀横浜支店の副支店長だった後藤田紘二もいた。彼は帰任時、慶応高校の同級生だった「イ、アイ、イ」代表の河西宏和に、「イ・アイ・イーインターナショナル」での日々をこう語っていたという。

「ペーパーばかり見ていた毎日が、タヒチ島の開発プロジェクトを担当して本当に面白かった。こんな世界があるのかと思った。自分のモノクロのような人生が、総天然色になった気がして、長銀には戻らず、『イ・アイ・イーインターナショナル』に留まりたい気持ちだ」

しかし、差し迫った現実の前では、そんな感傷は単なる世迷言でしかなかった。

七月九日の夜にはマスコミも取材に動き始めていた。先行していたのは朝日新聞だったが、その動きを察知した日経新聞が長銀の関係者に連絡を入れて巻き返し、取材合戦の火蓋が切られた。

そして翌日の朝刊で日経が、〝支援打ち切り〟を一面で報道。これを受けて、長銀は事業推進部長名で、〈イ・アイ・イーインターナショナルグループに対する当行の方針について〉という文書を「部室店長限り・親展」として内部向けに出している。

そこでは、九〇年十二月から続いてきた、「イ・アイ・イーインターナショナル」への緊急支援融資、第一次、第二次リストラ計画について、〈所期の目的は、概ね達成された〉などと説明し、こう記している。

〈所属行員への指導および取引先からの照会への対応等ご面倒なお願いをすることとなり、恐縮に存じますが、いずれも行員士気の高揚および当行信用力の維持・拡充という観点からは、不可欠の事柄であります。今回の当社（「イ・アイ・イーインターナショナル」のこと）に対する方針決定により、当行にとっての最大の懸念を解決した〉

さらに、文書のなかでは、「対外厳秘」として今後の火種となる点も指摘されている。

〈現在表面化していないものの、高橋氏が正規の手続きによらずに行なった買取り保証の案件が存在し、仮にこれが表面化した場合、現行体制では対応不可能である〉

この買取り保証について、「イ・アイ・イーインターナショナル」の元役員が解説する。

「香港にあるボンドセンタービルの一部のフロアは分譲販売され、その部屋を社長は知人らに声を掛けて販売していました。その際に『値下がりするようなことがあれば買い取るから』と口約束をしていたケースがあり、長銀がビルの売却話を進める際に、それが問題になったのです」

長銀の調査では、不動産だけでなく、保有株式においても、一定の株価を割った場合は買い取る約束をして譲渡していたケースが多々あり、その総額は四百五億円にのぼっていた。

「ただ、長銀側は、個別に確認をとり、基本的に口約束だけで証書がないものは、買取りを拒否していました。証書が残っていたのはごくわずかで、実際はそこまでの巨額負担ではなかった。敢えてその問題を摘出することで、会社側の杜撰さを強調したかったのでしょう。そもそもボンドセンタービルを買う際、当初長銀は『香港はカントリーリスクがあるからうちは融資できない』と断わっていたんです。仕方なく香港上海銀行をメインに協調融資の話を纏めると、そこに長銀が、『実はうちも注目していた。ぜひ香港上海銀行とツーヘッドで協調融資を組みたい』と強引に入ってきたのです」

九二年四月、ボンドセンタービルは香港財閥の長江実業に百四十億円で売却されたが、二カ月後にはインドネシア財閥のリッポーグループに約二百二十億円で転売されている。現地の新聞は「長江実業はたった二カ月で約八十億円の利益を得た」と報じたが、長銀は価格交渉すらせず、最初のオファー通りの金額で長江実業に売却していた。「イ・アイ・イーインターナショナル」側は、当時香港マーケットが活況を呈していたことから、「売却時期を少し先にした方がいいのでは……」

と進言し、「最低でも二百億円は確保して欲しい」と要望を出したが、聞き入れられることはなかった。

生活費も「一日五千円で」

長銀の管理下では、治則に最終決定権はなく、会議に臨席しても、長銀からの出向組である田中副社長から「高橋さん、よろしいですか？　それではここにサインして下さい」と言われると、抵抗することなく、出された書類にサインをするだけだった。

「私は籠の鳥です、長銀の許可がなければ何もできない」

「一日五千円で仕切られている」

生活費すら長銀からの手当で賄っていた当時の治則は、自嘲気味に周囲にそう語っていた。

七月十二日、長銀が、「イ・アイ・イーインターナショナル」への支援打ち切りを正式に発表すると、再び治則は野に放たれた。バブル期には「東京中のカネを集めたい」と豪語していたが、その時の治則が自由にできる資産は、建設途中のグアムの「ホテル・ハイアット・リージェンシー」くらいのものだった。

愛人だった北山裕子は、当時の彼が、「取られたものは、また買えばいいんだよ」と繰り言のように話していたことを憶えている。

「負け惜しみではなく、本気でそう思っていたと思う。あの頃の高橋は、何かあるたび決まって西麻布の長谷寺にあるお父様のお墓参りに行っていました。正月早々にも出掛けて行くので、『なんでそんなにお墓参りに行くの?』と聞いたら、『挨拶したいから』と言っていました。彼は、母親のことはよく話していましたが、父親についてはほとんど話すことはありませんでした。母親は結構奔放な方だったようで、私によく似ている、と。社交ダンスを習い始め、ダンスの先生に入れ込む母親の話をして、『騙されているんだ。社交ダンスなんてロクなもんじゃない』と言ったり、割とオープンでしたが、父親に対しては秘めた想いがあった。彼にとって父親は心の拠り所だったのだと思います」

九三年の一月には、もう一人の父、義父の岩澤靖も亡くなり、葬儀では治則が親族代表として挨拶に立った。

「晩年は夫婦で海外旅行に出掛けたり、いたって穏やかな暮らしででした」

高橋家と岩澤家は決して良好な関係とは言えなかったが、葬儀を仕切った治則の姿はマスコミでも報じられた。裕子には、「他にやる人がいなかったから……」と誤魔化していたが、実は、治則は岩澤家を密かに支援していたという。治則にとっては義姉にあたる岩澤の長女が、岩澤の失脚後に離婚した際は、苦労して税理士資格をとって事務所を開設した彼女に、「イ・アイ・イーインターナショナル」の仕事をできる限り回していたのだ。治則は一見ドライで、冷たい印象を与えるが、その実は情に脆く、献身的な側面があった。

組織に守られた兄との違い

苦境の治則をよそに、電通では治之の理解者、成田豊が社長に就任した（文藝春秋写真資料室）

一歳違いの兄、治之とは、支援の仕方一つとっても対照的だった。治之は電通の若手社員時代、大阪大学医学部出身で、開業医だった義理の父親に大阪電通の産業医の職を紹介している。治之が当時を振り返る。

「総務局の先輩に話を通したら、『ぜひ来て欲しい』と言われ、産業医として定期的に通うようになったんです。博識で、お酒の付き合いも好きだった義父は、電通の社員に慕われ、よく飲みに誘われていました。義父の晩年にいい親孝行ができたと思う」

嫌味なく義父に活躍の場を与え、社内からは一目置かれる。治之の自己演出の巧みさは、平社員の時代から際立っていた。

九三年はJリーグが開幕し、日本のサッカー界にとっては記念すべき年だった。二年前に川淵三郎をチェアマンとする「社団法人日本プロサッカーリーグ」（当時）が設立され、着々と準備が進められてきたが、Ｊリーグのマーケティング担当に決まったのは電通ではなく、博報堂だった。

「高橋がミスをしたせいで、Ｊリーグを博報堂にとられた」

当時の治之の上司は、役員にそう報告を上げたという。その話を治之に尋ねると、一笑に付し、こう語った。

「確かにそう言っている人もいた。ただ、僕はサッカー協会の上層部とは仕事を通じて非常に親しかった。彼らから『正直、Ｊリーグは難しい面もあって賛成の声ばかりじゃない。電通は日本代表を中心にして関わった方がいい』とアドバイスされたんです。僕もそういう棲み分けでバランスがとれているし、いいと思った。結果的に博報堂は成果をあげ、その後を電通が引き継ぐことになったのだから、何も問題はないでしょう」

電通は九三年六月、治之の最大の理解者である成田豊が社長に就任。治之は、アディダスと電通が共同で設立したＩＳＬの副会長と電通のＩＳＬ事業局長を兼務する形で、五輪、サッカーＷ杯、世界陸上という国際的なスポーツビジネスの中枢へと関わりを深めていく。

苦境に直面しても、力業で批判をねじ伏せ、上昇気流を決して逃さない兄。一方、弟は長銀との熾烈な駆け引きで心身ともに疲弊し、たびたび占い師や不思議な力を持つ整体師を頼った。母親が神戸の有名な霊媒師だったとされる整体師には都内に建売の一軒家を買い与え、彼が主宰する少林寺拳法の道場に息子を通わせた。

それには幼少期のある体験が影響しているという。治之が語る。

「昔、父が自宅に易者をよく呼んでいたんです。ついでに僕らもみて貰うのですが、僕の方はさっぱりなのに、ノリのことは『凄い運勢を持っている』とベタ褒めでした。徳川家康の生まれ変わりくらいのことを言うので、本人もその気になって、事業を始めても事あるごとに相談に行き、凄いカネを払っていた。僕は初めからそんなものは信用していませんでした」

それは、組織に守られた兄と組織からはみ出した末に、〝籠の鳥〟になった弟との違いと言えるかもしれない。

一度どん底を見た治則は長銀の軛《くびき》から解き放たれ、再起に向けて動き出す。彼は財布代わりに使える東京協和信用組合と、「イ、アイ、イ」グループの影響下にあった安全信用組合の二つの信組による錬金術に手を染めていく。

高橋兄弟にとっての真のバブルの清算は、そこから始まっていった。

十七、破綻に向かう二信組

バブルの残り香を追い掛けるように、愛人とプーケットを旅した治則。彼にとって頼みの綱は、東京協和信用組合と安全信用組合という二つの〝財布〟だった。ところが——。


過熱したマスコミ報道も一段落し、潮が引いたような静寂が訪れていた。

経営危機に陥っていた「イ・アイ・イーインターナショナル」に対し、支援の打ち切りを表明した長銀は、〈E社のその後の状況について〉と題する一九九三年七月二十七日付の内部文書のなかで、こう記している。

〈7／9以降、高橋氏と当行上層部の接触はなし〉

〈7／12に地銀、ノンバンク等から当行／営業第九部へ本件の背景についての説明要請が相次いだが、最近は至って平穏〉

撤退したとはいえ、長銀は大口債権者として、「イ・アイ・イーインターナショナル」の動向から目が離せない状況であることに変わりはなかった。

一方、「イ・アイ・イーインターナショナル」を率いる高橋治則は、長銀の管理下では自由に海外にも行けなかった日々から解き放たれ、束の間の自由を満喫していた。

治則が、「イ・アイ・イーインターナショナル」の社員と香港出張に出掛けた時には、愛人の北山裕子も同行した。現地に駐在していた社員と合流し、仕事が終わると、裕子が「バンコクに行きたい」と言い出した。唐突なリクエストに当初は治則も戸惑っていたが、そのうちに気分が変わり、「バンコクの前にプーケットに行こうか」と提案した。裕子が当時を振り返る。

「一緒にいた社員の二人は驚いていましたが、結局四人で行くことになり、彼らに航空チケットの予約を頼んでいました。ところが、香港とプーケット間は便数が少なく、次の出発は数日後になることが分かった。高橋はすぐに華僑系の知人の名前を出して、『彼のプライベートジェット、借りられないかな』と言って、連絡を取るよう指示していました」

この時すでに治則は、「イ、アイ、イ」グループで所有するプライベートジェットを手放していた。バブル絶頂期には取引先や銀行の担当者らと同乗することが多く、裕子は一度も乗ったことがなかったという。

「その罪滅ぼしの意味もあって、プライベートジェットの手配を頼んだのだと思います。プーケットでは、高橋が個人所有していたアマンプリのヴィラに滞在しました」

八八年に高級ホテルチェーン、アマンリゾーツの第一号ホテルとしてオープンしたアマンプリは、世界のセレブが常宿にするアジア屈指のリゾート。治則は、創業者のエイドリアン・ゼッカとは、建設予定地の視察に同行したほどの古い仲で、いち早く別荘も購入していた。裕子が続ける。

「プーケットに数日滞在した後、高橋が今度は『ベトナムに行こう』と言い出しましたが、ベトナムはビザがないと入国できないので諦め、プライベートジェットでバンコクに移動しました。バンコクでは、『イ・アイ・イーインターナショナル』が所有していたリージェントホテルのスイートルームに滞在しました。私が買い物に出ている間に、高橋はマッサージを頼んだらしく、チップを払ったら、『スペシャルマッサージ？』と言われたと笑っていた。彼はお金に無頓着で、日本では財布に現金がほとんど入っていないのに、この時は両替して手元にお札がありました。それを数えもしないでたくさん渡していたんです」

治則は、「このままプライベートジェットで日本に帰ろう」と上機嫌だったが、成田空港はプライベートジェットの乗り入れ許可をとるのが大変だったことから、結局、通常の定期便で帰国した。それは、バブルの残り香を追い掛けたような旅だった。

九三年十月には、「イ、アイ、イ」グループが建設中だったホテル「ハイアット・リージェンシー・グアム」がオープンした。このホテルは、「イ・アイ・イーインターナショナル」が長銀管理下に入って以降も、継続して融資を受け、完成に漕ぎ着けた物件だった。プロジェクトに関わっていた「イ・アイ・イーインターナショナル」の元幹部は、完成後に治則と二人で現地を訪れている。

治則は、海外出張には決まって下着しか入っていないような小さな鞄一つで現れた。現地のホテルで、毎朝違うワイシャツを着て朝食の場に現れる元幹部に、「たくさんシャツを持っているんですね。僕はいつも一枚です。それを夜に石鹸をつけて洗う」と笑って話したという。

元幹部はグアムへの往来の機中で、治則の隣に座り、久し振りにゆっくりと言葉を交わした。

「こんなに苦労しておカネを集めて、最後はどうしたいんですか。私なら二億円でも三億円でも手にしたら、引退して好きな人生を送りますよ」

素朴な疑問を口にした元幹部に、治則は、「僕の人生の愉しみの一つは女性ですかね」と言って笑いを誘った後、こう答えた。

「僕はね、とにかく仕事がしたいんですよ」

その言葉には一片の迷いもなかった。だが、治則が直面する現実は、一層深刻さを増していた。頼みの綱は、自身が理事長を務める東京協和信用組合と彼の影響が及ぶ安全信用組合という二つの〝財布〟だった。二信組は、治則が作り上げた〝一兆円帝国〟に、資金を流し込むポンプ役を果たしてきた。それ故に扱い方を間違えれば致命傷にもなり得る存在だった。

長銀は協和信組に出資もしており、当初から行員を顧問として派遣し、安全信組とセットで、その動向に神経を尖らせてきた。

「一億円を運んでくれ」

九二年三月十日付で、長銀の「イ・アイ・イーインターナショナル」の融資処理の担当だった営業第九部が作成した資料では、協和信組の問題点と対策が次のように記されている。

〈高橋社長が理事長職にあることから、都の関係等安全信組以上に慎重な取り組みを要するが、EIEグループの先行きを展望するに、130億円程度を当行で肩代わり負担してでもグループとの貸借精算→都の経営指導（合併工作等一任）の方向で検討せざるを得ないか〉

当時、信用組合の監督権限は各都道府県にあり、東京都も毎年、定例検査を行なっていた。長銀から、「イ・アイ・イーインターナショナル」へ出向していた幹部は東京都の信用組合課に出向き、

都が経営改善指導

特定企業に過剰融資

都内2信組

東京都は都内に本店を置く東京協和信用組合（高橋治則理事長）と安全信用組合（鈴木紳介理事長）が、不動産投資の失敗

金のほぼ半額にあたる一千億円近くに上っており、大口融資規制違反の疑いも出ている。都は一部融資の回収が滞っているともみており、近く特別検査に入る方針だ。（解説4面に）

東京都によると、両信組のイ・アイ・イグループ・関連会社向け融資はそれぞれ五百億円近いという。信組には同一企業に広義自己資本の二〇％以内しか融資できない大口融資規制がある。融資先の中には未開発のゴルフ場も含まれている模様で、都は回収の見込みの小さい事業に対する追加融資の自粛を指導している。

すでに東京都は昨年秋に大蔵省関東財務局に協力を要請し、両信組に対する合同の特別検査を実施している。都道府県による信組への検査は通常年一回だが、都は今年夏にも両信組を検査したほか、さらに今秋にも特別の検査に入る方針だ。

東京協和信組の高橋理事長はイ・アイ・イーインターナショ

と反発している。

十八日に予定していたカリフォ

破綻への号砲を鳴らした日本経済新聞の記事（1994 年 9 月 17 日付）

協和信組を支援する意向を示していた。

一方、安全信組については、〈ＥＩＥグループで支え切ることは土台困難であり、ここは１５０億円程度当行で肩代わり負担してでも、貸借等精算し、早期に関係切り離しを図るのが適当か〉と切り捨てる方向で検討していた様子が見て取れる。

二信組の資金繰りの破綻だけは何としても避けたい長銀は、治則に二信組の預金量を増やすよう厳命した。それを受けた治則は他の金融機関よりも高い金利を誘い水に預金を集め、大口預金者の獲得に奔走していく。

なかでも、ＤＤＩ（現在のＫＤＤＩ）の上場後、保有株を手放し、二十億円超の売却益を手にした田中角栄の元金庫番、佐藤昭子には、治則が特別に年利約五％以上の金利を提示。協和信組の預金に引き込んでいった。

しかし、長銀の撤退で、二信組を取り巻く環境も一変した。危機感を募らせた東京都は九三年八

月から大蔵省との異例の合同検査を実施。結果は日銀にも報告されたが、五百億円近い不良債権の存在は見過ごされたまま放置された。その判断は二信組による〝暴走〟を招き、さらに傷口を拡大させた。翌年、東京都と大蔵省が二度目の合同検査に踏み切った時には、すでに手の施しようのない事態に陥っていた。

そして一本の記事が、破綻への号砲を鳴らした。

〈都内2信組　都が経営改善指導　特定企業に過剰融資〉

九四年九月十七日付の日経新聞が朝刊の一面で、二信組による「イ、アイ、イ」グループの関連企業への融資額が合計で一千億円近くに上り、その融資先には未開発のゴルフ場もあると報じたのだ。

治則には少し前から執拗に日経の記者からの取材要請が入っていた。長銀の撤退後、二信組は「イ、アイ、イ」グループのゴルフ場に多額の融資を行ない、不良債権化している点を問題視しており、記事になれば、取り付け騒ぎに繋がる恐れがあった。

当時を知る「イ、アイ、イ」グループの元幹部が語る。

「社長は『日経を抑えられないか』と周囲に相談していましたが、安全信組の鈴木紳介理事長が取材で、『変なことを示唆された』と聞き、渋々取材を受けた。それが十六日の金曜日で、『記事は穏やかな内容になる』と話していた翌日、あの記事が出ました。社内では、二信組を潰したい金融当局側の意図的なリークを疑う声があった。一週間後に社長に会うと、『協和信組の預金が大口で剝がれている』と憔悴した様子でした」

預金者が窓口に押し掛ける混乱が続くなか、治則は、側近だった「イ・アイ・イーインターナショナル」の山崎正人を呼び、協和信組に行って預金を引き揚げるよう命じた。

「運転手に言ってある。途中から向島の料亭の女将が乗って来るから、一緒に行って、一億円を下ろして、トランクに入っているジュラルミンケースに詰めて運んでくれ」

山崎は言われた通り、札束が入ったジュラルミンケースをトランクに放り込み、協和信組を後にした。

その向島の料亭は、治則が大蔵官僚の接待などで贔屓にしており、女将とは彼女が学生時代からの付き合いで、一時はシングルマザーとして出産した彼女の娘が、治則との間にできた隠し子ではないかと噂が立ったこともあった。彼女は、治則の指示で預金の名義人になっているに過ぎず、治則は、緊急避難的にカネを掻き集めていたのだ。

赤坂の料亭「佐藤」で

そして預金流出の穴埋めとして再び大口預金者を獲得すべく、裏金利や違法な導入預金にも手を染めていく。前出の「イ、アイ、イ」グループの元幹部が明かす。

「ゴルフ場開発の事業パートナーのなかには、のちに二信組事件でも逮捕されるワシントングループの河野博晶もいた。河野は、『協和信組に預金協力してくれたら、ゴルフ場や本社ビルなどの工事を請け負わせてやる。工事料金の三%は私の会社にコミッションとして落とせ』などとあちこちで言い回っており、それが信用不安を招いた一因でもあった。当時、長銀からは平河町の本社ビルの立ち退きを迫られており、社長は再起に向けた旗印として、飯倉にある古いビルを新社屋に建て替える構想を持っていました。それも絵に描いた餅となり、資金繰りに喘ぐ取り巻きとともに堕ちていったのです」

破綻に向かう大きなうねりのなかで、二信組と政治家との癒着ぶりも浮き彫りになった。治則と山口敏夫との関係は、バブル期を経て、抜き差しならないものになっていた。山口の親族が関係する企業群は、二信組や「イ、アイ、イ」グループのノンバンク、ゼネラルリースなどから総額約三百億円にものぼる融資を受け、大半を焦げ付かせていたのだ。

同じ麹町のマンションに住む山口と治則が、最初にビジネスで結び付いたのは八六年。山口の親族が千葉県内で手掛けた君津ゴルフ倶楽部を巡るトラブル処理だった。ゴルフ場の完成前に千五百人の会員募集枠に対し、四千件を超える会員権が乱売されていたのだ。簿外での巨額の使い込みが疑われ、追い詰められた山口から助けを求められた治則はすぐに手を打った。

「君津へ乗り込んでくれ。この問題が表面化したら、山口さんは政治生命を断たれてしまう。私は山口さんを総理にしたいと思っているんだ」

治則はそう言って配下の社員を現地に派遣して調査したうえで、損失の穴埋め処理を行ない、ゴルフ場ごと買収して、問題を片付けた。

その年の七月、治則の父、義治が亡くなり、通夜の席で、当時小学生だった治則の長男は、「僕は大きくなったら、お金持ちになって山口先生を総理にします」と語って周りを驚かせた。山口は、日頃から治則の息子に「大きくなったらおじさんを応援して」と言い含めて手懐けていたのだ。

山口は、治則の兄、治之ともかつては近しい関係だった。治之は八四年に親交があったサッカー界の英雄、ペレを山口の仲介で、時の首相、中曾根康弘に引き合わせている。当時、自民党と連立を組む新自由クラブの幹事長だった山口が、夏季休暇で軽井沢を訪れていた中曾根の元に、治之の案内でペレを呼び、テニスの対戦をセットしたのである。

しかし、バブル崩壊を境に、山口と高橋兄弟との関係にも変化が現れていた。長銀の当時の資料には、山口のファミリー企業や山口が米国・ワシントン郊外で創設する予定だった「ワシントン国際大学」への融資状況、資金繰りの悪化を示す文書が多数含まれている。

高橋治則という〝打ち出の小槌〟から拠出された資金で、バブル期に手を出した株式投資や不動産投資、ゴルフ場開発はバブル崩壊で悉く失速。それでもなお、資金繰りに窮した山口側は治則に縋《すが》った。山口は、二信組問題が浮上して以降も、頻繁に平河町にあった「イ・アイ・イーインターナショナル」の本社ビルに治則を訪ね、カネの相談を持ち掛けた。

治之が当時を振り返る。

「私も山口さんとは一緒にゴルフをしたり、仲は良かったんです。ただ、山口さんがゴルフ場の失敗で、資金繰りに困って、何でもノリに頼るようになってしまった。『山口さんのためにカネを作らなくちゃいけない』と本人も追い込まれ、困り果てていた。それで、ある時、『山口さんのいないところで二人で話そう』と言って赤坂の料亭『佐藤』でこっそり待ち合わせたことがあるんです」

高橋兄弟にとって料亭「佐藤」は、融通が利く店だった。女将は、「イ、アイ、イ」グループのゴルフ場会員権の販売にも関わるなど気心が知れた仲で、この日は予約も入れず、店に入った。

「秘書にも予定は知らせていませんでした。ところが、そこに突然、山口さんが現れ、『ノリちゃん、明日二億いるんだ』といきなり切り出してきたんです。あまりに酷いな、と。ノリはピシャリと断わることができない性格なので、見ていて可哀想でした」

実際に山口のファミリー企業は、九四年六月の東京都と大蔵省の合同検査以降も、二信組からの融資を受けており、その依存度の高さが窺い知れる。山口本人は、「私と治則はある意味で、兄弟以上の濃い関係だった」として、こう弁明する。

「私は治則には惜しみなく人脈を紹介してきました。なかでも、私と仲の良かった米国の友人で、フレデリック・ジーダーさんという方がいました。彼はブッシュ家と近く、レーガン政権下でミクロネシア担当の大使を務めていた。副大統領だったブッシュ（父）をホワイトハウスで私に紹介してくれたのも彼でした。私が治則にジーダーを紹介すると、二人は関係を深め、環太平洋のリゾートを一緒に回っていた。治則は私には一切そのことを話しませんでしたが、〝環太平洋のリゾート王〟と呼ばれた彼の根っこを私は紹介しているんです」

治則と長銀との面談メモ

弟を案じる治之にとっても二信組の問題は他人事ではなかった。この頃、安全信組やゼネラルリースなどからの借入が膨らみ、急速に資金繰りが悪化。ニューヨークに所有していた別宅も売却した。

事情を知る電通OBが語る。

「セントラルパークの目の前にあった部屋には、彼の家族や仲間が招かれ、手放す前にパーティーも開かれた。当時の彼は一時の羽振りが嘘のように『カネがない』と零していた」

「イ・アイ・イーインターナショナル」には、広報担当として一時、治之の知人の元雑誌記者の女性が在籍していた。彼女が、治則の状況を治之に伝えるメッセンジャーの役割を果たしていたことがある。兄弟といえども、「貸し手」と「借り手」という立場の違いが、微妙な距離を生んでいたのかもしれない。

九四年も師走に入り、東京駅の近くにある中華料理店では、店頭公開企業である「イ、アイ、イ」の忘年会が開かれていた。社長の河西が挨拶に立ち、宴会が始まって程なくして、河西の秘書の元に治則から電話が入った。河西に、すぐに平河町のオフィスに来るよう伝えて欲しいという緊急の連絡だった。慌てて河西が駆け付けると、社長室には治則と「イ・アイ・イーインターナショナル」の経理担当専務が苦渋に満ちた表情で顔を突き合わせていた。

「河西さん、大変なことになった。日銀主導で、二つの信組は政府が作る銀行に変わる。さっき東京都から呼び出されて理事長を辞めるよう言われた。二信組の破綻に蓋をする新しいスキームの実験台にされるようだ」

その翌日の十二月九日、ついに二信組の命運が決まる。日銀総裁の三重野康は、日銀と民間銀行が出資して受け皿の銀行を作り、二信組を救済するスキームを発表。そこには三重野の強い意向があるとされた。二信組、引いては長銀を救済する金融政策のシナリオが密室で決定されたことに加え、経営不振の金融機関に日銀資金という公的資金が投入される破綻処理は、大きな波紋を呼んだ。奇しくも、三重野の長男が長銀に勤務していたことも一部では取り沙汰された。かつては火付け盗賊改方の長谷川平蔵にちなんで〝平成の鬼平〟などと持ち上げられた三重野だが、彼に「バブル退治」など望むべくもなかった。

それから一週間後、治則は久し振りに長銀の営業第九部の部長を訪ねた。長銀の面談メモによれば、治則は日銀の措置について、黒幕は大蔵省であるとして、こう述べている。

「今回のスキームは十一月上旬に東京都から打診があった。もう少しうまくランディングできればよかったのだが、今回の仕組みは大がかりすぎる。通常なら吸収合併でしょうね。信金との合併話は実際あったのだが」

そして両者の間で、腹の探り合いのような会話が続いた。

長銀　新聞等で背任などと騒がれたら私はオロオロするだけだが、あなたは落ち着いていますね。

治則　私がやらなければ誰もやらない。正直に「事実」を話していればよいので、私自身は気が楽。

長銀　正直であれば救われるという話でもないでしょう。

治則　そうなったらなったでしょうがない。すべて自分のやったことなのだから。とにかくそうならないようにがんばるけれど……。

長銀側が〝逮捕〟というキーワードを口にすると治則はこう答えた。

「わからない。まあ今回の二信組がうまく処理できれば、またいろいろと復活できるかもしれない」

去り際に、長銀側が「あの時、和議を受け入れていればこんなに苦労せずに済んだのでは」と余計なひと言を口にすると、治則は「和議になったら絶対復活できない」と強く否定した。彼は復活を信じて疑わなかったが、その先には厳しい現実が待ち構えていた。

第6章

逮捕 落胆 汚名

十八、治則が初めて見せた涙

二信組の破綻を巡り、極悪人であるかのように世間の批判を一身に浴びる治則。国会の証人喚問を経て、ついに東京地検特捜部と警視庁が一斉に関係先への家宅捜索に入った。

激動の一九九四年が終わりを迎えようとしていた十二月三十日。「イ・アイ・イーインターナショナル」社長の高橋治則は、大手町の長銀本店ビルへと向かった。

十二月九日に日銀が発表した東京協和信用組合と安全信用組合の破綻処理を新銀行が担うスキームは、直後から激しい批判を浴びていた。大蔵省は、二信組問題をその後の金融破綻のテストケースと想定していたが、約一千億円にのぼるバブル期の放漫経営のツケを公的資金でカバーすることへの不満が日に日に高まっていたのだ。そして、その矛先は、二信組を支配下に収めていた治則にも向けられつつあった。

この日の九時四十五分、治則は長銀の担当だった営業第九部の部長を訪ねた。その際のやり取りが、長銀側が作成した機密メモに残されている。

治則「今日は、各社の役員退任の挨拶と年末の挨拶にきた」

長銀「役員退任先の会社の一覧表をくれないか」

治則は、その日の午後に長銀側にファックスで一覧表を送信している。そこには十二月二十九日付で、店頭登録していた「イ、アイ、イ」の会長、海運業のシーコムの取締役会長など十四社の役員を辞任したことを表すリストが記載されていた。

治則は、「基本的には、イ・アイ・イーインターの社長とゴルフ場会社の非常勤取締役だけとなった。マスコミに余り騒がれなかったので助かった」と会話を続け、話題は、その日の新聞報道に移っていく。朝日新聞の朝刊は、二信組の預金残高の九割弱は〈生命保険や損害保険会社などの金融機関や、運輸の有力企業などが、高利に引かれて預けた大口預金だった〉と報じ、プロの投資家の大口預金まで救済されることに疑義を呈していた。

長銀「今日、朝日新聞に信組の記事がトップで出ていたが、有力な運輸会社というのはJRか」

治則「記事は見ていないが、JR九州だ。30億円ぐらいもらっている（預かっている）。他には、全電通、自治労、自治労共済などだ」

長銀「政治家絡みはあるのか」

治則「政治家直系の会社への貸付等はない。（グループ会社の）ゼネラルリースからは若干あるが、微々たるもの。この辺は注意していた。とかく政治家絡みはスキャンダルになり易いし、私は意外に慎重なんですよ」

さらに、長銀側は踏み込んだ質問を続けていく。
長銀「私財をなげうってなんていう記事もあったが、自宅なんかはどうするのか」
治則「一時的に引越しをします。不動産屋が休みなのではっきり決まっていないが、来月10日頃には決まる予定。行き先は目処がついている」

一時間十五分に及んだ面談の最後には、こんなやり取りが交わされた。
長銀「長銀は優しい銀行でしょう」
治則「本当に優しいかどうか。むしろ厳しく始めにやってもらっていた方が良かった。僕の判断でやっていればこんなことにはなっていなかったかもしれない。銀行の人は事業というものがわからないし、目に見えないものより目に見えるものの方が安心しますからね」

長銀側は、この治則の言葉に〈高橋の「僕がやっていれば良かった」というのは自分に何も決定権限が無かったという責任転嫁の発言であり、如何様にも利用できる〉と注釈を加えて、千葉務常務らにメモを回している。そこには優しさが入り込む余地などどこにもなかった。

愛人が暮らすタワマンに

年が明け、治則は一月九日に、グループ会社のサザンパシフィック社の社長と連れ立って再び長銀を訪れた。

その場で治則は、懸案だったサザンパシフィック社の経営権を返還するよう長銀側に迫った。サザンパシフィック社は、環太平洋を舞台にしたリゾート会員権ビジネスを展開していた。何とか債権処理の問題で折り合いをつけ、最後の砦を死守しようとしていたのだ。

緊迫した空気が流れるなか、長銀の担当者が「長銀だってだましたりはしませんよ」と窘めると、「いや、だましたことはあった」と治則が激しく噛みつく場面もあった。

話し合いが一区切りし、サザンパシフィック社の社長が退席すると、治則は現状について報告し、すでに自宅から最低限の荷物を持って、仮住まいへ転居したと話した。

「競売しても構わないが、どこかで引き取りたいと思っている。いくらなら売ってくれるのか値段を教えて欲しい」

この時点で、治則は母親が住む世田谷区の実家も、二信組の受け皿として設立される新銀行に担保として差し出していた。実家の所有権は母親が三分の二を持ち、残り六分の一ずつを兄の治之と治則が分けているが、治之と治則の持ち分は、すでに長銀からシーコムへの三十億円の貸付の担保として押さえられていた。

二信組の弁護団からも私財リストの提出を求められていたが、二信組の債務に個人保証をしているうえに、保有資産のほとんどを担保に取られており、治則には、もはやこれ以上差し出すものは残されていなかった。

そして一月十三日、日銀と民間金融機関が出資する新銀行「東京共同銀行」が発足する。二信組の経営責任を問う批判の声が渦巻くなか、視界不良の船出となった。

その四日後だった。死者六千四百人を超える未曾有の被害を生んだ阪神・淡路大震災が発生し、国会は復興対策一色になっていく。さらに三月には、オウム真理教による地下鉄サリン事件や警察庁長官狙撃事件が起こり、日本の危機管理体制が問われる事態が続いたが、その間も二信組の処理問題を巡る批判の声が止むことはなかった。

二信組の監督官庁だった東京都では、共同銀行への三百億円の低利融資を巡って都議会が紛糾。二信組の新経営陣は、治則と安全信組の前理事長、鈴木紳介を背任容疑で東京地検と警視庁に告訴する意向を示し、マスコミは治則と政治家や大蔵官僚との癒着ぶりを挙って取り上げた。

窮地に追い込まれていく治則の当時の様子を愛人の北山裕子が振り返る。

「電話でしきりに『それは、飛ばしじゃない』と話していたことを憶えています。相手は会社の人か、弁護士さんだったのだと思いますが、なぜ理解してくれないのかと苛立っているようにも見えました。長銀は自分の都合で、どんどん融資を実行していき、バブルが崩壊すると、今度は担保にとっていた高橋の物件を手当たり次第に売り始めた。高橋は何度も長銀側から『お売りください』と言われていて、私も『また、お売りくださいなの？』とからかっていたくらいでした。『貸し剝がし』という言葉も頻繁に口にしていました」

治則が言う〝飛ばし〟とは、ペーパーカンパニーなどを使って不良債権を一時的に消してしまう経理操作のことである。二信組は、不良債権処理の手法として、「イ、アイ、イ」グループのゴルフ開発会社などに新たな貸付を行ない、その資金をグループ内の別の会社に回して焦げ付き融資の返済に充てさせる「付け替え融資」を繰り返していた。当時の治則は、それが経営努力の一環であると信じていたのだ。

裕子が続ける。

「その頃、私は中央区のタワーマンションの部屋に住んでいましたが、高橋は以前と変わりない頻度で訪ねて来ていました。近くにサウナとプールがあったので、サウナ好きの高橋も気に入っていました。当初は高橋が家賃を負担するという話で、彼が友人の会社を通じて払ってくれていましたが、いつの間にかそれもストップし、不動産会社から纏めて未払い分を請求されました。母親に肩代わりして貰って、何とか一千万円以上を支払いましたが、当時の高橋は長銀とやり合っている最中で、まったくお金もなかったと思います」

治則を取り巻く状況は日に日に悪化の一途を辿り、治則は、まるで〝極悪人〟であるかのように世間の批判を一身に浴びていく。

小沢や大蔵官僚との関係

裕子が治則と一緒に寿司屋に食事に出掛けた時、店内に評論家の田原総一朗の姿を認めた治則は、すぐに店を出て行った。慌てて裕子が後を追うと、治則は「テレビで俺の批判をしていたから嫌なんだ」と呟いた。

表向きは飄々と振る舞ってきたが、決して葛藤がなかった訳ではない。長銀からの掌返しに遭い、海外で展開してきたビジネスは大幅に縮小を余儀なくされ、散々辛酸も舐めてきた。オーストラリアでの事業の代表を任せていた、「イ・アイ・イーインターナショナル」の幹部は、次第に活躍の場を奪われ、日本に帰国して以降、自らを責めるようになり、失意のなかで突然死した。彼が風呂場で亡くなったとの一報を受けた時、治則は携帯電話を握りしめたまま、茫然自失の状態だったという。

治則は、社員の親が急逝したと聞けば、忙しい合間を縫って葬儀に顔を出し、激務で倒れた幹部がいれば、相手が嫌がっても、いの一番に見舞いに駆け付けた。筋だけは通して生きてきたはずが、あたかも人を欺いて事業の延命を図っていたと見られることに我慢ならなかったのだろう。

「切羽詰まった状況だったと思います。ただ、あの頃の高橋は、人前で唄った替え歌が一度ウケたことがあったらしく、よくその鼻歌を唄っていました。『巨人の星』の主題歌の替え歌で、〝行け行け飛雄馬〟のところを、〝行け行けノリちゃん〟にして、〝どんと行け〟と。彼は、もともと都はるみが大好きな人で、歌はあまり上手くなかったですが、追い詰められた状況を笑いにして、自分の背中を押していたんだと思います」

そして、疑惑の渦中にあった治則は、ついに国会の証人喚問に登場する。九五年三月九日に衆議院、三月二十九日には参議院の予算委員会で行なわれたが、治則と親しいと指摘されてきた中西啓介や山口敏夫のほか、当時新進党の幹事長だった小沢一郎との関係も取り沙汰された。

小沢一郎は治則からの資金提供を「承知していない」と言う（自由党党首時代・文藝春秋写真資料室）

小沢は、九〇年のGWに中西らとオーストラリアに視察旅行に出掛けた際、治則の「イ、アイ、イ」グループのホテルに宿泊していた。治則と小沢は慶応大の同窓だったことから関係を深めており、この証人喚問でも、小沢への献金の有無が注目を集めたが、治則は明確にこれを否定していた。

「イ、アイ、イ」グループの元幹部が明かす。

「九三年に、羽田孜や小沢らが自民党を割って出て、新生党を立ち上げた際、社長が結党資金の一部を出したという話は当初からありました。金額は二十億円とも言われ、時に社長自身も、近しい人にはそのことを認めるような発言をしていたので、実しやかに語られてきたのです」

今回、改めて小沢に取材を申し込んだが、本人は事務所を通じて、「高橋氏とは確かにお会いしたことはある。それ以上のことは何ら承知していない」と回答するのみだった。

さらに証人喚問では、主計局次長だった中島義雄ら大蔵官僚との蜜月ぶりも俎上に載せられた。東京税関長の田谷廣明が主計局主計官だった九〇年に、治則のプライベートジェットで香港旅行に出掛けていた件について、治則は「ご一緒したことがある」とその事実を認めた。田谷はのちに役所を去った後、治則と再びビジネスで結び付くことになるが、取材を申し入れると「もう昔のことで忘れましたし、申し訳ありません」とだけ答え、口を噤《つぐ》んだ。

世間の耳目を集めた治則の証人喚問は、攻め手を欠く質問者にも助けられ、つつがなく終了した。しかし、その舞台裏は緊迫感が漂っていた。

最初の証人喚問当日、治則はいつもの社用車で出向くつもりだった。だが、マスコミの追跡を警戒してハイヤーにするよう周囲から説得され、側近が手配したハイヤーで国会へと向かった。喚問を終えて外に出ると、マスコミの車やバイクが待ち構えていたが、治則と側近を乗せたハイヤーはスピードを上げ、虎ノ門のホテルオークラへと向かった。

それは兄、治之からのアドバイスだった。当時のオークラは出入り口がたくさんあり、先回りして特定される可能性が低かったからだ。治之はこの日、弟のために複数の部屋を押さえており、ホテルで治則らは部屋を転々と移った。そして時間を見計らってホテルの裏口に向かい、そこで側近と別れ、治則だけが待たせていた別の車で走り去った。すべてはマスコミを撒くための知恵だった。

これ以降、治則はマスコミだけでなく、検察当局からの追跡を異常に気にするようになった。会社の駐車場に停めてある車を利用する際には、毎回業者を呼んで、車に位置情報を知らせる発信機などが仕掛けられていないかを探知機を使ってチェックさせていた。さらに治則は追跡だけでなく、電話の通話履歴を辿られることにも慎重だった。

「明日捕まるんだ」

ある日、治則は側近とともに社用車に乗り、青山通りを渋谷方面に向かっていた。明治通りとぶつかる交差点を左に折れ、少し進んだ先で車を降りた。そして、不動産屋が入るビルの二階に上がると、そこから電話を掛け始めた。

「どういうことなんだ！」

治則は怒気を含んだ言葉で、受話器を手にこう責め立てた。電話の相手は、当時大蔵省銀行局の審議官だった長野厖士。長野は中島やのちに事務次官となる武藤敏郎らと同じ昭和四十一年に大蔵省に入省した「花の四十一年組」の一人で、二信組の処理スキームを手掛けたとされていた。

治則は、長野であれば、一連の処理で批判が巻き起こることは想定できたはずだと不信感を募らせ、足のつかない電話から連絡を入れたのだ。それは、一連の日経新聞へのリークや告訴への動きに対し、暗に大蔵官僚へ「お前たちも一蓮托生だ」とする〝警告〟だったのだろう。長野はその後、五月の人事で確実視されていた総務審議官ではなく、日銀政策委員に異動となった。

四月二十八日の未明、オウム事件で特別警戒中だった警察官が、都内で不審車に乗っていた二十五歳の電通勤務の男を職務質問し、車内から大麻を押収、逮捕した。男は衆院議員、中西啓介の長男だった。中西はこの逮捕の責任をとり、のちに議員を辞職したが、長男の電通への就職を世話した治之は、事件直後から後始末に追われることになった。

その渦中の五月十日、ついに東京地検特捜部と警視庁は、治則の関係先に一斉に家宅捜索に入った。事件が大きく動き始めたこの日、朝日新聞の夕刊には治則のインタビューが掲載された。そこには次のような一問一答が掲載されていた。

——融資を私的な目的に充てるのは、目的外使用という見方もできます。

「私個人が借りたのだから、何に使おうが、担保さえいれていればいいじゃないか、という認識だ。百億円借りる人は自分の身の回りの使途に一億円はいるというのが経済常識だ」

この不用意なひと言に、検事上りの治則の弁護士は烈火の如く怒り、その様子を社員も不安な様子で見守った。その動揺を抑えるため、治則は五月二十五日に幹部を集めた会食の席を設けた。この時の出席者の一人が治則の発言を書き取ったメモには、こう記されている。

「私が刑務所に行くことはない。捕まっても、どうせ裸で始めたことだ。ゼロにするか十倍にするか。信じる人は残ればいいし、信じない人は去ればいい。爆弾を長銀、ＭＯＦ（大蔵省）、国会に仕掛けてある。金の流れをリストにして五人に渡してある。もしものことがあれば公表させる。（自民党の）森（喜朗）幹事長も小沢ももちろん、ぶっ飛ぶだろう。政治家五十人、ＭＯＦは百人。私はしぶといですよ。ガサ入れの時、金庫に三億入れておいた」

しかし、実際には〝爆弾〟が炸裂することはなく、金庫の中には数十万円しか残されていなかった。

六月二十六日の夜、治則は、裕子の元を訪れ、マンションの地下駐車場に停めた車の中で言葉を交わした。

「じいちゃん、明日捕まるんだ」

「先に逮捕されることが分かるなんておかしいじゃん。じゃあ何でここにいるの？」

「会いに来た」

素っ気なく答える治則を横目で見ると目には涙が溢れていた。見て見ぬふりをしているうちに、その涙は頬を伝っていた。世間から集中砲火を浴び続けながら、必死に耐えた治則が初めて見せた涙だった。

その夜、治則は裕子と別れた後、荻窪で行なわれていた「イ、アイ、イ」社長の河西和宏の母親のお通夜に顔を出した。

「明日の葬儀には行けそうにないので、お通夜に来ました」

治則は珍しく日本酒を煽り、午後八時から三時間が過ぎても腰を上げようとはしなかった。帰り際には玄関で足がもつれ、危うく転倒しそうになるほどだったが、治則が不安な胸の内を明かすことはなかった。

そして翌日、治則は逮捕された。

十九、「ノリを助けて欲しい」

逮捕された弟の存在は、兄の電通社内での出世にも影響を及ぼしていく。そんな中、全面否認を続ける治則を拘置所から出すべく、治之は山口敏夫と向き合っていた。

「高橋局長、東京地検からお電話で〜す」

電通本社で、国際的なスポーツビジネスを担当するＩＳＬ事業局のフロアに秘書の声が響く。局長室の高橋治之は、苦笑いするしかなかった。

「検察から電話なんて、大きな声で言うんじゃないよ」

その治之の言葉に、事情を知る社員の間からは笑いが零れた。

東京地検特捜部は一九九五年六月二十七日、「イ、アイ、イ」グループの総帥で、東京協和信用組合の元理事長、治則を背任容疑で逮捕した。バブル期に海外のリゾートや不動産を買い漁った〝リゾート王〟の逮捕は、新聞やテレビでも大きく報じられており、電通社内でも、それが高橋局長の実弟であることは周知の話だった。

治之が当時を振り返る。

「あれだけ報道されたら、社内で隠していても仕方がない。私自身も借り入れがあったので、地検から何度も参考人として呼ばれて、事情を聴かれました。ただ、あくまでもターゲットは弟であり、それほど厳しい調べではなかったです」

治之によれば、妻が代表を務める「エイチ・ティー・エンタープライズ」などの名義で、協和信組や治則の影響下にあった安全信用組合、さらに「イ、アイ、イ」グループのノンバンク、ゼネラルリースからの借入総額は、約八十億円にも達していたという。

一サラリーマンが抱える借金としては驚愕の数字である。その内情について治之はこう説明する。

「バブル期に投資目的で、不動産や絵画などを購入していました。電通の仕事と並行して個人でビジネスをやっていることは会社も承知していたことです。『エイチ・ティー・エンタープライズ』の借入については、私が連帯保証しており、自分の責任で借りた。ただ、長期の予定で借りていたものを、いきなりすぐに全部返せと言われてもこちらも対応できません。その後、整理回収機構に回った債権については、私が直接何度も中野にあった整理回収機構まで足を運んで、返済について交渉しました」

二信組の破綻処理には巨額の公的資金が投じられた。その受け皿となった日銀と民間金融機関が出資した東京共同銀行は、整理回収銀行への改組を経て、九九年四月には旧住宅金融専門会社（住専）の処理にあたっていた住宅金融債権管理機構と合併。整理回収機構へと形を変えた。

治之は、会社員として月々で返済に充てられる金額を算出し、返済計画を一覧表に纏めた上で、給与明細を添えて提出したという。

「とにかく誠意を見せ、当時私が持っていたモネなどの絵画や不動産などを売却し、五億円近くのカネを作って返済に充てました。それで綺麗に借金はゼロになった。ただ、その他に一つだけ、全く別のノンバンクから絵画購入のために借りた約七億円の債権は、整理回収機構に回らずに残った。それは先方と交渉したうえで、月々十万円の返済を二十年以上続けました。二二年末、私の事件を知ったノンバンクの担当者は、『あなたは約束した通りずっと払ってくれた。誠意をみましたから、もう結構です』と六億円以上の債権を償却し、〝損切り〟してくれた。それでようやくすべて借金が片付いたのです」

長い年月をかけて、バブルのツケを清算した形だが、治則の逮捕は、治之のその後の電通内での立場に少なからず影響を及ぼしたという。

「当時、電通の社長だった成田（豊）さんは、私に目をかけ、特別可愛がってくれていたので、露骨に人事で嫌がらせを受けるようなことはありませんでした。ただ、のちに成田さんが私を役員に推してくれた時、反対した役員がいた。そのせいで、私は役員になるのが二年は遅れたと思う」

出世のスピードが落ちたとはいえ、電通内でのスポーツ分野における治之の威勢は相変わらず健在だった。治之は、九三年一月から九六年七月まで、電通がアディダスと合弁で設立したＩＳＬの副会長と電通本社のＩＳＬ事業局長を兼務。九六年八月には組織改編でスポーツマーケティング局の主幹となり、九七年一月からはスポーツ関連の新ビジネスなどを発掘するプロジェクト21室の室長とキャリアを重ねていく。

電通に三十億円超の利益

山口敏夫との出会いが治則の運命を左右していく（文藝春秋写真資料室）

治則が逮捕された九五年は、ＩＳＬを取り巻く環境が大きく変化した一年だった。八二年に設立されたＩＳＬは、五輪などのマーケティング事業を独占的に手掛け、スポーツ界を席巻した。だが、会長に君臨していたアディダス創業者の長男、ホルスト・ダスラーが八七年に五十一歳の若さで死去すると、主導権争いによる不協和音が生じ始める。やがてそれはＩＳＬの株式を四九％保有する電通にも波及した。

治之がその経緯を明かす。

「ダスラーの後を引き継いだ側近のクラウス・ヘンペルとユルゲン・レンツは優秀でしたが、彼らが九一年にＩＳＬを去り、その後、ダスラーの妹の夫、クリストファー・マルムスが社長に就任しました。彼は、コンサルティング会社、マッキンゼーの出身で、人とコミュニケーションを取りながらビジネスを進めて行くのではなく、パソコンにかじりついて、隣の部屋にいるスタッフともパソコンでやり取りするようなタイプだった。彼は私とはまったく馬が合わず、株主総会などでもたびたび衝突していました」

マルムスはISLの事業を拡大し、テニスや自動車レースへの進出、さらにブラジルのサッカーチームとのマーケティング契約を提案したが、治之は、利益を生む五輪とサッカーW杯、世界陸上の三つに絞るべきだと主張。両者は真っ向から対立した。治之が続ける。

「ダスラー家側は、五一％の株式を握っていたので、最後は向こうの意見が通ってしまう。マルムスは事業規模を拡大して株式上場で創業者利益を得ることを見据えていたんです。とても一緒にはやれないと思い、電通が保有するISL株の売却を申し出ると、マルムスは大喜びでした」

治之は、電通が日本でISLのマーケティング活動を継続していく〝保険〟として、電通が保有する全株式の売却ではなく、一〇％を残すことを条件に交渉を進めた。そして九五年十一月、両者の間で株式売買契約が成立する。電通には出資金を差し引いても三十億円を優に超える莫大な利益がもたらされた。その一部が、二〇〇二年日韓W杯招致のための〝ロビー活動費〟に充てられていくことになる。電通が片手を離したISLはのちにIOCから独占契約を切られ、迷走していく。

すべては治之の読み通りだった。しかし、手放しで喜んでばかりもいられなかった。その間も六月に逮捕された弟、治則は小菅の東京拘置所に留置されており、全面否認の強硬姿勢を続けている限り、保釈が認められそうもない状況だったのだ。

治之は、治則の代理人を務める検察OBの弁護士とともに、都内のホテルに衆院議員の山口敏夫を呼び、話し合いの機会を持った。

「ノリは、検事から山口先生のことをさかんに聴かれているのですが、何も喋ろうとしない。このまま何も供述しなければ、保釈が認められません。そうなれば『イ・アイ・イーインターナショナル』は潰れ、ノリは再起不能になってしまう。助けてやって欲しい」

「逮捕、勾留されているのに助けてくれと言われても……。どうやって助ければいいんだ？」

山口がそう切り返すと、しばらく沈黙の時間が続いた。

治則は山口を庇って黙秘を貫いていた。二信組からの巨額融資は、山口の実姉や実弟が経営するゴルフ場開発会社などに対して行なわれていたが、検察側はそこに山口の強い要請があったとみて、不逮捕特権で守られている山口の逮捕を視野に捜査を進めていたのだ。

山口と治則とは長年の盟友ではあったが、その関係はバブル崩壊を経て変質し、山口からの資金繰りの依頼を断われない治則を「蛇に睨まれたカエル」と評す者さえいた。外堀はすでに埋められており、あとは治則側からの供述が得られるか否かが捜査の焦点だった。

山口が当時の状況を振り返る。

「検察は、姉弟が経営する会社を〝山口のファミリー企業〟とし、私を不正融資の〝身分なき共犯〟として逮捕しようとしていた。私は治則と談合しているつもりもなかったので、『彼が供述することで保釈になるのなら、私との関係について話してもいいですよ』と治之と弁護士に伝えました。すると、治則は堰《せき》を切ったかのように、検察の言う通りの供述を始めました」

十二月に背任の疑いで逮捕される山口にとっては、その供述内容は〝大きな誤算〟になったが、これで治則の保釈への道が開かれていった。

「じいちゃん、出たから」

特捜部は、治則の逮捕後も捜査を続け、接待問題の大蔵官僚にも注目していた。治則との交際を理由に訓告処分を受けていた元主計局次長の中島義雄には、追い打ちをかける疑惑が次々と浮上。中島は、治則の側近だった経営コンサルタントの窪田邦夫との間で、健康飲料の輸入事業に出資し、利益を得る契約書を交わしていたほか、複数のタニマチから資金提供や低利融資を受け、株式や転換社債などの購入に充てていたのだ。中島は九五年七月末で大蔵省を辞職し、九月にはマスコミの追及を避けるため米国へと旅立った。本人がその経緯を語る。

「大蔵省の計らいで、テネシー州の田舎にあるランバス大学に留学しました。日本の事情を知らない若い学生に混じって過ごしましたが、そこまで追って来たマスコミもいた。窪田との契約書の件は『絶対に迷惑を掛けないから名前だけ貸して欲しい』と言われてサインしただけです。当時の村山富市内閣の蔵相だった武村正義さんは、大蔵官僚をまったく信用しておらず、結果的に退職金も返上させられた。留学していた二年間は将来への不安を抱え、辛い日々でした」

結局、検察当局は中島の一連の疑惑について事件化を見送った。一方、治則の〝大蔵接待〟のキーマンとされた窪田は、スポンサーだった京都の不動産会社社長の手配で匿われ、検察からの追及を逃れていたという。

十一月六日、治則の勾留が続くなか、初公判が開かれた。

治則は起訴事実を大筋で認め、「金融機関と、そこから融資を受ける企業と（双方の）トップを兼ねていたことに問題があった」と反省の弁を述べた。かつて〝借り屋〟を自認していた治則が、〝貸し屋〟となった瞬間から、ボタンの掛け違いは始まっていたのだろう。

そして暮れも押し迫った十二月二十七日。ついに治則の保釈が認められ、治則は半年ぶりに東京拘置所を出た。保釈金は一億五千万円。このうち五千万円は、兄の治之がかき集め、残りは治則の側近らが、「イ、アイ、イ」グループ関連のゴルフ場開発会社などから資金を融通したという。

「じいちゃん、今、出たから」

夕方のテレビのニュースで保釈を知った北山裕子のもとに、治則から電話が入った。

「今日は家族とご飯を食べるけど、明日は一緒にご飯食べるから」

翌日、二人は銀座の行きつけの焼肉店で久し振りに会った。

「どうだった？」

「拘置所のなかでは番号で呼ばれるんだよね。ご飯は美味しかったし、あとバッタがいたんだよ」

治則は嬉しそうにそう話して、勾留生活を経験しても至って健康であることを誇示した。

「田中角栄は、拘置所に入った後、持病の顔面神経痛が酷くなったと言われたけど、じいちゃんは顔面神経痛にもなっていないし、まったく何もないよ」

店は、牛タンが名物の人気店だったが、この日は仕事納めと重なり、いつも以上の賑わいをみせていた。

「俺の保釈がクリスマスプレゼントみたいなものだからさ」

治則がそうおどけてみせると、裕子はすぐに、「そんなプレゼントは要りません」と素っ気なく返し、治則の笑いを誘った。

勾留中は、治則の弁護士から裕子の携帯に何度か連絡があった。

「どうなさっていますか？　何か治則さんに伝言はありませんか？」

「特にないです」

「愛してるとか、ないですか」

「ないです、ないです」

そのやり取りを弁護士から聞かされていたのかもしれない。逮捕前には、「何かあるといけないから」と治則は裕子に二百万円が渡るよう手配していたが、「あのお金、母と北海道旅行に行ったりして、全部使っちゃったよ」と裕子が打ち明けても、治則は笑って聞き流していた。

和やかな雰囲気が一変したのは、近くの席にいた客の一人が、治則を指差し、「あの人って、出て来た人？　あの事件の人だよね」と同席者とコソコソと話しているのが聞こえた時だった。治則は、ばつが悪そうに俯くと、そのまま口を噤んでしまった。

最後に頼った安倍晋三

保釈された治則には、やるべきことが山積していた。汚名を晴らし、「イ、アイ、イ」グループの再起を図るには、まずは今ある資産を確保し、足場を固める必要があった。長銀が資産を切り売りしたことで、カネを生むはずの「イ、アイ、イ」グループのゴルフ場も軒並み治則の手を離れていたが、長銀撤退後に完成したホテル「ハイアット・リージェンシー・グアム」は治則にとって唯一とも言える優良資産だった。

治則はいち早く手を打ち、獄中から米国グアムの裁判所に長銀を相手取った民事訴訟を提起していた。「イ・アイ・イーインターナショナル」のグアムの法人が所有する不動産に長銀から「詐欺的に担保権を設定された」とする内容で、ここから足掛け九年に及ぶ長い法廷闘争が続いていく。

グアムの事業に関わった「イ・アイ・イーインターナショナル」の元幹部が明かす。

「長銀が海外法人に融資する際には日銀の許可を含めた手続きが必要でした。ところが、その手続きに瑕疵があることが分かり、現地の弁護士などの力を借りながら、『担保権は無効だ』といった主張を展開していった」

のちにこの裁判は大きな波紋を呼ぶことになるが、当時の喫緊の課題は当面の資金繰りだった。

「イ・アイ・イーインターナショナル」の元社員が当時を振り返る。

「社長の刑事事件の弁護費用は、着手金だけで五千万円でした。保釈されてからは、少しでも繋ぎ資金を確保しようと必死でした。生活費にも事欠く状態で、経理担当が金庫を開けてくれないので、私も金策に協力させられました。『ちょっと財布を見せて』と言って、中身を確認し、さほど現金が入っていないと分かると、『カードがあるじゃないですか。キャッシングで十万円借りて下さい』と頼んでくるんです。それも一度や二度ではなかったです」

愛人の裕子は、保釈された治則が、得意気に「カードでおカネが借りられるんだよ」と話していたことに違和感を持ったという。

「逮捕前は、それほどクレジットカードを使うこともなかったのに、保釈後には他人名義のカードを持っていたので驚きました。『それって危ないんでしょう』と言っても、気にしていない様子で、どこか病的な感じすらしました。彼の周りには悪知恵を吹き込むような輩が増えていたのだと思いますが、海外からも借金取りが来ていましたし、危ない筋からもおカネを借りて、追い詰められていました。一度、関西の怪しい金融業者と話をしに行くというので同行しましたが、京都駅を降りてすぐに、『危ないから離れて歩いて』と言われ、ただならない感じでした。その頃、高橋の知り合いだという見知らぬ女性から私の携帯に電話が掛かってきて、『あなたがお金を貸してくれるって聞いたんですけど』と言われ、断わると、『なんで？　ケチだなぁ』と詰《なじ》られて唖然としたこともあります」

当時の治則は、まさに〝貧すれば鈍す〟の状態で、日々の資金繰りのなかで、モラルすら見失っていた。そこには、実は純粋であるが故に脆く、世間知らずで、悪に染まりやすい彼の本質が現れていたのだろう。

一部の社員は退職金も支払われないままに会社を去っていき、「イ、アイ、イ」グループの幹部も軒並み事情聴取の対象になった。前出の元社員が述懐する。

「預金や所有不動産も徹底的に調べられていましたが、それでも社長に続く逮捕者は『イ、アイ、イ』グループからは出なかった。バブルの狂乱のなかでも、私腹を肥やそうと思う邪《よこしま》な社員はいなかったし、側近の多くは憎めない社長の人柄に惹かれ、何とか支えて行こうと踏み止まっていました」

治則の妻は、マスコミや債権者からの追及に音を上げ、一時はハワイの知人の元に身を隠した。その後、就職活動期を迎えた大学生の長男は、大手商社に内定していたが、事件の影響もあって土壇場で不採用になった。治則は、当時新進党の党首だった小沢一郎に力を借りようとしたが、やんわりと断わられ、「俺は取り調べで小沢のことを聴かれても黙っておいてやったのに」と珍しく激高し、怒りをぶちまけていたという。

追い詰められた治則が最後に頼ったのは、九三年に初当選し、衆院議員となっていた安倍晋三だった。その安倍の後押しと「イ、アイ、イ」グループにいた日本航空ＯＢらの強力な働き掛けにより、長男は治則の古巣である日本航空に就職が決まった。

苦境に喘いでいたのは、治則だけではない。旧住専とノンバンクの不良債権処理で馬脚を露した長銀は、九七年に端を発した金融危機の波に飲まれ、破綻への道を突き進んで行った。それは、治則が築きあげた企業群への過大な貸付が主要因ではない。不良債権を関連会社などに移す「飛ばし」を再三にわたって繰り返してきた長銀自らが招いた当然の帰結だった。「イ、アイ、イ」グループの元役員は、二信組事件から続いた一連の狂騒にこんな感想を漏らす。

「地検特捜部は、二信組に照準を絞って立件しましたが、本当の伏魔殿は『イ・アイ・イ－インターナショナル』と『ゼネラルリース』だった。三井信託銀行から来たゼネラルリースの社長は、『高橋さんは次から次へと人を連れてきて、この人にカネを貸せと言う。みんな何の担保もないんです。どうしたらいいのか分からない』と頭を抱えていました。元ＩＢＭの窪田などはやりたい放題で、借金は十億円を軽く超えていたはずですし、億単位で借りている人がゴロゴロいました」

ほとんどのケースで貸金の回収ができておらず、踏み倒された状態だった。そのなかには、治之の慶応大の同級生で、有名な音楽プロデューサーまでいたという。元役員が続ける。

「私は二信組事件で参考人として検察の聴取を受けましたが、担当の検事さんは最後に『実は私は福岡地検から応援に来ているんです』と言って名刺をくれました。検察側は応援検事をたくさん集めていましたが、それでも二信組だけで手一杯で、一番デタラメだったゼネラルリースには手をつけられなかったのだと思う」

検察当局と国税当局が「イ・アイ・イーインターナショナル」や「ゼネラルリース」から蜘蛛の巣のように張り巡らされていった資金の流れを追って行けば、また違った闇が浮かびあがっていたかもしれない。

波乱の二十世紀が、終わりを迎えようとしていた。

第7章

暗躍
不信
再起

二十、日韓W杯招致の内幕

地裁で実刑判決を受けた治則だが、サイパンや米国本土で長銀相手に次々民事訴訟を起こしていく。一方の治之は二〇〇二年サッカーW杯招致のため、ある奇策を講じていた。

一九九八年十月二十三日、経営破綻した長銀が民間銀行として戦後初めて国有化され、四十六年の歴史に幕を閉じた。前年の北海道拓殖銀行、山一證券の破綻で表面化した金融危機は底なしの様相を呈し、巨額の公的資金が投じられた長銀の破綻処理に批判の声が渦巻いていた。

その頃、〝長銀を潰した男〟と呼ばれた「イ、アイ、イ」グループの総帥、高橋治則は、汚名を返上し、長銀に一矢報いるための裁判に手応えを感じ始めていた。

それは、治則が東京地検に背任容疑で逮捕され、東京拘置所に勾留されていた九五年八月に米国領のグアムの裁判所に提起した民事訴訟だった。「イ・アイ・イーインターナショナル」の現地法人が、長銀を訴えた米国での裁判であり、当然、手続きも米国の法律に基づいて行なわれていた。

裁判に関わっていた「イ、アイ、イ」グループの元社員が明かす。

「社長も相手方からの証人尋問を受けています。証言録取は、大阪の米国領事館で三日間行なわれました。米国の裁判は日本の領土では証言録取ができないため、治外法権の米国領土である東京の米国大使館などで行なわれますが、この時は、米国大使館のスケジュールが埋まっており、大阪の領事館になったのです」

足掛け九年に及ぶ裁判では、一度だけ治則もグアムに飛び、証人尋問を受けたこともあった。本来、刑事被告人の海外渡航は保釈条件で制限されているが、治則は、長い付き合いだった安倍晋三に調整を依頼し、何とか許可が得られたという。安倍は、治則に残された唯一と言っていい政界人脈だった。

裁判を傍聴した別の元社員が語る。

「裁判長から『あなたは日本で有名な慶応大学の法学部まで出て、こんなことも分からなかったのですか』と聞かれ、社長が『私は授業に出たことがありません』と答弁した時には、思わず吹き出しました。ただ、グアムに行ったことで、その後の裁判対策も含め、一定の成果があったことは確かです」

グアムには、「イ・アイ・イーインターナショナル」の現地法人が所有するホテル「ハイアット・リージェンシー・グアム」があり、訴訟のお陰で、ホテルの収益は長銀からの差し押さえを免れていた。治則はこの時、現地法人が捻出した約十億円を差し迫った債務返済に充て、急場を凌いだ。

訴訟では長銀側の証人として、〝長銀のドン〟と呼ばれた相談役の杉浦敏介が尋問を受けたこともあった。杉浦は気が動転していたのか、「最初から『イ、アイ、イ』を潰してやろうと思っていた」などと口走り、慌てて長銀側の弁護士が証言を撤回させる一幕もあったという。

しかし、本音を覆い隠したところで、もはや手遅れだった。訴訟の過程で、長銀側が提出した証拠書類のなかにその痕跡は残されていた。

九一年二月十八日付の「ＥＩＥ支援の現状と今後の対策（案）」と題する文書には、海外のリゾート事業を担った「イ・アイ・イーインターナショナル」を始めとする「イ、アイ、イ」グループについて、こう記されている。

〈優良会社、優良プロジェクトをＥＩＥインターから切り離し、残ったＥＩＥインターをゴミ溜め化し、凍結していく準備を進める〉

これは、治則が〈私の行動、経営の意思決定は銀行団の指示に従います〉などと書かれた長銀の頭取宛ての誓約書にサインをした二カ月後のことだった。

長銀は「必ず支援します」と再建を後押しする形で「イ・アイ・イーインターナショナル」に乗り込んできたが、最初からそのつもりがなかったことは明白だった。

その後、国有化された旧長銀は、米投資会社、リップルウッド・ホールディングスに破格の十億円で売却された。三年に限り、倒産などで価値が減じた債権の買い取りを国に求められる「瑕疵担保条項」という特約が付けられ、大きな波紋を呼んだ。

三十五万ページに及ぶ資料

九九年十月五日、東京地裁は治則に懲役四年六月の実刑判決を言い渡した。その頃の治則は、事務所を構える余裕もなく、ＢＭＷのコンパクトカーが事務所代わりだった。大事な書類はすべてクルマに積んで、都内を忙しく動き回っていた。

『『イ、アイ、イ』グループはバラバラになったけど、元社員に引き取って貰った会社がいくつかあって、『社長、ウチを事務所代わりに使って下さいよ』と声を掛けて貰っている。でも、給料を払っている訳じゃないから行き辛くてさ。ただ、事務所は欲しいね」

治則は、近しい友人にはそう本音を打ち明けた。友人が気晴らしにクラブに飲みに誘っても、「顔がささないで、キッチンから店に入れるようなところを探してよ」と常に人目を気にしていた。国会証人喚問や一連の事件報道で、好奇の目に晒されてきた治則にとって、実刑判決を受け、落ちぶれた印象を持たれることは、プライドが許さなかったのだ。

治則は地裁判決後、控訴審での逆転無罪に向け、ヤメ検に頼る弁護方針を見直し、民事訴訟でもさらに追撃を開始していった。グアムだけでなく、「イ、アイ、イ」グループが事業展開していたサイパンや米国本土でも次々旧長銀を相手取って訴訟を起こしたのだ。グアムの訴訟で入手した証拠書類は、まだまだ〝宝の山〟が残されていることを暗示していた。

米国の裁判には、〝ディスカバリー〟と呼ばれる特有の証拠開示制度がある。審理に先立ち、両当事者が証拠となるような資料を公表し合うが、強制権があり、自己都合で証拠の提出を拒むことはできない。「イ・アイ・イーインターナショナル」側がこの制度の適用を求めたことで、旧長銀の倉庫から、実に段ボール箱百七十一箱、三十五万ページに及ぶ資料が開示された。本来であれば破棄されるべき文書が、国有化という特殊な状況下で、そのまま残され、放置されていたのだ。治則の放った矢は見事に的中した。

その文書のなかには、「イ・アイ・イーインターナショナル」について、「二、三年後に静かに葬式を出したいと思っていた」という長銀の副頭取の言葉や、「〝ジキル博士とハイド氏〟のごとく二重人格的に行動していただくようお願いしたい」と長銀専務が「イ・アイ・イーインターナショナル」に出向していた行員に対して指示する露骨なやり取りが残されていた。

因縁の両者の運命は、二〇〇〇年六月に明暗を分ける。リップルウッドに買収された旧長銀は六月五日に新生銀行としてスタートを切り、一方の「イ・アイ・イーインターナショナル」は六月十六日、グループ会社のゼネラルリースとともに東京地裁から破産宣告を受け、倒産した。治則が作り上げた「イ、アイ、イ」グループというコングロマリットのなかで、最大の伏魔殿と呼ばれた二社の合計の負債額は約六千九億円だった。

しかし、形は消えても、「イ・アイ・イーインターナショナル」の裁判は、被告が新生銀行に変わる形で、引き継がれていった。重大な瑕疵の萌芽を飲み込んだ新生銀行は、やがて巨額の賠償金のリスクを突き付けられることになる。

「イ、アイ、イ」グループの元役員は当時、「イ・アイ・イーインターナショナル」の内情を具《つぶさ》に調べた破産管財人が、ふと漏らした言葉を聞き逃さなかった。

「本来なら、兄の高橋治之も逮捕されるべき一人だった」

二信組やゼネラルリースから約八十億円を借りていた治之もまた、東京地検特捜部の捜査の切り取り方次第では、責任を問われかねない存在だったということだろう。

九五年以降、治之は弟の事件の後始末に追われる一方、電通社内に有無を言わせぬ実績を見せつ

治之とFIFA会長だったブラッターとの2ショット（高橋治之氏提供）

ける必要があった。役員まであと一歩のところで足踏みが続いていた治之にとって、九六年六月に開催地が決定する二〇〇二年サッカーW杯は、まさにうってつけの大イベントだった。

治之は、かねてからFIFA会長のアベランジェやその側近だった事務総長のブラッターと気脈を通じており、九一年に発足した二〇〇二年W杯日本招致委員会にも当初から深く関わってきたという。治之が振り返る。

「五輪でも、W杯でも、招致活動には〝種銭〟がいるでしょ？　だからサッカー協会の幹部に、『いくらあるの？』と聞いたら、使えるお金はさほどなさそうだった。それならと知恵を絞って、国内から開催したい自治体に手を挙げて貰って、お金を集める方法を提案したんです」

一自治体あたりの拠出金は二億三千五百万円。日本開催が決まった暁には、その中から試合の開催地を決める形で、結果的に横浜市を始め、十五の自治体が手を挙げた。

ブラッターからの電話

二〇〇二年W杯には日本に続き、韓国が立候補を表明していた。勝敗はＦＩＦＡの二十一人の理事による投票で決まり、その過半数を得るために両国によって熾烈なロビー活動が繰り広げられた。理事は各大陸連盟から選出されており、ヨーロッパやアジア、アフリカ、南米、北中米の各理事にいかにアプローチしていくかが課題だった。治之が続ける。

「国際試合のたびに日本開催をW杯関係者にアピールするブースを作ってもてなしたり、サッカー協会のアイデアで日本人形を特別に作ってＦＩＦＡの理事と会う時に贈ったりしました。仮に、理事側から裏金を要求されるようなことがあったとしても断わり、日本側は後々問題になるようなことは一切やらないと決めていました」

だが、当時は現実問題としてＦＩＦＡの理事が投票の見返りを求めることは半ば常識だった。もとより負ける闘いをするつもりはない治之は、舞台裏で奇策を講じていた。それは弟の治則が保釈される約一カ月前、電通が、アディダスと合弁で設立したＩＳＬの保有株式をＩＳＬ側に売却したことと密接に関わっている。

電通はこの時、三十億円を超える利益を手にしたが、日本ではなく、オランダの子会社に振り込ませている。その大半は国際部門の損失の穴埋めに充てられたが、電通は株式売却に先立ち、八百万スイスフラン（約八億円）をＩＳＬに支払う契約を結んでいた。つまり、売却益のうち約八億円をＩＳＬに戻すことを意味していた。そしてＩＳＬは、そのカネをＷ杯招致の日本のロビー活動費として使ったのだ。

当時のＩＳＬの会長、ジャン・マリー・ヴェーバーは、アディダス創業家の故ホルスト・ダスラーの金庫番として知られた人物だった。鞄に札束を詰め、世界を飛び回る彼はＦＩＦＡの理事に顔が利き、しかも口が堅い。ロビー活動という名の買収工作であっても、彼のカネなら安心して理事は受け取る。電通側は、敢えてその使途には立ち入らず、彼にＷ杯招致を託したのである。

開催地決定のタイムリミットまで半年を切り、招致レースが佳境に入った頃、ヴェーバーの動きをいち早く察知したのが、韓国側の招致のキーマン、大韓サッカー協会会長の鄭夢準《チョンモンジュン》だった。韓国を代表する財閥、現代グループを率いる彼はＦＩＦＡの副会長も務める実力者だ。鄭は約六十億円とも言われる資金を投じ、八枠あるヨーロッパ票に影響力を持つ欧州サッカー連盟会長のレナート・ヨハンソンに決死の攻勢を仕掛けていく。

それは、日本にとって〝悪夢の再来〟になりかねない危機だった。

鄭の父で、現代グループ創業者の鄭周永《ジュヨン》は、かつて八八年の夏季五輪大会を名古屋市とソウル市が争った際、名古屋有利の下馬評を資金力にモノを言わせた猛烈なロビー活動で覆し、見事ソウル開催を勝ち取った功労者として知られていた。その五輪総会が開かれた西ドイツの地に因んで〝バーデンバーデンの奇跡〟と言われた逆転劇は、日本のスポーツ外交の失政を象徴する事件として語り継がれていたのだ。

日韓が拮抗したまま招致活動が大詰めを迎えた九六年、六月一日に行なわれる投票の二日前だった。スイスのチューリッヒのホテルにいた治之にブラッターから電話が入った。

ブラッターは、アベランジェが一人でローザンヌに行き、ＩＯＣ（国際オリンピック委員会）会長のサマランチと会ってアドバイスを貰ったと告げた。アベランジェとサマランチは同じラテン系で強い結びつきがあった。

「共同開催になったら日本は受けると思うか？　タカハシ、どう思う？」

ブラッターの質問に、治之は事態が共催案に動いていることを悟った。韓国が終盤で激しい攻勢に出ていたことは肌身で感じており、日本の敗北もあり得る状況だったことから、治之は、ひと呼吸入れてこう答えた。

「受けると思う」

そしてブラッターは、日本サッカー協会の会長だった長沼健に連絡を入れ、一気に日韓共催への流れが固まっていったのだ。

五月三十一日、二〇〇二年のサッカーＷ杯は日本と韓国による共同開催が決定した。大会の枠組みを決める共催検討委員会で、正式名称を「コリア・ジャパン」とし、開幕戦は韓国、決勝戦は日本で行なうことで合意をみたが、そこにも治之の働き掛けがあった。当時、共催検討委員会のテクニカル・アドバイザーだった米国サッカー連盟の会長、アラン・ローゼンバーグに、名より実をとる根回しを行なっていたのだ。治之とローゼンバーグは、米国のプロサッカーリーグ「メジャーリーグサッカー」（ＭＬＳ）の創設で手を組み、盟友と言っていい関係だった。

すべては、治之の思惑通りに進んだ。刑事被告人となった治則とは、まるで異世界を生きているような目覚ましい活躍ぶりだった。

ＦＩＦＡに恩を売って

当時、ＩＯＣは五輪のマーケティングに関し、ＩＳＬとの独占契約を解消し、独自のマーケティング会社「メリディアン」を設立したが、治之はここにも上手くコミットしていく。

治之がその経緯を明かす。

「米国で設立された会社で、電通も資本参加し、資本金の約半分にあたる五千万円ほどを拠出したんです。五輪ビジネスの権利を半分でも掌握できれば、電通にとってはプラスになる話なので、私が推進しました。ところが、数年後に私が別のセクションに移ると、スポーツビジネスを理解しない一部の電通幹部が、出資分を引き上げてしまった。ＩＯＣは米国に会社を置いたままでは、いろいろと不都合があるので、拠点をスイスに移そうとしていた。その過程で電通の出資を外さないとマズいと考え、買い戻しを打診してきた。そんな思惑も知らず、『高橋が無駄な投資をした分が戻って来た』と喜んでいた人がいたと聞き、呆れるしかなかった」

まさに好事魔多しで、治之の敵は電通内にもいたが、それでも当時の社長、成田豊の治之に対する評価は揺るがなかった。

スポーツマーケティングの世界で、スポンサー料や放映権料の高騰は、ＩＯＣやＦＩＦＡに莫大な利益をもたらしたが、一方でリスクも桁違いに高まった。スポーツ界を席巻したＩＳＬは、電通が出資比率を引き下げて以降、迷走を続け、放漫経営の果てに〇一年五月に倒産した。ＩＳＬと代理店契約を継続していたＦＩＦＡも、もろに影響を受け、一時は倒産危機に直面していた。予定していた入金が途絶えたため、融資の返済が出来ず、スイス銀行の管理下に置かれる状態にまで追い詰められていたのである。

アベランジェに替わって会長に就任していたブラッターは、すぐに治之に泣きついた。すると、治之は電通が、ＩＳＬからＦＩＦＡへの六千六百万スイスフランを銀行保証する段取りを整え、ＦＩＦＡの窮地を救った。ＩＳＬが倒産する約五カ月前のことだ。治之は緊急役員会の招集を成田に依頼し、電話で会議に参加。「これはＦＩＦＡに恩を売るチャンスなんです」と捻じ込み、五十億円を超える決済を認めさせた。この時のＦＩＦＡへの恩は、のちの東京五輪招致で治之を助けることになる。

ＩＳＬ倒産の責任を問うスイスでの刑事裁判では、日本のロビー活動を託したヴェーバーが被告となり、札束が飛び交うＷ杯招致の実態も追及された。治之も来日した判事から通訳同席のもと、証人尋問を受けているが、「彼は私欲で仕事をやる人間ではない」と徹底してヴェーバーを庇ったという。最後まで秘密を口にしなかったヴェーバーは、罰金刑で事なきを得た。

スポーツ界における治之の絶大な影響力は、二〇〇二年Ｗ杯後もなお、続いていく。

治之は二〇〇〇年にフード事業の「タコフーズ」を設立。これがのちのコンサル会社「コモンズ」となる。社名の〝タコ〟とは治之の幼少期からの〝愛称〟である。そして、日本の焼きそばを始め、パスタやベトナムのフォーなど世界の麺類が楽しめる「ヌードルス」という店を麻布十番にオープンした。W杯という四年に一度の祭典を前に、抑えていた事業欲が沸々と湧き上がっていた。

治則とともにバブルの清算に追われてきた治之に、二度目のバブルが訪れていた。

二十一、箸の持ち方への違和感

事業での再起と旧長銀との裁判対策にのめり込む弟。そんな中、筆者は治則と料亭で会食する機会を得た。口元は笑っていたものの、眼光は鋭く、独特の威圧感があった。

二〇〇一年九月十一日の夜、ハイジャックされた航空機二機がニューヨークの世界貿易センタービルに相次いで激突。ビルが白煙を上げながら崩れ落ちていく様子がテレビ画面に映し出されていた。

「終わったな……」

高橋治則は、年下の友人とともにその映像を見ながら、こう呟いた。米国でビジネスをしていた友人は、治則に資金援助をしてくれるスポンサーと言っていい存在だった。同時多発テロの影響で、世界的に株価が暴落し、友人の資産も大きく目減りすることは目に見えていた。

二人は、日本がバブル経済に突入する前の一九八〇年代前半に知り合っている。帝国ホテルで行なわれたクリスマスパーティーで、会場とエレベーターを頻繁に行き来する治則に、その男性が声を掛けたことがきっかけだった。

「何をやっているんですか?」

「ちょっと人を待たせているんです」

事情を聞くと、各階のエレベーターに近い部屋を押さえ、それぞれの部屋に女性を待たせているという。つかみどころのない不思議な雰囲気と何食わぬ顔でパーティー会場とエレベーターを往復する姿は、颯爽ともしていて、どこか微笑ましくもあった。そこから二人は親しく話をするようになり、時々食事をする仲になった。バブル期には、治則の誘いでプライベートジェットに乗せて貰い、海外にも同行したが、仕事で交わることはなく、つかず離れずの関係が続いていた。深く付き合うようになったのは、治則が二信組事件で逮捕され、保釈された後のことである。

「資金繰りが大変なんだ。ちょっと助けて貰えないかな」

しばらく音信が途絶えていた治則からの連絡だった。事件のことはニュースで知っていたが、敢えて連絡は取っていなかった。本人から直々に頼まれると、放ってはおけず、「できる範囲で協力はします」と資金を提供し、借金の保証人にもなった。しかし、同時多発テロの余波で、資金の捻出もままならなくなった。

「俺も同じだから。一緒に仕事やろうよ」

治則は、そう言って彼を仕事仲間に引き込んだ。治則は、バラバラになった「イ、アイ、イ」グループの復活を期し、まずは拠点作りから始め、長年高橋家に仕えていた秘書の女性が社長を務める人材派遣会社を借主にして赤坂ツインタワーに事務所を構えた。溜池交差点から近い森トラストが運営する高層タワーオフィスだった。保証金は友人が用意し、家賃は三者が均等に負担する約束で、それぞれ個室も設えた。その頃の治則は、将来の構想をこう口にしていたという。

「昔は間接金融で、銀行が潤沢にカネを貸してくれたからリゾート事業が出来たけど、今後は直接金融で資本市場からカネを集めて、小型のホテルをやろうと思う。そのためには上場会社が欲しい。グループには証券会社も必要だし、行く行くは銀行も作りたい。まずは信託銀行がいいかな。日本では難しいからアジアのどこかの銀行を買収しようか」

「男芸者のノリちゃん」

治則は、事業での再起と並行し、憑かれたかのように裁判対策にのめり込む日々を過ごしていた。九九年十月に一審で懲役四年六月の実刑判決を受け、控訴審からは静岡県の弁護士、小長井良浩が弁護団に加わった。

小長井は八三年に当時の新自由クラブから衆院選に出馬した経験があり、党の幹事長だった元衆院議員の山口敏夫とは知り合いだった。治則は、山口を介して小長井を知り、弁護を依頼した。プロローグでも触れたが、小長井は、不動産会社「桃源社」社長の佐佐木吉之助の控訴審で、融資元の日本興業銀行の元頭取、黒澤洋を証人として法廷に呼び、貸し手側の責任を追及。一審判決をひっくり返し、執行猶予判決を勝ち取った手腕の持ち主だった。

小長井が、静岡市内にある事務所で、当時を述懐する。

「弁護をお引き受けする時に、『ご夫婦揃って頼みに来てください』と私の方針をお話ししました。こちらも真剣に取り組む以上、高橋さんの覚悟を確認しておきたかったのです。奥さんにも静岡でお会いしましたし、高橋さんと一緒に電通本社に行って、お兄さんにもご挨拶しました」

裁判の打ち合わせは、主に小長井の静岡市内の事務所で行なわれた。治則は一人で訪れることが多かった。都内で仕事が終わると、新幹線に飛び乗り、そこから時間ギリギリまで打ち合わせをして、静岡駅から東京方面に向かう夜十時半のひかり号の最終電車に滑り込む。静岡通いの頻度は次第に増して、一時はほぼ毎日だった。時には静岡市内の常宿だったワシントンホテルプラザに泊まり、小長井らと食事をともにすることもあったという。

「資料がウチの事務所にしかないので、宿泊した翌日も打ち合わせをして帰京するという感じでした。高橋さんを送り出し、事務所の職員が片付けをして帰るのはいつも夜十一時ですから、こちらも大変だった。高橋さんは、一審の弁護士について、『高い報酬を払ったけど、休みが多かった』と不満気でした。私たちは元日だけは休みを貫いましたが、正月二日から仕事を始めました。本人は、『本当は元日もやりたいんだ』と大晦日も最終便で帰って行きました」

刑事被告人であるため、米国本土への渡航が難しい治則に代わり、小長井の事務所の職員が現地に出向き、「イ、アイ、イ」グループが所有していた不動産を見て回った。バブル崩壊後、長銀が「イ、アイ、イ」グループの米国の優良物件を次々と底値で売却していった経緯について調査を進めたのだ。

「高橋さんは、バブル崩壊の責任を背負わされ、スケープゴートにされたという被害者意識が非常に強かった。世間は彼を育ちが良くて、慶応ボーイで、バブルに踊ったというイメージだけで捉えていたかもしれませんが、人柄もいいし、スケールの大きな人でした。彼は金集めの名手で、どこからともなく資金を調達してきて、資金繰りに詰まっている印象もなかったです」

小長井はそう語るが、当時の治則の懐事情は決して楽ではなかった。

オフィスをシェアしていた友人のデスクには、所用で自室を離れている間に、たびたび治則のメモ書きが置かれていた。

「ちょっとお借りします」

その都度、財布から数万円を拝借していくのだが、それはまだかわいい方で、高利のカネ貸しから返済の催促があると、保証人だった友人にも同席を求め、時には暴力団関係者への借金の申し入れにも付き合わせた。

治則は追い詰められた局面でも涼しい顔で、「男芸者のノリちゃん」を自称した。資金繰りのためなら土下座も厭わなかったが、その一方で、彼特有の大風呂敷なのか、こう嘯くこともあったという。

「バブルの時はいくらでもカネがあったから、政治家や官僚などに総額で千六百億円は使った。そのうち自民党の清和会には六百億円だ。もちろん政治献金がほとんどだから返っては来ないけど、なかには貸付もあるんだ。ただ、自分が貧乏な時に請求するとカッコ悪いでしょ？　だから良くなったら請求するんだ」

生活費にすら事欠く日々でも、金銭感覚は相変わらずバブル時代を引き摺ったままで、気安く空手形を切って、あとで辻褄が合わなくなることもあった。治則の元ビジネスパートナーの一人が明かす。

「高橋さんのガールフレンドのなかに健康器具などを扱うネットワークビジネスの会社を経営して

いた女性がいて、彼女も交えて三人で焼肉を食べに行った時でした。途中から二人が揉め始めて、いきなり彼女が高橋さんの顔を平手打ちし、『私の人生返してよ』と言いながら、勢いよくグラスの水を浴びせかけていた。何かを買ってあげる約束をしていたようでしたが、あの人は男にも女にも優しいから、何とかなるだろうと安請け合いしてしまうんです」

折角借りた赤坂ツインタワーの事務所も、友人から預かった家賃を治則が他の支払いに回し、滞納していたため、一年足らずで追い出された。

資金繰りに窮し、綱渡りの状態が続いていたとはいえ、当時の治則は倫理観が麻痺し、明らかに常軌を逸していた。

しかし、治則もただ手を拱いていただけではなかった。彼は豊富な金融知識を駆使し、株式市場で密かに復活を遂げようとしていた。「スターホールディング」という投資顧問会社を起点に、「イ、アイ、イ」グループの元側近らを集結させて企業買収や株取引を行ない、兜町では〝仕手筋〟としてその名前が囁かれていたのだ。

その頃、旧長銀を相手取った民事訴訟では、長銀が「イ、アイ、イ」グループを欺きながら優良資産を売却していったことを示す新証拠が発見され、刑事裁判にも追い風が吹こうとしていた。

治則から呼び出されて

〇三年の春先、当時、「週刊ポスト」の記者だった私は治則と紀尾井町の料亭で会っている。彼のビジネスパートナーに頼んで、酒席に同席させて貰ったのだ。この日は四人で会食の予定だった。当日、治則は仕事で遅れるとのことで、先に三人で食事を始めていると、しばらくして本人が姿を現した。

スーツ姿の治則は、「どうも」と言いながら入ってくると、ビジネスパートナーの横に腰を下ろし、こちらには目もくれず、彼とくぐもった低い声で話し始めた。会話が一段落したところで、紹介して貰い、私は名刺を差し出した。

「僕は料理はいいから、天丼か何か」

店の仲居にそう声を掛けると、治則は名刺をまじまじと見つめながら、唐突にこんな話を始めた。

「昨日だったかな。新聞記者がいきなり電話してきてね。銀座の〇〇〇（実在の店名）というクラブで、エイズでホステスが亡くなったって言う。その記者は『亡くなったホステスの手帳や名刺の束の中から、高橋さんの名前が出てきたそうです。その女性をご存じですか？』と聞いてきた。そんなの知る訳がないし、マスコミって、本当に失礼だよね」

口元は笑っていたが、眼光は鋭いままだった。そこにはこちらを値踏みするかのような、猜疑心に満ちた独特の威圧感があった。

その場では裁判についての詳しい話は出なかったが、ビジネスを再開し、かつて所有していた不動産を買い戻していきたいという意欲は口にしていた。和やかな雰囲気で会話を交わしながら、彼は運ばれて来た天丼をかき込んでいた。

その様子を見ながら、彼の箸の持ち方に違和感を覚えた。箸の真ん中あたりを握るように持つ変わった持ち方だった。箸を上手に持てない子供がやる〝握り箸〟のようにも見えた。そこに、由緒ある家柄の出身で、育ちの良さが強調されてきたイメージとのギャップを感じたのだ。一兆円を動かし、〝バブルの帝王〟と呼ばれた表の顔とは違う屈折した何かを垣間見たような気分だった。

その日、治則は「次の用事がある」と先に店を出たが、後日改めて、紹介者を通じて連絡があった。呼び出されたのは、まだ退去する前の赤坂ツインタワーの事務所だった。絶好の立地で、家賃も高そうな部屋だった。

約束の時間になり、一人で現れた治則に「いい事務所ですね」と話し掛け、少し雑談をするなかで、気になっていたことを尋ねてみた。

「そう言えば、株の世界で高橋さんの名前がしきりに囁かれていますね」

〝高橋銘柄〟とされる特定の銘柄の名前を挙げ、さらに話題を向けてみたが、治則は口元に笑いを浮かべながら、すぐにこう切り返してきた。

「株なんかやってないですよ」

そして、そんな話はどうでもいいと言わんばかりに刑事事件の裁判資料を取り出した。〇三年三月二十五日付で提出する五十三ページに及ぶ「弁論要旨」のコピーだった。そこには旧長銀との民事訴訟で入手した新証拠の存在とともに、事件の発端は、〈誰もがまさかと思う長銀の組織あげての詐欺の計画的犯行であり、被告人はまさしく犯罪被害者であった〉とする内容が記されていた。

資料を手に熱弁を振るう治則からは裁判への並々ならぬ執着が窺えた。その熱に押されるように、私も自分なりに取材を始め、当時所属していたポスト編集部や他媒体の知人に記事化を働きかけたが、裁判が継続中だったこともあり、取り上げて貰えるところは見つけられなかった。治則にとって二十歳以上も年下の記者は、頼りない存在にしか見えなかったに違いない。それ以降、治則とのやり取りも途絶えた。

〇三年六月二十七日、治則は東京高裁で、懲役三年六月の実刑判決を受けた。傍聴席から見る彼は目を閉じて静かに判決に聞き入っていた。一審からは一年減刑されたが、執行猶予もつかなかったことから、直ちに上告の手続きがとられた。

治則は、高裁判決の少し前、新たな事務所を東京・赤坂の青山通り沿いに建つ「草月会館」に開設した。眼下に赤坂御用地を見下ろす七階に拠点を構え、元側近らを呼び寄せて次々と会社を設立した。そのうちに別のフロアも借り、〝草月グループ〟と呼ばれる企業群が形成されつつあった。

グループ企業の証券会社「ユニオンセィビング証券」（のちのＵＳＳ証券）の社長には長銀の元新宿中央支店長、原惇一が就任した。原はかつて長銀東京支店の営業第四部長として、「イ、アイ、イ」グループを担当。さらに、治則を師と仰いで不動産を買い漁った歌手の千昌夫の会社に、無尽蔵に融資をつけた当事者だった。千もまたバブル崩壊で事業に行き詰まり、一時は、「俺は千昌夫だけど、借金は二千億なんです。二千億で真っ青だ」と自嘲し、周囲の笑いを誘ったが、〇〇年二月に千三十四億円の負債を抱え、会社は倒産した。

元新宿中央支店長の原は、絶頂期には長銀内で一目置かれる存在だった。しかし、その後は〝バブルの戦犯〟として行内で白眼視され、居場所を失った末に長銀総研コンサルティングなどを経て、治則に拾われたのだ。ＵＳＳ証券にはその後、プライベートジェットで治則と香港に旅行し、大蔵省を追われた田谷廣明も経営陣に加わった。田谷は東大時代に司法試験をパスしたエリート官僚だったが、退官後は弁護士ではなく、バブルの余韻を引き摺ったままコンサルタント業に活路を求めた。

スイス新会社の会長に

清濁併せ呑みながら復活を模索する治則の事務所には、彼の家族も姿を見せるようになっていた。妻だけではなく、彼女の影響でフラワーアレンジの仕事を始めた長女も、定期的に花を飾りに訪れていたという。

草月グループの元側近が明かす。

「ただ、資金難は相変わらずで、スターホールディングの小切手を使って資金繰りをするのですが、毎日のように小切手が回ってくる状態でした。高橋さんも『裁判に影響するので不渡りを出す訳にはいかない』と必死でした」

治則は、グループ内の証券会社を使いながら、業績不振で資金繰りに喘ぐ上場企業に増資スキームを持ち掛け、裏方から資金調達のアレンジを手掛けた。投資家から集めたファンド資金で、増資株を引き受け、自らは一切表に出ることなく、事実上、上場企業を支配下に置いた。治則流の錬金術だったが、実際には増資で集めたカネを小切手の支払いに回すなどして使い込み、常に自転車操業の状態だった。

治之が電通新社屋にオープンしたレストラン「ソラシオ汐留」
（現在は閉店・同店のフェイスブックより）

その頃、電通で常務執行役員に就任していた兄、治之もたびたび草月会館に顔を出した。治之は、治則の借金の保証人を引き受け、治則の仕事仲間の前でこう揶揄《からか》っていたという。

「俺はね、コイツのお陰で電通の社長になれないんだ。コイツがいなかったら、今ごろ俺は電通の社長だよ」

治則も負けてはいなかった。

「何言ってんだ。俺のカネで常務まで行ったんじゃねぇか。お前なんかそれがなけりゃあ部長止まりだよ」

二人は、憎まれ口を叩き合う仲の良い兄弟そのものだった。治之は完全に息を吹き返し、治則にとって手の焼ける兄ではなくなっていた。治之は、〇一年に東証一部に上場し、翌年築地から汐留の新社屋へと本社を移転した電通とともに、二度目のバブルを謳歌していたのである。

東京湾を一望できる新社屋の四十六階には、治之が経営するスカイレストラン「ソラシオ汐留」がオープンした。約百十坪の広さを誇り、羽田空港からのアクセスもいい、申し分ない物件だった。当初は別のテナントが内定していたが、ドタキャンに遭い、電通の移転業務の責任者が飲食店経営の経験があった治之に泣きつき、好条件で声が掛かったのだ。

さらに、〇二年のサッカー日韓W杯の成功で勢い付く治之は〇三年三月、電通がフランスの大手広告グループと共同出資でスイス・チューリッヒに設立した新会社「ｉＳｅ」の会長に就任した。

そんな治之の飛躍を尻目に、地獄を見ていた治則にも敗者復活戦に向けた光明がようやく差し始めていた。

二十二、トランプとの面談

最高裁での逆転無罪に望みを託す治則は、草月会館七階の事務所を拠点に復活を期していた。二〇〇五年六月にはあの〝米国の不動産王〟と面談し、意気投合もしたのだが……。

その奇妙な謝罪文が、朝日新聞と読売新聞に掲載されたのは、二〇〇三年八月二十一日のことだった。

米国大手のシャーマン・アンド・スターリング法律事務所のパートナー代表弁護士が、破綻した「イ・アイ・イーインターナショナル」の清算人弁護士、松尾翼に宛てたもので、翻訳調の難解な言い回しが多用されているため、一読しただけでは意味が掴み辛いが、肝となるのは次の文章だった。

〈シャーマン・アンド・スターリングは深く反省している。シャーマン・アンド・スターリングは利益相反は放棄されたと信じた一方で、自らの行為がイ・アイ・イ　インターナショナルに対する実質上利益相反の外観を呈したことを深く後悔している〉

バブル崩壊後、高橋治則率いる「イ・アイ・イーインターナショナル」を管理下に置いたメインバンクの旧長銀は、多数の行員を出向させ、リストラに着手した。ここに登場するシャーマン・アンド・スターリング法律事務所は、「イ・アイ・イーインターナショナル」と委託契約を結んでいたが、その過程で旧長銀の出向者らの命に従い、治則側に不利益となる海外資産の売却などを推進した。先の文章は、それが弁護士にとってのタブーである利益相反行為にあたると暗に認めたことを示している。

この謝罪文は、「イ・アイ・イーインターナショナル」が米カリフォルニア州で提起した民事訴訟の和解条件の一つとして出されたものだが、敗者復活を期す治則には大きな追い風となった。シャーマン・アンド・スターリング側が旧長銀との共謀を認めたことで、旧長銀の後身である新生銀行に損害賠償請求の訴訟を起こす素地が整ったのだ。それは、小長井と並び、治則が全幅の信頼を置いていた国際弁護士の松尾の経験と機転、そして粘り強い交渉の賜物だった。

新生銀行は、一時国有化された旧長銀をリップルウッド・ホールディングスを中心とする投資ファンドが買収し、〇〇年六月に誕生した。公的資金の投入が批判を呼ぶなか、旧長銀の融資先が破綻した場合などに国（預金保険機構）が債権を簿価で買い戻す「瑕疵担保特約」を使い、不良債権の処理を加速させ、念願の再上場まであと一歩のところまで漕ぎ着けていた。「イ・アイ・イーインターナショナル」との訴訟は、上場後の新生銀行にとってアキレス腱となる可能性を孕んでいた。

〇四年に入ると、訴訟に向けた動きに拍車が掛かっていく。一月二十九日、「イ・アイ・イーインターナショナル」の破産管財人は債権者説明会で、最初に海外進出を果たしたサイパンで損害賠償請求訴訟を起こす方針を表明。賠償額は未定だったが、米国法は不法行為を罰する目的で「懲罰的損害賠償」を認めており、一兆円を超える可能性もあった。一方、会期中だった国会でも民主党議員が、「旧長銀の不法行為の損害を預金保険機構が国民の税金を使って補償することは許されない」などと再三にわたって政府の責任を追及した。新生銀行は二月十九日に東証一部に再上場を果たしたが、その後は「イ・アイ・イーインターナショナル」との訴訟について東京地裁に整理回収機構を仲介とした和解交渉を申し入れ、四月から協議が続けられた。

紛糾した和解協議が決着をみたのは五月二十四日。注目を集めた賠償額はわずか二百十八億円だった。

和解協議に関わった治則の元代理人弁護士、小長井良浩が振り返る。

「和解は高橋さんの英断があったからこそ実現したものです。高橋さんは多大な実害を被っていたので、私はもっと大きな金額をとってもいいと思っていました。何度も高橋さんに『この金額でいいんですか』と確認しましたが、彼は、『いいんだ』と。その代わりに高橋さんの最高裁への上告審で、整理回収機構などから高橋さんに有利な書面を出して貰う約束が得られたのです」

二審で懲役三年六月の実刑判決を受けた治則は、最高裁での逆転無罪に望みを繋いだ。そして同時に、巨額賠償で新生銀行が危機に陥り、再び国民の税金が投入されかねない状況をよしとはしなかったのだ。二百十八億円は、破産管財人から債権者の配当に充てられることとなり、治則の手に渡ることはなかった。

グアムのホテルを再び

その和解から約一週間後。治則は、「イ・アイ・イーインターナショナル」の元役員を赤坂の草月会館七階にある事務所に呼んだ。彼は、治則からの何年か振りの呼び出しに戸惑いながら、赤坂御用地を見下ろす家賃の高そうな部屋を訪ねた。

「よく来てくれました」

治則は笑顔で元役員を迎え入れた。元役員の脳裏には、最後に治則と会った日の記憶が蘇っていた。赤坂・豊川稲荷東京別院近くの雑居ビルに間借りしていた治則は、生活費にも困るほどの金欠状態で、失意のどん底にあった。それでも「大丈夫ですから」と繰り返す治則に、元役員は「全然大丈夫じゃないでしょう。高橋さん、あなた〝大丈夫教〟を作って教祖にでもなった方がいいですよ。昔のあなたに『大丈夫です』と言われたら、本当に大丈夫な気がしたけど、今はこのビルを一歩出た瞬間に私は大丈夫だと思えなくなります」と本音をブチまけた。その時の治則の引きつった笑顔が浮かんだのだ。

治則は電話で、「イ・アイ・イーインターナショナル」の管財人に連絡を入れた後、元役員に向き直り、用件をこう切り出した。

「実は、グアムのハイアットを取り戻してきて貰いたいんですよ」

それは、「イ・アイ・イーインターナショナル」の残党たちが、旧長銀との法廷闘争の末に辛うじて死守したホテル「ハイアット・リージェンシー・グアム」のことだった。このホテルは、地権者である地元住民と粘り強く交渉するところから始め、借地契約をとり、開発にも時間を要して九三年十月にオープンした。かつては治則に残された唯一の優良物件とされたが、この時点で治則には一切の権利はなく、これまで本書の中で繰り返し登場した、「イ・アイ・イーインターナショナル」で海外部門を担当した山崎正人らが経営権を握っていた。

元役員は唐突な依頼に驚きながらも、再び治則の磁力に吸い寄せられるように混乱の渦に自ら身を投じていく。彼は治則に言われるままに管財人と面談すると、ホテルの権利の状況を調べるために香港へと飛んだ。すでに権利の争奪戦が始まっており、誰もが疑心暗鬼に陥って口を噤《つぐ》むなか、ようやく見つけたキーマンは、「誰にも悟られないように来てくれ」と中心街の外れにある寂れた中華料理店を面談場所に指定。そこで接触を図り、株主構成を含めた内情を具《つぶさ》に聞き取ったという。

山崎らは複雑な権利関係を整理するため、約三十三億円を独自に調達し、経営権を手に入れていた。彼らには現地の弁護士に支払う巨額の弁護報酬やその他の経費の負担も重くのしかかっていた。だが、ホテルの資産価値は、六十億円とも言われるほどに膨れ上がっており、治則にとっては、まさに〝宝の山〟だった。

帰国した元役員が治則に報告すると、「事情は分かりましたが、何億か報酬を出せば、彼らも私に権利を返すと思いますよ」と言うので、山崎を帝国ホテルに呼び出した。元役員は、山崎の了解をとって録音をしながら、会話を始めた。早速、治則の意思を伝えたところ、山崎はきっぱりとこう答えた。

「高橋さんに返すつもりはないです」

それは山崎だけでなく、現地の弁護士も同じ考えだった。治則には返還しないことを条件に周囲の協力を得てきた。一旦、治則に渡してしまえば、またかつてのように担保を設定して借金を重ね、取り返しのつかないことになってしまうからだ。ただし、治則ではなく、元役員になら渡してもいいという。

そこで元役員は、自ら五億円を調達してホテルの株式を取得、〇四年八月にオーナーに就任した。いずれは治則に返還することになるにしろ、これで一旦、権利の争奪戦は終息した。

「山崎に裏切られた」

治則は草月会館にいる側近らにそう吹聴し、バブル時代には右腕的存在だった山崎との絶縁を宣言した。ただ、実際には、元役員が株式を取得する交渉の過程で、治則は山崎とも一対一で会って話をしている。面談の場に現れた治則は、決して目を見ようとはせず、「山崎ちゃんは、いいんだよ」と繰り返した。

山崎がその時の様子を振り返る。

「私と社長との間では、紳士協定で、グアムのホテルだけは死守し、最後はこういう形で清算するというところまで決めてありました。『説明しましたよね?』と尋ねましたが、『分かってる、分かってる。じゃあ、後はよろしく』と言い残して、バツが悪そうにその場を立ち去りました。それが社長の本心だと思う。社長が『あいつを潰してやる』と話していたとも聞きましたが、そうとでも言わないと周囲が納得しなかったのでしょう」

脳に大きな腫瘍が

治則の草月会館の事務所には、彼の復活に期待して、再び参集した旧「イ、アイ、イ」グループの元側近や株関係の仕事仲間が出入りするようになっていた。

新手の仕手筋として知られていた治則は、東証二部上場の「ユニオンホールディングス」やジャスダック上場の「オメガプロジェクト・ホールディングス」を支配下に収め、決して表に出ない形で草月グループをコントロールしていた。その人脈は、のちに東証マザーズ上場の「オー・エイチ・ティー」の相場操縦事件で海外逃亡の末に逮捕された元弁護士、椿康雄や、〇一年の歌舞伎町ビル火災事件で四十四人の死者を出した風俗ビルの実質的オーナー、瀬川重雄など、魑魅魍魎を飲み込み、到底一枚岩と言える状況ではなかった。

治則と同じく二信組の乱脈融資事件で刑事被告人となった山口敏夫もまた、裁判対策と称して定期的に草月会館に姿をみせた。治則は当初、事件の公判で山口に懇願されて融資したと山口との共謀を主張していたが、途中から一転してそれを否認。治則の証言で窮地に陥った山口側に配慮し、共闘する形に方向転換していた。山口は逮捕直前、拳銃自殺を仄《ほの》めかしたり、検察内部の女性醜聞を暴露し、検事を辞任に追い込んでもいた。二信組事件とは直接関係のない札幌高検検事長だったとはいえ、東京地検の特捜部長も経験した大物の辞任は衝撃だった。何をしでかすか分からない山口は、治則にとって相変わらず逆らえない相手だった。

草月グループの元幹部が明かす。

「一時は、山口の出入りを嫌い、事務所のあるフロアに暗号付きの鍵を設置していましたが、山口はすぐに誰かから暗号を聞き出し、以前にも増して事務所に顔を出すようになった。ユニオンホールディングスとオメガプロジェクト・ホールディングスの社長だった横濱豊行は、損保会社出身で、高橋が金銭的に一番苦しい時に六千万円を貸して恩を売った人物ですが、経営センスはまったくなかった。それどころか、高橋の日本航空時代からの盟友だった河西宏和ら『イ、アイ、イ』グループの残党を敵視し、不協和音の元になっていました」

治則は、草月グループの面々には極力横の繫がりを持たせず、資金繰りの差配も自分しか全容を知り得ない縦割り組織のトップに君臨した。

ホテル「ハイアット・リージェンシー・グアム」のオーナーとなった「イ・アイ・イーインターナショナル」の元役員は、草月会館で、テーブルに白い大きな模造紙を広げ、そこに社名を書き入れながら、将来の構想を語っていた治則の姿が今も目に焼き付いているという。

治則は紙の真ん中に「ユニオンＨＤ」と書き込み、「まずは、ここの役員に入ってください」と元役員に話し掛けた。そして、伝説のホテリエ、ロバート・バーンズとともに世界展開したリージェントホテルが、フォーシーズンズの商号に変更されていたことから、「交渉して、使われていないリージェントの名前を再興させたい。グアムのハイアットもリージェントホテルにして、香港に小さいホテルをいくつか買おうと思っています」と説明。さらに「ヒルクレストゴルフクラブ」や「平戸ゴルフクラブ」「南阿蘇カントリークラブ」と、すでに競売などで手放しているゴルフ場の名前を次々と書き入れていった。

熱っぽく語る治則の様子を見ながら、元役員は虚しい思いにとらわれていた。「イ、アイ、イ」グループの復活がとても現実的な話とは思えなかったのだ。

その頃、治則は健康上の不安も抱えていた。兄の治之は、治則から脳を撮影した画像を見せられ、その真ん中に大きな腫瘍が写っていることに驚きを隠せなかった。治之が語る。

「弟と会うと、いつも『頭が痛い、頭が痛い』と言っていたので、心配はしていました。当時、弟は歴代総理を診察してきたとされる有名な医師に診て貰っていて、その医師のクリニックにも随分金銭的な支援もしていました。腫瘍が手術の難しい場所にあるので、手術をしても生きるか死ぬかの確率は半々だと言われていたそうです。とはいえ、そのまま放置すればリスクは高まるので、私は別の医者を当たるべきだと考えて、〝ゴッドハンド〟を見つけてきたんです」

治之は〇四年六月に電通の常務取締役に就任していたが、社内のサッカー事業局の女性社員の夫が脳外科の権威だと聞いて、治則の脳の画像を見て貰ったのだ。治之が続ける。

「一年の大半を米国で過ごす多忙な医師でしたが、私の頼みだということで、奥さんを通じ、すぐに確認してくれました。『こういう症例は何度も経験しているので、手術は可能です』と返事を貰ったので、弟にその話をして、『お前、すぐ手術しろ』と言いました。ところが、弟は、掛かりつけ医の話を鵜呑みにして怖気づき、『今の仕事が片付いたら手術を受ける』と後回しにしてしまった」

その後、治則が、本格的に復活の狼煙を上げたのは、〇五年五月二十六日のことだ。この日、香港のホテル「アイランド　シャングリ・ラ　香港」では、「バーンズ・ホテルズ・インターナショナル」の設立準備パーティーが盛大に催されていた。バーンズの名前を社名に冠してはいたが、会社設立の立役者は治則だった。

治則もマイクを握り、自らの立場を踏まえたうえで、「日本には敗者復活戦がない。私はその復活の事例になる」と参加者に決意を語った。

パーティーに出席したビジネスパートナーの一人は、治則から毎晩のようにビールを飲みながら聞かされた復活への言葉を噛み締めていた。

「日本中が、俺はバブルのお陰でカネを持ち、あれだけの事業ができたと思っている。俺はバブルじゃなくてもできる。その実力をもう一度見せて、名誉を回復したい。まずは小型の高級ホテルチェーンから始めたい」

パーティー会場には、治則の長男、一郎も姿をみせた。一郎は、慶応大学卒業後、日本航空に勤務していたが、父の要請で〇五年四月に退職。治則の企業グループに入り、ゴルフ場経営のノウハウを学び始めたばかりだった。いわばこの日は、後継者として一郎をお披露目する場でもあった。

留守電のメッセージ

その興奮冷めやらぬ翌六月。治則は来日した〝米国の不動産王〟と人目を避けるように草月会館近くにある事務所で面談を果たした。
ドナルド・トランプ――。のちの米国大統領である。治則の一歳年下にあたるトランプは、名門ペンシルベニア大学のビジネススクール出身で、父親の不動産会社を継ぐと、八〇年代の不動産ブームに乗ってニューヨークでのオフィスビル開発やホテル経営で次々と成功を収めた。八三年にはマンハッタンに五十八階建ての高層ビル「トランプタワー」を建て、全米で事業を拡大していった。

後に米大統領として来日したトランプ（文藝春秋写真資料室）

当時総資産は一兆円と言われたが、九〇年代前半のカジノ事業の破綻や不動産不況で他の事業も経営難に陥った。自己破産寸前まで追い詰められたが、日本の民事再生法にあたる「連邦破産法十一条」（チャプターイレブン）の適用を受けて、邦銀を含む銀行団の再建案を飲むことで九死に一生を得た。合計四度の破産申請を経験しながら、復活を遂げていく姿は、〝和製トランプ〟と評された治則にとって希望の星だったに違いない。

〇四年九月に治則と旧長銀との闘いを描いた「ハゲタカが嗤った日」を出版した元参院議員の浜田和幸は、トランプとの面談に同席したという。

「彼らは同じような体験をしており、意気投合していました。資金繰りに窮し、『半年だけ待ってくれれば市況は必ず回復する』と言っても、銀行側は『（所有不動産を）すぐに売却しろ』と頑として応じてくれなかった、と。トランプは、海洋資源も豊富な北方領土の国後島に注目していて、いずれは国際的な特区のような形にして、リゾートカジノを作る構想を持っていました。すでにロシア側とは話をしているとのことで、高橋さんに『一緒にやろうじゃないか』と共同プロジェクトを持ち掛けていました」

強力な援軍を得て、治則の復活劇に拍車が掛かろうとしていた。

その翌月、七月十六日のことだった。二カ月前に治則のパーティーに参加していたビジネスパートナーは、改めて香港に出張し、現地のホテルで治則から国際電話を受けた。

「俺、これから良くなるからさ。今まであなたに随分と苦労させたから、何でもするから考えておいてよ」

そして電話を切り、ホテルの外に食事に出ようとしていると、再び電話が鳴った。また治則だった。話の内容は同じで、電話を切ると、また掛かってくる。それが十回近く続いた。明らかにいつもと様子が違っていたが、治則はとにかく上機嫌だった。

「ご飯食べに出なきゃいけないから。明後日には帰るよ。夕方四時くらいにいつもの場所で会いましょう」

七月十八日。その日は海の日で祝日だった。朝の飛行機で香港から帰国し、留守番電話をチェックすると、そこにはたくさんのメッセージが残されていた。

「高橋さんが亡くなりました」

第8章

急死 陰謀 闘争

二十三、遺された者たち

くも膜下出血で急逝した治則。彼の〝負の遺産〟は多くの人生に影響を与えていく。葬儀を境に遺族の間では微妙な距離が生じ、そして愛人の裕子もまた、途方に暮れるのだった。

三連休を利用して軽井沢で妻や友人らとの会食を楽しんでいた高橋治之のもとに弟、治則の異変を知らせる電話が入ったのは、二〇〇五年七月十七日の午後のことだった。治則の秘書を務めていた女性からで、治則がくも膜下出血で倒れ、救急車で病院に担ぎ込まれたという。

治之はすぐにクルマを飛ばして東京の慶応病院へと向かった。しかし、病院に到着した時、ベッドに横たわる治則はすでに瞳孔が開いており、脳死に近い状態だった。

蘇生の見込みがないことから、家族の同意を得て、人工呼吸器が取り外されたのは、翌日の午前九時三十六分のことである。享年五十九。

実は、その直前に、治則の長女の婚姻届が役所に提出されている。彼女は十日ほど前に一橋大学出身の会社経営者と帝国ホテルで結納を済ませ、十月に結婚式を挙げる予定だった。治則は長女の結婚相手をいたく気に入り、彼の会社の第三者割当増資に多額の資金を注入した。周囲には「今後は高橋コンツェルンの再興に向けて一緒にやっていきたい」と語っていた。

ウエディングドレスも注文し、着々と結婚準備が進むなかでの突然死だった。二人の婚姻届の証人欄には、すでに治則と相手方の父親のサインがあり、治則が死亡すれば、婚姻届は無効となってしまう。そのため婚姻届を提出したことを確認してから、死亡の手続きがとられたのだ。

治則の遺体は、千代田区三番町のマンションの部屋に運ばれた。治則は目黒区八雲に五億円の豪邸を所有していたが、バブル崩壊後に競売で売却されており、以前に暮らした三番町に居を戻していた。

その頃、成田空港に到着した「イ、アイ、イ」の元社長、河西宏和はタクシーに乗って都心へと向かっていた。河西は、治則が日本航空に勤務していた頃からの盟友で、当時は治則が事実上のオーナーとされた東証二部上場のユニオンホールディングスの会長を務めていた。部下とともに米国ニューヨークへの出張から帰国したばかりだった。

河西がタクシーの中から、赤坂の草月会館にある治則の事務所に連絡を入れると、秘書の女性が神妙な声で、「三浦さんに電話を代わります」と言う。三浦とは、「イ、アイ、イ」グループの会計部門を担当していた国際第一監査法人（当時）の元社員、三浦秀一のことで、治則が最も信頼を置いていた側近の一人だった。電話口に出た三浦は、「治則さんが死んじゃったんです」と河西に告げた。頭の中が真っ白になった河西は死因を聞くことも忘れ、すぐに運転手に三番町へ向かうよう指示を出した。

布団の上に横たえられた治則の遺体の傍には、兄の治之とその妻、そして治則の長女のほか、治則が〇五年に入って傘下に収めた船橋カントリー倶楽部の幹部が二人駆け付けていた。

治之は、治則の遺体にこう語りかけていた。

「ノリは運が悪いんだ。慶応高校を退学した時も、俺はノリの何倍も悪いことをしていたのに、俺はほとんど無傷で、ノリは退学処分になった。それに今回の急死。ノリは本当に運が悪い」

遺体を覗き込む治之は、溢れ出る涙を手で必死に拭っていた。

「ノリが死んだことは、まだお袋には話せないでいる」

八十代半ばを迎えていた母親にとって、自慢の息子が自分よりも先に逝くことは、受け入れ難い現実だが、訃報記事が出てしまう前に告げなければいけない。途方に暮れ、肩を落とす治之の傍で、治則の長女は、「パパにウエディングドレス姿を見て貰いたかったのに、こんなことになって……」としょげ返っていた。弔問客には、治之の妻が「酒の肴に」と煮て来た里芋が振る舞われ、そのほっこりとした美味しさだけが悲しみを静かに癒やした。

野辺送りでの挨拶が

その三日後に西麻布の長谷寺で行なわれた通夜には、元首相・田中角栄の金庫番で、〝越山会の女王〟と呼ばれた佐藤昭子も弔問に訪れた。

「私はこの人に十億円以上貸してあるの。どうしようかしら。電通にいるお兄さんのところにでも行ってみましょうか」

佐藤は、治則の遺体を前に、連れの女性に小声でそう話し掛けていた。九五年に東京地検に逮捕されて以降、資金繰りに喘ぐ治則にとって、佐藤は確かに貴重な支援者の一人だった。佐藤から呼

小泉政権で内閣官房長官だった安倍晋三（文藝春秋写真資料室）

び出しを受けると、昼夜を問わず赤坂の自宅に駆け付け、話し相手にもなったが、治則自身は、「元金はとっくに返し終わっていて、高い金利を払わされている」と周囲には説明していた。通夜の席で交わされた佐藤の不謹慎な会話は、治則亡き後の波乱を暗示していた。

翌日の告別式には、約千人の弔問客が長谷寺に列を成した。そのなかには、自民党幹事長代理だった安倍晋三もいた。

実は、安倍は翌〇六年三月に都内のホテルで改めて行なわれた治則の長女の結婚式にも新婦側の主賓として出席し、挨拶をしている。告別式で喪主を務めた治則の長男が安倍側に打診して実現した形で、当日まで治之も安倍が出席することを聞かされていなかったという。内閣官房長官となっていた安倍は、新婦の父である治則のことを世界でリゾート開発を手掛けた風雲児と持ち上げ、彼との交友を語って結婚した二人の門出を祝った。

恩人への義理を欠かさない安倍の振る舞いは、高橋家と安倍家との深い縁を物語っていた。

ただ、高橋家では、治則の葬儀を境に遺族間に微妙な距離が生じ始めていた。それは治之の野辺送りでの挨拶が一因だった。

「ノリは、この世では働いて稼ぐ一方であり、私はそのお金を使う一方でありました。ノリは天国に行くことになりましたが、あの世ではまたノリに大いに稼いで貰い、自分はまた使う一方でいきたいと思います」

ユーモアを交えた治之流の言い回しだった。だが、治則の妻と長男は、そうは受け取らなかった。治之はバブル全盛期、治則の関係先から多額の借入をしていたが、それは自らがオーナーの会社を受け皿にし、個人の責任で借りたものだった。バブル崩壊後はその清算に追われ、相応の代償も払った。治之自身は、何ら後ろ指を指されるような問題ではないと考えていたが、詳しい事情を知らない治則の妻と長男は、治之もまた、山口敏夫らと同様に治則のカネに群がり、治則を苦しめる存在だったと猜疑心を抱いたのだ。

復活を目前にして逝った治則の周辺では、彼の再起を信じていた人たちも人生設計の変更を余儀なくされていた。

治則の葬儀から約一週間後。電通本社の治之の元を四十代と思しき細身の女性が訪ねて来た。日本舞踊を嗜む女性で、健康器具を販売する会社を経営していた。彼女は生前に治則と交際していたと話し、唐突にこう切り出した。

「弟さんが亡くなったので、私の面倒をみて頂けませんか」

治之も一瞬呆気にとられたが、当然そんな申し出を受け入れられるはずもない。健康器具購入の相談には乗ったが、あとは丁重に断わると、彼女は肩を落として帰って行った。

その女性は、治則が倒れた最後の瞬間に一緒にいたとされ、治則の勧めで約七千五百万円のローンを組み、自宅を購入していた。金融業者を治則に紹介して貰い、支払いも肩代わりして貰う約束だったが、治則の死で返済の目処が立たなくなり、途方に暮れていたのだ。

兄に頼んでチケットを

治則と十九歳の時に知り合い、十八年にわたって交際してきた北山裕子も同じだった。事業が上向き始めた治則に促され、都内にマンションを購入した。治則に紹介を受けた金融業者で約六千五百万円のローンを組んだ。月々の返済は、治則の草月会館にある会社から支払われることになっていたが、三回ほど振り込みがあった後、治則が急死。その約十日後に、会社の経理担当者から「もう支払いは出来ません」と通告を受けた。

事務的に冷たく言い放たれた言葉に呆然とするしかなかった。マンションのローンの他、改装費や家具代など、一千万円を超える支払いも重くのしかかってくることになる。厳しい現実を突きつけられた裕子は、生前の治則が、常々話していたことを思い出していた。

「女性が一人で働いてお金を貯めるのは大変だけど、あなたには十億くらいは残してあげられるし、弁護士にも話している。女性は一人になっても楽しみ方を知っているから、お金にある程度余裕があって、住むところさえあれば、あとは趣味に勤しんだり、美味しいものを食べたりして何とか生きていける」

裕子も、十億円という途方もない話をすべて信じていた訳ではない。当初はマンションの購入にも乗り気ではなかった。しかし、治則は後継者と考えていた長男にも渋谷区内に約八千万円のマンションを買い与えたと豪語し、自らも幼少期を過ごした思い出の地、洗足に土地を探していると語った。バブル全盛期の自信を取り戻しつつあった彼から何度も勧められるうちに、裕子も気持ちが傾いた。

治則とは、彼が保釈されて以降、電話で頻繁にやり取りしていたものの、会う回数はめっきり減っていた。資金繰りと裁判対策に明け暮れる治則に対し、別の女性の影を感じるようになってもいた。ストレスの捌け口を他に求めていたのかもしれないが、それでも治則は、裕子から頼み事が持ち込まれると、以前と同じように黙ってそれを叶えようとした。

「私の後輩が、マライア・キャリーの大ファンで、今度の東京ドーム公演のチケットを取ろうとしたけど、全然ダメで。どうにかならない?」

それは〇〇年三月に行なわれるマライア・キャリーの二年ぶり三回目の来日公演だった。チケットは即日完売で、追加チケットが売り出される人気ぶりだった。

「聞いてみてあげるよ。たぶん大丈夫だと思うよ」

治則はいつもの調子で気安く請け負ったが、なかなか上手く手配できず、裕子に問い詰められるたびに、「大丈夫だから」と繰り返した。そして公演当日、痺れを切らした裕子が連絡を入れると、治則はまだ入手できていないという。

「はぁ？　何言ってんの？　とにかく一番前のど真ん中を二枚、必ず取ってよ！」

しばらくして連絡してきた治則は、関係者用の出入り口に行けば、一人五千円を払って中に入れるよう話をつけたと説明し、「絶対大丈夫だから」と付け加えた。半信半疑のまま開演の二時間前に東京ドームに行くと、二人は観客の入っていない会場の一列目の真ん中の席に案内された。治則が治之に頼んで電通経由で、先約があった関係者席を二人分、無理を言って譲って貰ったようだった。その日、裕子の後輩は、客席に降りてきたマライアと握手する幸運にも恵まれ、感激しきりだったという。

治則に復活の兆しが見え始めると、裕子は距離が出来つつあった治則を試すかのように、溜め込んでいたわがままを一気にぶつけた。

「何かクルマ買ってよ。ポルシェがいい」

治則は、手を尽くして中古のポルシェを探してきた。そして、当時事務所代わりに使っていた赤坂の豊川稲荷東京別院の裏にあるマンションまで取りに来るよう裕子を呼び出した。彼女はそのクルマを見るなり、こう言った。

「ねぇ、これ私が欲しかった（スポーツタイプの）カレラじゃないよね？　こんなの乗って帰りたくない」

治則は、「分かった。じゃあ移動する」と答え、運転席に乗り込んだが、不慣れな車種だったことから運転に手こずっている様子だった。鈍い音がして、クルマから降りてきた治則は「ぶつけちゃったよ」と苦笑いしていた。不器用なところは相変わらずだった。

治則が逝った後、裕子は治則の通夜と告別式に参列している。その時の様子はプロローグですでに触れたが、葬儀が終わってから、彼女は治則と関係が深かった北海道出身の実業家、高橋幸雄に連絡をとった。彼は「たかを観光」や「高雄ビル」などを擁した「たかを」グループを率いて、墓石事業や不動産業のほか、自らブルドーザーを駆ってゴルフ場開発を手掛けたこともある豪腕だった。ボルドーの高級ワイン「シャトー・ムートン・ロートシルト」を好み、ジョン・レノンの妻、オノ・ヨーコとは食事をする仲だというのが彼の自慢だった。同じ高橋姓だったことから、海外で間違われることも多く、治則の周囲は、彼のことを「ライオン丸」という渾名で呼んでいた。元首相の岸信介と親しかった縁で、安倍家とも深く付き合いがあるという謎めいた人物だった。彼は、治則には他にも愛人がいたと語り、彼自身は治則に十億円を超える貸付をしたまま未回収になっていると説明した。裕子は、生き急いだ晩年の治則には、自分の知らない貌があったことを思い知った。

後継者と目された長男

実は、治則は遺書を一切残しておらず、遺族は彼の遺産について相続放棄の手続きをとっていた。治之もまた、治則の長男から相続放棄を求められたという。

生前の治則は、刑事被告人ゆえに銀行からの借入は望めず、資金繰りに窮するたびに高金利の金融業者から借金を重ねていた。時には、金融業者の愛人がタレント志望だったことから、治之にテレビ出演できるよう手配して貰い、ご機嫌をとったこともあるが、その取り立ては厳しく、治則のプーケットにあるアマンプリの別荘も差し出していた。

治則は、出来る限り名前が表に出ないよう、新設した会社の法人登記簿の役員欄にも名前を連ねることはなく、不動産も株も本人の名義ではなかった。治則が赤坂に接待施設として購入したサウナ付きの三階建ての一軒家も、別会社の名義で、治則の死の翌月にはすでに売却手続きがとられていた。治則が長男に買い与えたと豪語した渋谷区のマンションも、登記簿を見ると、購入時の〇四年一月に長男自身が三千五百万円の抵当権を設定していた。つまり、全額を治則が負担した訳ではなかった。仮に遺族が治則の資産を相続すれば、隠れた借金も次々と顕在化する恐れがあった。

資金調達も含めた復活への設計図は、すべて治則の頭の中にあった。草月会館に拠点を置く企業群、通称、草月グループにも、司令塔を失ったことで、動揺が広がっていた。最初に治則の事業の継承者として手を挙げたのは、治之だった。彼は治則の側近たちを前にこう話した。

「俺が電通を辞めて、弟のすべての事業を引き継ぐ」

そして治之は、「イ、アイ、イ」時代からの治則の側近らを一人一人、草月会館に呼び出し、面談の機会を持った。治之と会った側近の一人が明かす。

「治之さんは、治則さんが所有していた栃木県のゴルフ場、ヒルクレストゴルフクラブなどの経営にも前のめりでした。資料を見せながら、『これは民事再生で人手に渡っています』と説明し、他の事業についても軒並み競売でとられている現状を話すと、事情が飲み込めた様子でした。それ以降は手を引き、草月会館に近付くこともなくなりました」

黒子に徹した治則には、継承すべき事業はほぼ残されておらず、集団指導体制でスタートを切った草月グループは、すぐに迷走を始めていく。生前の治則が、実質支配していたとされる上場企業三社の関係者や山口敏夫ら取り巻きの多くは、治則が海外などに巨額の資産を隠し持っていたと睨み、血眼になってその痕跡を追った。草月グループ内には疑心暗鬼が渦巻き、治則の長男の周辺に資産の一部が流れているとみて、興信所に依頼して彼の追尾を始める者や、金になりそうな文書を家捜しし、ロッカーから書類を盗み出す者さえいたという。その惨状は目を覆うばかりだった。

後継者と目された治則の長男は、仲間を引き連れて草月グループに加わっていたが、入社から数カ月で最大の後ろ盾を亡くした。誰が味方で、誰が敵かも分からない状況に陥り、次第に居場所を失っていった。

「こんなことなら日本航空を辞めなければよかった」

そう零していた長男は、程なくして荷物を纏めて草月会館から去っていった。

その後、草月グループは、主導権を巡って内紛を繰り返し、瓦解していく。仕手筋と組み、マネーゲームに興じたユニオンホールディングス社長、横濱豊行は〇九年十一月に大阪府警に相場操縦の疑いで逮捕された。その前月には治則の金庫番としてカネの流れを掌握していた会計事務所出身の三浦が、新横浜の旧「イ、アイ、イ」グループのビルで不可解な首吊り自殺を遂げていた。翌日には相場操縦事件に関して、検察当局からの参考人聴取が予定されていたという。

治則が作り上げた砂上の楼閣は、たくさんの闇を抱えたまま、こうして、その姿を消した。

二十四、森喜朗との接近

弟が亡くなった年、〝世界のスポーツ界に影響力のある100人〟に選出された兄。電通常務として、ドイツW杯でも大きな実績を残した。そんな治之の人脈を頼った男こそ――。

ドイツの国際スポーツ誌「スポーツインターン」が、〝世界のスポーツ界に影響力のある100人〟に、高橋治之を選んだのは二〇〇五年のことである。治之は日本人で唯一選出され、四十八位にランクインした。

当時の彼の肩書きは、電通の常務兼「iSe」の会長だった。iSeは「インターナショナル・スポーツ・アンド・エンターテインメント」の頭文字から採られ、電通とフランスの大手広告会社「ピュブリシス」グループとの合弁で、〇二年にスイスのチューリッヒに設立されている。CEOには、治之の右腕的存在だった米国在住のエージェント、ジョージ・テイラーが就任した。

当時、世界の広告業界は、〝メガエージェンシー〟と呼ばれる四大グループが市場を席巻していた。ネスレやロレアルなどをクライアントに持つピュブリシスは、〇二年に米国の大手広告会社「ビーコムスリー」を傘下に収め、四強の一角を成していた。電通はかねてから「ビーコムスリー」に出資していたが、新たに誕生したピュブリシスグループとも提携し、議決権の一五%の株式を確保。創業百周年を迎え、株式上場を果たしたばかりの電通にとって、米国に続き、欧州に楔を打ち込む海外戦略の転機と言っていい動きだった。その頃の電通は、売上高の海外比率は一割にも満たない状態で、トヨタ自動車などの国内優良顧客が海外進出する際の広告需要を取り込みたい思惑もあった。

六百六十億円という巨費を投じる欧州での新事業を牽引したのは、〝電通の天皇〟と呼ばれた社長の成田豊と、国際営業畑一筋だった専務の大島文雄である。成田は〇二年五月に会長となるが、役員定年を迎える大島を副社長に昇格させる異例の人事を行なった。後継社長に抜擢した俣木《またき》盾夫には、国内を中心に経営全般を統括させ、自身は大島と二人でピュブリシスグループの経営の最高意思決定機関であるスーパーバイザリーボードに名を連ねた。ピュブリシス側は、電通との提携でスポーツマーケティング事業での共同ビジネスに期待を寄せており、そのキーマンが、成田―大島ラインに連なる治之だった。

治之は、ピュブリシスとの提携を主導した国際本部長の大島に副本部長として仕えたが、大島は単なる上司というだけではなかった。慶応の普通部（中学校）からの先輩にあたるうえ、大島の実兄、英俊は、弟、治則が率いた「イ・アイ・イーインターナショナル」の幹部でもあった。つまり、兄弟同士が交錯するように奇縁で結び付いていたのだ。

兄の大島英俊が、経緯を明かす。

「私はもともと日本航空にいて、貨物輸送の仕事を長く手掛けてきました。日航にいた治則さんとは現役時代には接点はなかったのですが、彼と一緒に日航を辞めた盟友の河西宏和さんとは知り合いでした。彼らが、『イ、アイ、イ』に入って、東武鉄道と合弁で『東武航空貨物』を設立した際に、役員になって欲しいと誘われたのが入社のきっかけでした」

彼はその後、「イ、アイ、イ」グループのヒルクレストゴルフクラブの社長などを務め、〇五年には治則の死の直前に、船橋カントリー倶楽部の社長を託された。治則は、経営権を握った船橋カントリー倶楽部を復活に向けた事業の柱の一つと捉えていた。日航を辞めて後継者としての歩みを始めた長男を大島英俊に預け、ゴルフ場経営を学ばせようとしていた。彼は治則が信頼する側近の一人であり、治則が急死した際には、遺体が運ばれた千代田区三番町のマンションにもいち早く駆け付けた。

一方、電通にいる弟の大島文雄は、二信組事件で治則が逮捕され、社内で干されかかっていた治之に、活躍の場を与え、後押しした一人だった。

治之が当時を振り返る。

「大島さんは成田さんの最側近だったので、僕が役員になることについても応援してくれていたと思う。僕が役員になりたいと思ったのは、仕事を進めていくなかで、いちいち役員会に説明をしに行く手間を省きたいと思ったから。役員になれば、自由に動けるし、やりたい仕事ができる。だから、僕は成田さんに、『仕事をやりやすいポジションを与えて欲しい』と訴えた。すると、成田さんは、『分かった。役員にしてやる』と約束してくれたんです」

成田は一時、俣木の後任社長として、副社長の高嶋達佳、専務の林広守のほか、治之を候補に考えたこともあったという。治之自身も社長ポストに意欲があったのではないかと尋ねると、彼は言下に否定し、こう話を続けた。

「成田さんからは、『お前を社長にしたら面白いんだけどな。ただ、会社が潰れちゃうかもしれないからな』と言われました。僕は社長になりたいなんて考えたこともなかった。SPがついて一挙手一投足を見張られて、好きなことができないし、第一、朝早く起きられない。電通は早朝会議の習慣があるんですが、のちに社長になった高嶋さんに『早朝会議を止めて欲しい』と頼み込んで、出来るだけ遅くして貰ったくらいでした」

ラグビー好きだった治之

電通の早朝会議と言えば、電通マンの心構えを説いた〝鬼十則〟の生みの親で、四代目社長の吉田秀雄がルーツとされる。吉田は、一般社員の定例出勤時刻が午前九時だったところ、八時には出社し、執行部の役員らを集めて会議を行なった。得意先の新聞社やテレビ局が稼働を始める前に、広告の勉強をするという、徹底した社員教育の一環だった。その伝統を自己都合で変更させる奔放さが許されたのは、治之に成田という後ろ盾が居たからに他ならない。

成田はその後、最高顧問となり、俣木から高嶋へと電通の新聞局地方部出身者に経営のバトンを繋いでいく。地方紙やブロック紙の広告を担当する地方部は、かつては地域の有力者を押さえる花形部署とされたが、彼らにグローバル化を牽引するスポーツビジネスの舵取りは荷が重い。そうなれば、治之の独壇場になることは火を見るよりも明らかだった。

治之が率いるiSeは、すぐに大きな成果をあげた。〇六年にドイツで行なわれるサッカーW杯で、ＶＩＰ用のプレステージチケットの独占販売権を獲得したのだ。ＦＩＦＡ公認のホスピタリティ・プログラムと呼ばれる分野で、相撲の桝席のように食事やギフトなどをセットにして販売することで、企業が接待向けに使える。値段も高額で、五百億円を超える収入が見込まれていた。

入札にはゴルフのタイガー・ウッズらを抱える米国の大手マネジメント会社、ＩＭＧなど数社が参加した。蓋を開けてみれば、新設のｉＳｅが権利を勝ち取り、世界のサッカー関係者は度肝を抜かれた。

当時の状況を治之はこう説明する。

「あれはＦＩＦＡ会長のブラッターとの長年の信頼関係が物を言った形でした。一部では、驚きを以て受け止められましたが、巨額の収益が見込めるホスピタリティの権利をとる意味を正確に理解していた人は、日本ではほとんどいなかったと思う」

ドイツＷ杯の直前には、プレステージチケットが大量に売れ残ったと報じられ、混乱を呼んだが、電通側は大会終了後の翌年一月には、約五百五十八億円の売上げ見込みを公表。そして「事業の主たる目的が完了した」としてｉＳｅを解散した。しかし、解散の真相は別にあった。治之の下で事業を手掛けていたＣＥＯのジョージ・テイラーとイスラエル人の幹部が莫大な利益の取り分を巡って内輪揉めの大喧嘩を始めたのだ。二人がごっそり儲けを分捕り、さらにＦＩＦＡへの上納金とピュブリシスグループ側の出資金の返還分を差し引くと、電通にとっては決して実りの大きい仕事とは言えなかった。事実上、お手上げ状態となった治之が匙を投げた形だった。

それでも電通とピュブリシスグループとの提携関係は続き、治之は〇七年六月に電通の専務に昇格する。やり手で知られたピュブリシス会長のモーリス・レヴィとも親交を深めていたが、ある時、二人で会って話をしているうちに、ラグビーの話題になったことがあるという。

レヴィは、スポーツ界に精通している治之にこう尋ねた。

「なぜラグビーは、サッカーと違って国際的にならないんだろうか」

同じフットボールでも世界中が熱狂するサッカーW杯に比べ、当時のラグビーW杯は注目度で遠く及ばなかった。ラグビー好きだった治之は、レヴィに対し、滔々とこう語った。

「イギリス発祥のラグビーは十九世紀後半に、大英帝国拡大とともに植民地を中心に広まっていったが、未だにその発想にとらわれ、限られた伝統国でしかW杯が開催されない。それに比べてサッカーは、ＦＩＦＡに二百を超える国々が加盟し、その裾野を広げるために前会長のアベランジェは、経済発展の遅れている地域では放映権料をタダにしてサッカーを見せるところから始めた歴史がある。そこにはサッカーを世界一のスポーツにしようという気概があった。ラグビーもいつまでも古い発想に固執せず、世界で最も人口が多いアジア地域に注目し、日本で大会を開催すべきだと思う」

そして治之は「いずれはそんなプレゼンテーションをしてみたい」と付け加えた。千載一遇のチャンスが訪れたのは、〇八年に国際ラグビーボード（ＩＲＢ＝当時、現ワールドラグビー）の会長にフランス人のベルナール・ラパセが就任してからのことである。ラパセは非英語圏出身で初めて会長に選出された革新派だった。

「タカハシさん、ピュブリシスの本社で、ラパセにプレゼンをしてみないか」

IRB 会長のベルナール・ラパセ（左）と元首相の森喜朗（2009 年 4 月撮影・時事）

レヴィからそう誘いを受けた治之は臆することなく、その申し出を受けた。ピュブリシス本社ビルは、パリのシャンゼリゼ通りに面し、治之が通された最上階の窓からは凱旋門やエッフェル塔が見える絶好のロケーションだった。治之がＩＲＢの幹部らを前にプレゼンを始めると、ラパセは黙ってその内容に聞き入っていた。終わってからも、ラパセからの発言はほとんどなく、反応は乏しかった。

「一緒に行って欲しい」

ところが後日、思わぬところから、反響が返って来た。当時、日本ラグビー協会の会長だった元首相、森喜朗から治之に連絡が入ったのだ。森は、ラパセと面談した際、彼の口から治之の名前が出たと説明し、「もう一度、電通のタカハシさんに会わせて欲しい」と懇願されたという。

早稲田大学ラグビー部ＯＢの森にとってラグビーＷ杯の招致は、以前からの悲願だった。ラグビー協会の会長に就任した〇五年には、一一年大会の招致レースで南アフリカとニュージーランドと争い、決選投票の末に三票の僅差でニュージーランドに敗れていた。次の大会にも立候補の意向を表明していた森にとって、ラパセとのパイプは是が非でも手に入れたい人脈だったのである。

治之はそれまで、森とまったく接点がなかった訳ではない。電通内では、成田が依頼を受けた〝コネ入社〟を治之が手配することもあり、森の支援者の子息を電通に入社させたことがあった。公の場では、文教族の森が日本体育協会（体協＝当時）の会長を務めていたことから、スポーツ関係の会合などで顔を合わせていたが、親しく言葉を交わす間柄ではなかった。かつてアマチュアスポーツ界の総本山と言われた体協は、内部の一委員会に過ぎなかった日本オリンピック委員会（ＪＯＣ）が八九年に独立して以降、衰退の一途を辿った。電通は、ＪＯＣのマーケティング事業を独占的に扱っており、体協とはそもそも距離があったのだ。

治之は、ラパセとの関係を尋ねてくる森に対し、こう答えた。

「もちろんラパセのことは知っています。ただ、彼の前でプレゼンをしただけで、親しい関係ではないです」

それでも森は、食い下がった。

「とにかくラパセが、タカハシさん、タカハシさんと言うんだ。一緒に行って欲しい」

二人はラパセに会うために、パリへと向かった。ラパセは前回のプレゼン後に、ＦＩＦＡ側に照会し、治之の手腕を確認していたのだ。この時を境にラグビーＷ杯の招致活動に拍車が掛かり、治之と森も深く結びついていく。

その頃、森は二〇一六年に行なわれる夏季五輪の招致活動でも、当時の東京都知事、石原慎太郎を担ぎ、旗振り役を担っていた。森は招致委員会の取り纏め役である事務総長に、ラグビー人脈の河野一郎を抜擢。筑波大教授の河野は、日本アンチ・ドーピング機構の理事長を務める医師で、語学も堪能だったが、スポーツ外交に関しては素人同然だった。一六年五輪には、シカゴ、リオデジャネイロ、マドリードも立候補していたが、東京都のIOC委員へのロビー活動は事実上、招致委員会が雇ったコンサルタントに委ねられていた。当時の招致委員会関係者が明かす。

「一時は、約三十名のコンサルを抱えていました。報酬の形態も様々で、月額五十万円の人もいれば、一千万円を払うこともあった。表のコンサルと〝アンダーカバー〟と呼ばれる裏のコンサルがいて、アンダーカバーは、例えばリオの招致バッジをつけてリオ陣営に入り込み、情報を東京側に流す。彼らは契約先を電通と関係の深いエージェント会社などにして招致委員会とは切り離していた」

招致活動が終盤戦を迎えた〇九年五月二十日、事務総長の河野が中心となり、都内のホテルで「一般財団法人嘉納治五郎記念国際スポーツ研究・交流センター」なる団体の設立発起人会が開かれた。会長には森が選ばれ、表向きは五輪招致とは無関係を装っていたが、実際には招致活動費を捻出するための舞台装置の役割を担っていた。

当時はIOC委員のアフリカ票をいかに摑むかが一つの焦点で、外務省の「草の根・人間の安全保障無償資金協力」などを申請して、開発途上国へのODAの形で票を取り込もうとしていたが、それではとても追いつかない状態だった。そこで、有名選手から提供を受けた物品をオークションに掛け、その収益金を嘉納財団に流して招致活動費として使う形がとられたのだ。

東京とリオを両天秤に

アフリカ票の行方を握るキーマンと目されたのが、国際陸連の会長、ラミン・ディアクだった。セネガル出身で、ダカール市長も務めた彼は、九九年から陸上界に君臨する大物ＩＯＣ委員で、〇七年に大阪で行なわれた世界陸上の実現にも貢献した親日派として知られた。だが、決して油断ならない相手であり、世界陸上の大阪招致活動でもラミン周辺が不可解な行動を見せたことがあった。

〇二年十月、ラミン一行は大阪市を視察に訪れ、当時の市長、磯村隆文らと市内のホテルで催されたレセプションに参加した。その場で大阪支持の姿勢を表明し、関係者は一様に胸を撫で下ろした。ところが、翌日になって別行動をとっていたラミンの息子、パパマッサタ・ディアクが、放映権を管理する電通から市長室に一枚のファックスを送って来た。そこには、開催地が大阪に決定した際は、ラミン名でアフリカの各国の陸上団体に高額な資金援助を行なうよう求める内容が記されていた。この時は、父親のカバン持ちに過ぎないジュニアの勇み足として受け流されたが、今回も土壇場で、不測の事態が起こらないとも限らなかった。

前出の招致委関係者が振り返る。

「一六年五輪の招致活動を牽引していたのは、電通で国際スポーツ事業を長く手掛け、招致委員会の事務次長を務めていた槙英俊や、電通のスポーツ事業局長だった稲垣豊といった面々でした。彼らは雌雄を決する〇九年十月のデンマーク・コペンハーゲンでのIOC総会を前に、最後の秘策として、九月にモナコで行なわれる歌舞伎公演にラミンを招待し、そこで確約を得る計画を立てていた。ところが、その情報はライバルのリオ側に筒抜けになっており、リオは東京の提案次第では、それ以上の条件を提示する用意があるとラミン側に伝えてきたのです」

ラミンは、東京とリオを両天秤に掛けているのではないか――。日本側には懐疑的な見方が一気に広がっていた。

そこで、電通の稲垣は、事務総長の河野とともに治之を訪ね、協力を要請した。治之は、電通とアディダスの合弁会社、ISLが〇一年に破綻した際、FIFAだけでなく、ラミン率いる国際陸連にも大きな貸しがあった。

国際陸連は宙に浮いた放映権を電通ではなく、フランスの放送局に売り渡すつもりだったが、ドタキャンに遭い、途方に暮れていた。そこでラミンが縋ったのが、治之だった。治之の主導で、電通が〇一年から〇九年までの世界陸上を含む四十八大会の放映権及びマーケティング権を獲得し、窮地を救ったのだ。それ以来関係を深め、ラミンが〇七年の第一回東京マラソンに招かれた際には、ラミンと談笑する治之の姿に招致委関係者は羨望の眼差しを向けていた。

電通の専務を退き、顧問となっていた治之は、それまで一六年五輪の招致活動には一切関わっていなかった。本来、総力戦で臨む招致活動であれば、いの一番に声が掛かるはずの治之を敢えて避けてきたのは、彼の独壇場になることを嫌う勢力がいたからに他ならない。しかし、そのカードをギリギリのタイミングで切ったことで、逆に治之の値打ちは格段に跳ね上がった。良くも悪くもスポーツ界での治之の影響力は、それほどまでに無視できないものになっていたのだ。

二十五、首相と二人きりで

国際陸連を牛耳るディアク親子と関係を深め、コンサル会社「コモンズ」を立ち上げた治之。彼が時の首相からの依頼で携わることになったのが、二〇二〇年の東京五輪招致だった。

「YES, TACO CAN」

港区内のタワーマンションの一室にある事務所の壁に飾られたカラフルなシルクスクリーン風の絵画。そこには顔写真がコラージュされ、こんなキャッチフレーズが添えられていた。

それは電通の専務や顧問を歴任した高橋治之の退職祝いとして、若手の社員有志が贈ったものだ。電通には治之を慕う元部下たち十数名から成る〝治之会〟という親睦会がある。多い時には年に四回ほど会食の機会を持っていた。かつてはテレビ朝日の元専務、三浦甲子二の子息などもメンバーに入っており、彼も治之の幼少期からの愛称そのままに「タコさん」と親しみを込めて呼んでいた。

一九七七年の「ペレ・サヨナラ・ゲーム・イン・ジャパン」など、名立たるスポーツイベントを手掛けてきた治之の伝説は、電通内でも知れ渡っていた。敬愛を込め、その功績を端的に言い表したのが、そのキャッチフレーズだったのだろう。

バブル期の電通では、局ごとに盛大な忘年会が催され、アトラクションや高価な賞品を用意して出入り業者も招いての大盤振る舞いが恒例だった。バブル崩壊後は一様に鳴りを潜めたが、治之だけは高級中華料理店などを貸し切った宴を続け、部下たちを労ってきた。それは、治之の資金的な後ろ盾でもあった弟、治則の「イ、アイ、イ」グループが崩壊し、治之自身も借金の返済を求められる窮状のなかでも続けられた。

治之会のメンバーのなかには、豪快で、面倒見のいい治之に心酔し、生まれてくる子供に治之にちなんだ名前をつけた者さえいた。

二〇〇九年六月に顧問になっても、相変わらずスポーツマーケティング分野での治之の影響力は絶大だった。前節で触れた通り、大詰めを迎えていた二〇一六年五輪の招致活動で、招致委員会は土壇場になって電通を通じて治之に協力を依頼した。治之は、〇九年十月二日に開催地決定の投票が行なわれるデンマーク・コペンハーゲンに姿を見せた。

東京のほか、シカゴ、マドリード、リオデジャネイロが立候補し、四都市が約百名のＩＯＣ委員の票を競う熾烈な招致レースが繰り広げられていた。投票はＩＯＣ総会に出席した各委員が座席のボタンによる電子投票で行なうため、実際には誰がどこに投票したのかは分からない形になっているが、東京はアジア票を固め、アフリカ票や欧州票をどれだけ上積みできるかが課題とされていた。

ＩＯＣ総会を目前に控えた当時の様子を招致委員会の元幹部が明かす。

「招致活動に関わっていなかったはずの高橋さんが現地入りしていたので驚きました。投票前夜に石原慎太郎都知事や電通のスポーツ事業局長だった中村潔らと、票の行方を握るセネガル出身の国際陸連会長、ラミン・ディアクに接触したと言われていた。そこから、『ラミンは東京のためにアフリカの十六票を纏めた』という情報が駆け巡っていったのです」

国際陸連会長退任を記念して製作されたものの、汚職事件でお蔵入りとなったラミン・ディアクの未発表写真集（筆者入手）

しかし、蓋を開けてみれば、東京は一度目の投票で、三位の二十二票。シカゴが外れた二度目の投票では、二十票しか獲得できず、敢え無く敗退した。その後、リオとマドリードによる決選投票の結果、開催地はリオに決定。無残な大敗だった。

治之がその内幕をこう振り返る。

「私が頼まれた時は、手遅れの状態でした。招致委員会の事務総長だった河野一郎さんは、『あと一息で東京になりますから』と話していましたが、とてもそんなレベルではなかった。開催国の争奪戦は生易しいものではなく、例えばスペインなどは国王が、視察に訪れたＩＯＣの関係者を王宮に招待し、もてなす。日本で言えば天皇陛下が皇居に招待するようなものです。直前に頼んでどうこうできる話ではないんです」

この結果に誰よりも落胆したのは、招致活動を牽引してきた都知事の石原だった。石原はコペンハーゲンから帰国する機中で、隣に座る元首相の森喜朗に悔し涙をみせながら、「もうやる気をなくした」と嘆いた。

石原は帰国後の会見で、招致活動を振り返り、「ブラジル大統領がかなり思い切った約束をアフリカの（ＩＯＣ委員の）諸君としたようだ」とアフリカ票の買収を匂わせる発言で物議を醸した。リオ側は色をなして否定したが、リオ五輪後の一七年になって、買収工作の一端が白日の下に晒されることになる。

ブラジルのオリンピック委員会の会長で、リオ五輪の組織委会長を務めたカルロス・ヌズマンがＩＯＣ委員の買収に関わったとしてブラジル司法当局に逮捕されたのだ。リオ側は、ＩＯＣ総会の三日前、ラミンの息子、パパマッサタ・ディアクに二百万ドル（約二億二千五百万円）を不正に送金。さらに開催地決定直後から、パパマッサタがカルロスらに「コペンハーゲンでの約束を信じた人たちが困惑している」などとカネを催促するメールを送っていたことが明らかになった。

石原を口説いた森

東京は完全に出し抜かれていた形だったが、実はＩＯＣ総会から約半月後、河野が教授を務めていた筑波大では、チュニジアのＩＯＣ委員が来日し、講演会が行なわれた。招致関係者の間では「講演と箱根での接待がセットだった。投票前の約束を、遂行せざるを得なかったのでは」と囁かれたほどで、想定外の結末に各方面で混乱が広がっていた。

東京の三年に及ぶ招致活動では、都税百億円を含む約百五十億円の巨費が投じられたが、そのうち電通が受託した約六十七億円分の事業はほぼ随意契約だった。ＩＯＣ総会での最終プレゼン用のＰＲ映像がわずか十分間ながら制作に五億円も掛かったことも批判を浴び、次の二〇二〇年五輪への立候補には暗雲が垂れ込めていた。

再挑戦に消極的だった石原を口説き落としたのは、日本体育協会会長だった森である。ラグビー協会の会長も務めていた森は、一九年に日本開催が決まっていたラグビーＷ杯の主会場として新国立競技場を建設する構想を描いていた。そこで、ラグビーＷ杯だけではなく、東京五輪を招致し、新国立をメインスタジアムにすることを口実にすれば、世論も納得すると踏んだのだ。

森は一一年七月、自ら実行委員長を務めた体協とＪＯＣの百周年事業のレセプションにＩＯＣのジャック・ロゲ会長を招待した。石原が二〇二〇年五輪への立候補を正式に表明する舞台を用意したのである。

「オリンピック招致という戦いに挑む限りは勝たなかったら意味がない」

石原は約千四百人の招待客を前にそう宣言し、再び闘いの火蓋が切られることになった。

立候補都市が入り乱れた初期の招致レースでは、注目のアフリカ票はイスタンブールが握っているとされた。しかし、東京にも追い風が吹きつつあった。

石原の立候補宣言の翌月から、韓国・大邱《テグ》では国際陸連にとって五輪と双璧をなすビッグイベントである世界陸上が始まった。大会期間中に行なわれた国際陸連の総会で、会長のラミンは、退任する事務総長の後任としてフランス人のエッサー・ガブリエルを抜擢した。エッサーは五輪や世界陸上で競技会場責任者を務めた経験があり、一六年五輪の招致活動では、都の招致委員会がコンサルタントとして契約。当時の事務総長だった河野のアドバイザーとして活動した親日派だった。彼は〇七年九月にＩＯＣのユース五輪の責任者に任命されてアドバイザーから外れたが、ＪＯＣや日本陸連とは良好な関係を築いていた。東京側にとっては願ってもない人事だった。

ラミンが率いた国際陸連は、租税回避地として知られるモナコに本部を置く。世界陸上などを主催するが、余剰資金は別途設立されている国際陸連基金（ＩＡＦ）が管理する複雑な統治体制がとられている。ＩＡＦの名誉総裁はモナコ公で、ラミンは会長であり、評議会の議長だった。

セネガルの元走り幅跳び選手で、ダカール市長も務めたラミンには、実務担当のモナコと母国セネガルとの二系統の秘書がいた。その数は総勢約五十人とも言われ、彼らを養う必要があった。しかも、一夫多妻制のセネガルゆえ、ラミンには妻や子供もたくさんいた。

そのラミンに最初に食い込んだのが、当時電通の執行役員だった治之である。

それは、〇一年八月にカナダ・エドモントンで行なわれた世界陸上の大会期間中のことだ。その三カ月前に国際陸連のマーケティングを担っていたアディダスと電通の合弁会社「ＩＳＬ」が破綻し、大会運営にも大きな影を落としていた。ＩＳＬにはラミンのコネでパパマッサタも末端の社員に名を連ねていたが、ＩＳＬの副会長も務めた治之にとっては、まだ取るに足らない存在だった。

エドモントンでは、宙に浮いた放映権について、電通とフランスの放送局「カナル・プラス」のスポーツ部門が争奪戦を繰り広げたが、交渉の末、電通は一旦手を引いた。

ラミンの息子を可愛がり

その経緯を治之が振り返る。

「相手方の責任者は、のちにＦＩＦＡの事務局長になるジェローム・バルクでした。彼が破格の好条件を出したようで、ラミン側近の国際陸連の副会長らは、電通が提示した厳しい数字に難色を示してきた。そこは駆け引きなので、『こちらの条件を飲まないなら、要らない』と突っぱねました。どうせダメなら、ジェロームは知らない仲ではないし、そこから買えばいいと思って席を立ったんです」

ところが、遅々として契約が進まず、そのうちに条件面で揉め始めた。国際陸連側は再度、電通に打診してきたのだという。

「結局、こちらの提示した条件通りで合意しました。外国人との交渉は、腹の探り合いだから、ちょっとしたテクニックも必要なんです。時には決裁を貰っていなくても、ＯＫが出ているような素振りで交渉する。そういうことは何度もやりました」

電通は国際陸連と契約を結び、〇一年から〇九年までの放映権及びマーケティング権を獲得。その実務は、ＩＳＬの元陸上担当者らが設立したＡＭＳ（アスレティックス・マネジメント・アンド・サービシズ）が担った。ＡＭＳは、スイスのルツェルンに拠点を置き、わずか五人ほどの会社だったが、国際陸連のイベント運営には欠かせない存在だった。

国際陸連は難局を乗り切ったものの、依然としてスポンサー集めには苦慮しており、マーケティング部門の会議などでも、ファンの陸上離れを食い止める新たな施策が話し合われていた。状況が好転し始めたのは〇七年八月に電通がロンドンに「電通スポーツヨーロッパ」を設立して以降のことだ。社長に就任したのは治之の忠実な部下で、治之会のメンバーでもあった中村潔だった。

中村は、AMSや、国際陸連のマーケティングコンサルタントとなったパパマッサタらとともに英国陸上連盟の協力のもと、陸上競技雑誌とデジタルメディアの「Spikes」の立ち上げを提案。さらに陸上のトラック大会の最高峰シリーズとして「ダイヤモンドリーグ」の構想をぶち上げた。当時はジャマイカ出身のウサイン・ボルトが、〝世界最速の男〟として注目を浴び始めた頃で、その人気の波に乗り、二つの新企画はいずれも成功を収めた。

中村は〇九年に電通スポーツ事業局長に栄転し、ニューヨークに設立された「電通スポーツアメリカ」の社長も兼務。のちに執行役員となった。英語が堪能だったことから、ディアク親子とも関係を深め、電話一本で話ができるほどの関係を築いた。

治之もまた、実績を積んだパパマッサタを可愛がり、来日した際には治之が常連だった都内の高級ホテルのバーで一緒にいる姿がたびたび目撃されていた。

治之はパパマッサタをこう評する。

「たくさんいるラミンの息子のなかで飛び抜けて優秀だった。英語、フランス語、ロシア語と五カ国語くらいを操って、記憶力もいい。一を聞いて十を知るタイプ。ラミンもビジネス上では一番彼を信頼し、彼に言えば話は大体伝わりました」

そのパパマッサタが、ある時期から関係を深めていたのがロシアだった。当時のロシアは、一三年に首都、モスクワで世界陸上が開催予定で、翌年には南西部の黒海沿いにあるソチで冬季五輪が開催されることになっていた。ソチ五輪の招致では、世界最大のガス会社、ガスプロムが活動資金を支え、五輪の最高位のスポンサーにも名乗りをあげたほどで、その財力に惹かれたパパマッサタは、本丸である大統領のプーチンにも接触を図っていた。国際陸連のスポンサー集めに奔走していたのだ。

のちにディアク親子とプーチンとの関係は、世界のスポーツ界を揺るがす大スキャンダルに発展していく。

一方、治之は一一年に電通の顧問を退任し、コンサルタント会社「コモンズ」の代表に就任した。彼が二〇二〇年五輪の招致に関わることになるのは、翌年十二月の政権交代で、第二次安倍晋三内閣が発足して以降のことだ。安倍政権がデフレからの脱却を目指す経済政策「アベノミクス」を掲げ、五輪招致に取り組み始めた頃、治之は、あるパーティーで安倍と同席している。

「僕が保証します」

安倍は治之に「高橋さん、ちょっと」と声を掛け、二人きりで話す場面を作って、こう切り出した。

「本気で五輪の招致をやりたいと思っています。石原さんからも『プロがやらなきゃ勝てない』と言われました。高橋さん、ぜひやって頂けませんか？」

安倍家と高橋家の繋がりについては、すでに詳述したが、治之は治則を通じて晋三の父、晋太郎の時代から安倍家とは付き合いがあった。しかし、治之は躊躇いなくこう答えた。

「五輪のことに関わると、終わってから、『帳面を出せ』とか、必ずいろんな問題が出てきます。事件になることもある。だから、僕は表立ってはやりたくないです」

治之が一六年五輪の招致の際、土壇場で依頼を受けるまで、自分からは一切動かなかったのも、それが理由の一つだった。

すると、安倍はこう断言した。

「大丈夫です。絶対に迷惑が掛からないようにします。それは僕が保証します」

時の首相からお墨付きを得たことで、治之は招致委員会のスペシャルアドバイザーに就任した。治之には、ＦＩＦＡ会長のゼップ・ブラッターと国際陸連会長のラミンという二人の有力ＩＯＣ委員の人脈を起点とし、組織票を固めていくことが期待されていた。さらに治之は、招致活動をスポンサードする協賛企業の募集にも関わっていく。

招致委員会は、前回の反省を踏まえ、招致予算を七十五億円に抑え、うち三十八億円を民間資金で調達すべく、電通に協力を依頼。一二年四月から一社につき協賛金と寄付金を合わせ、二億一千万円を目安に募集を始めており、最終的には二十一社の協賛を獲得した。

実は、治之は正式に招致活動に関わる前に、大手パチンコホールのマルハンの協賛契約にも関与していた。マルハンが招致委員会との契約がない時期に、東京五輪を謳った広告宣伝を行なっていたことから招致委員会が抗議したところ、窓口の広告代理店、大広の担当者とともに治之が現れたのだ（マルハンによれば、代理店へ協賛金の支払いが完了し、広告宣伝をしてよいとの確認を得ていたという）。交渉の末、マルハンは一三年一月に正式に招致委員会とオフィシャルパートナー契約を結んだ。

その後、治之は、紳士服大手のＡＯＫＩホールディングスや遊技事業大手のセガサミーホールディングスなどとの契約も仲介した。セガサミー会長の里見治とは気心が知れた仲だったが、協賛金の拠出を依頼した時、すでにセガサミーは、森喜朗の子飼いとされる一六年五輪の招致当時の事務総長、河野一郎の依頼で、「一般財団法人嘉納治五郎記念国際スポーツ研究・交流センター」に億単位の寄付を行なっていた。つまり、セガサミーは二つのルートで招致活動に貢献していたのだ。

それぞれの思惑が交錯しながらも、山場を迎えた招致の票読みでは、東京リードの観測が広がっていた。

迎えた一三年九月七日のアルゼンチン・ブエノスアイレス——。東京は決選投票で六十票を獲得してイスタンブールに圧勝し、五輪開催を勝ち取った。五十六年ぶりの東京五輪に日本中が沸き、治之は五輪招致の最大の功労者となった。

しかし、その歓喜の叫び声は、やがて東京五輪の〝闇〟にかき消されていく。

二十六、噴出した買収疑惑

英紙が東京五輪招致を巡る疑惑を報じた翌日、豪州の名門大学で披露されたのは、創設者である亡き治則の銅像だった。治之も大学の名を冠した法人を立ち上げるのだが……。

二度目の東京五輪の開催が決まった〝ブエノスアイレスの歓喜〟から約三カ月後――。二〇一三年十二月、世田谷区内に高橋治之の三階建ての新居が完成した。

もともとこの場所には、治之の父、義治がNET（現テレビ朝日）に勤務していた当時に建てた三階建ての豪邸があった。広い庭には犬好きの母、朝子が可愛がるスピッツが何匹も走り回る優雅な環境で、治之は結婚して子供が出来てからも、増築を施して両親と同居していた。

ところが、ある時、親子で諍いになり、義治は売り言葉に買い言葉で、こう治之を詰《なじ》った。

「俺がお前の年の頃には、もう家を建てていたぞ。いい年をしていつまで親の家に住んでいるんだ」

この言葉にカチンときた治之はこう食って掛かった。

「何を言ってんだよ。俺は長男だし、親と一緒に住まなきゃいけないと思って、ここにいるんだろ。家なんかすぐにでも建ててやるよ」

その言葉通り、治之は程なくして実家から徒歩圏内に土地を買い、自宅を建てた。義治にはムキになって反論したが、年老いていく両親にもしものことがあれば、すぐに駆けつけられる場所を選んだのである。

月日が流れ、一九八六年に義治が七十歳で亡くなり、〇九年には朝子も老衰のため九十歳で大往生を遂げた。そして治之一家は再び実家があった場所に戻って来たのだ。治之は老朽化した建物を解体し、約二百三十坪の敷地に、父親が建てた家と遜色ない約四億円相当の豪邸を建てた。

弟の治則は、バブル期の八五年に五億円超を投じて目黒区八雲に白亜の豪邸を建てた。治則の成功の証しだったその家は、バブル崩壊後に人手に渡り、セキュリティーの厳重さを買われてスーダン共和国の大使館へと姿を変えていた。治則の死を乗り越え、治之が手に入れた自宅は、高橋家の再興を象徴するかのような堂々たる佇まいだった。

治之は、電通時代から築き上げてきたスポーツ人脈が五輪招致で実を結び、七十歳を目前に終の棲家も手に入れた。数年前には前立腺がんも経験していたが、守りに入るどころか、その事業欲は衰えを知らなかった。一九年に日本で開催されるラグビーW杯に向け、マーケティングの責任者だった電通の後輩からの依頼で、大会のスポンサー企業の募集を開始。治之独自の人脈で、警備会社のセコムや住宅設備機器メーカーのＴＯＴＯから計二十三億七千万円の協賛金を獲得していく。

一三年時点で、治之には世田谷区の所有不動産を担保に五億円を超える借入はあったものの、自身が代表を務めるコンサル会社「コモンズ」の売上げは急伸。民間信用調査会社のレポートによれば、一二年は約六億三千万円だった売上げが翌年には十四億九千万円となっていた。

主要因は、東京五輪の招致委員会からコモンズに支払われた約八億九千万円にのぼる破格のコンサル料である。治之は、招致活動を支援するスポンサー企業の募集に協力し、パチンコチェーンのマルハン、遊技事業のセガサミーホールディングス、紳士服のＡＯＫＩホールディングスなどから合計約二十五億円を集めた。その協賛金の約三割と海外渡航費などをロビー活動費として受け取っていたのだ。

そして一四年一月、二〇二〇東京五輪の組織委員会が正式に設立される。会長には元首相の森喜朗が就任し、実務を担う事務総長には、森政権下で大蔵省（当時）の事務次官を務めた武藤敏郎が就いた。組織委員会を構成する理事は三十五人を上限にスポーツ界や政財界などから人選が進められ、一四年三月で三十四人の枠が埋まっていた。それと並行して行なわれたのが、大会のスポンサー集めを独占的に行なう「マーケティング専任代理店」の入札だ。

二〇二〇東京大会は、可能な限り公費の負担を抑え、いかに民間からの資金調達で運営費を賄うかが課題で、それにはスポンサー企業の獲得が至上命令だった。入札には広告代理店四社が手を挙げ、大方の予想通り、最大手の電通が指名を受けた。

三カ月後の一四年六月、最後発で、組織委員会の三十五番目の理事に任命されたのが治之だった。就任については、組織委員会の副会長に選ばれたＪＯＣ会長の竹田恒和が当初から推薦していたが、会長の森は「高橋さんは、まだ入れるべきではない」と制していた。古巣の電通が受注を決める前に、治之が理事に就任すれば公平性を疑われかねないため、入札が終了するタイミングを待って、森が了承した形だった。竹田の次兄は治之と慶応幼稚舎時代からの同級生で、治之も幼い頃から竹田を「カズ」と呼んで身内同然に育ってきた。すべて御膳立ては整っていた。

盟友・ブラッターの失脚

雲行きが怪しくなり始めたのは一五年に入ってからのことである。

一五年五月、米司法省が、スイスの司法当局の協力のもと、ＦＩＦＡ（国際サッカー連盟）の副会長らをＷ杯の招致や放映権に絡む贈収賄などで起訴した。ＦＩＦＡの金権体質にメスが入ったことで、サッカー界は大揺れとなり、九八年からＦＩＦＡ会長として長期政権を敷いてきたゼップ・ブラッターは、五選を果たした四日後に辞任を表明。半年後にはブラッター自身も不透明な金銭の授受があったとして八年間の活動停止処分を受け、事実上、表舞台から姿を消した。

治之は七九年に日本で開催されたワールドユース選手権でブラッターと知り合い、盟友関係を築いたことで、国際的なサッカーイベントをいくつも成功させてきた。電通の専務を退任して顧問となった〇九年には、日本サッカー協会から次のような感謝状を贈呈されている。

〈トヨタカップの日本招致を始めとして２００２年ＦＩＦＡワールドカップ開催ＦＩＦＡブラッター会長との良好な関係など高橋治之さん無しには日本サッカー界のこれまでの発展はありませんでした　長年の功績を称え心より感謝の意を表します〉

ブラッターはスイス人だったが、独裁者として君臨したブラジル出身の前会長、ジョアン・アベランジェの薫陶を受け、欧州よりもアジアやアフリカ勢からの支援を権力の源泉とした。ＩＯＣ委員としても隠然たる影響力を持ち、東京五輪の開催決定時には、治之の依頼で、十票近くの票を纏めていたとされる。

治之は、ブラッターの失脚を招いた汚職事件について「ＦＩＦＡ内部の揉め事に端を発している。私は一切関知していない」として、こう語る。

「アベランジェの時代、サッカーＷ杯の放映権は世界の隅々まで映像を提供することを優先し、公共放送に安価で売られていた。その普及活動は一定の成果をあげたので、僕はブラッターが会長に就任した時、『そろそろ放映権で稼ぐ時代になった。その儲けをサッカー振興に充てるべきだ』と提案したんです。すると、ブラッターは〇二年の日韓共催大会から競争入札に切り替え、放映権は高騰しました。日本でも九八年のフランス大会ではＮＨＫが約六億円で放映権を獲得していたのに、〇二年には電通が窓口になり、二百億円規模に膨れ上がった。『電通の高橋のせいで、放映権が跳ね上がった』と随分と文句を言われましたが、ＦＩＦＡはその儲けを世界各国のサッカー協会に援助金として分配し、貧しい地域のグラウンド整備などに使って貰ったんです。ブラッターが私腹を肥やしていた訳ではない」

確かにブラッターは、九九年から「ゴールプログラム」と名付けた普及事業を展開し、最初の四年間だけで百十七の協会に計百十五億円を配っている。ただ、その崇高な理念とは裏腹に、会長としての支持基盤を安定させたい思惑があったことも事実だ。カネは渡すが、その使途には目を瞑り、私腹を肥やすような行為があっても見て見ぬ振りをしてきた。その不作為がＦＩＦＡの金権体質を増長させたことは明らかだった。その後も拡大の一途を辿った汚職事件は、三十人に及ぶ関係者が起訴され、スポーツマフィアの跋扈と肥大化したスポーツビジネスの内情を白日の下に晒した。だが、腐敗の構造はサッカー界だけではなかった。

世界の陸上界を牽引する国際陸連もまた、ドス黒い疑惑が取り沙汰されていた。一五年八月に退任した渦中の前会長、ラミン・ディアクは、フランス語圏のアフリカ勢には圧倒的な影響力を持つＩＯＣ委員で、東京五輪の招致では、治之がブラッターと並んで最も頼りにしていた一人だった。

疑惑の発端は、一四年十二月にドイツ公共放送の番組が、ロシアの複数の陸上選手の証言をもとに組織的なドーピングや隠蔽工作の実態を取り上げたことである。なかでもシカゴ・マラソンを三連覇した女子マラソン選手、リリア・ショブホワの告白は衝撃だった。ドーピング検査で陽性反応を示したデータを隠して一二年のロンドン五輪に出場するため、四十五万ユーロ（約六千六百六十万円）をロシア陸連の幹部に支払い、さらに国際陸連の関係者も関与している実態を明かしたのだ。

世界反ドーピング機関は約十カ月に及ぶ調査を実施し、一五年十一月と翌年一月に報告書として公表した。そこには国際陸連を舞台に賄賂が横行していた実態が克明に記されていた。国際陸連の本部があるモナコは、フランスが司法権を握るため、フランス司法当局が捜査に乗り出し、ラミンは収賄容疑などで逮捕された。

約十六年にわたって国際陸連のトップに君臨したラミンは、息子のパパマッサタ・ディアクをコンサルタントとして重用しており、彼は不正の中心人物として国際陸連から永久追放処分を受け、国際指名手配された。事態は底なしの様相を呈していた。

法人理事には竹田恒和が

次に疑惑が飛び火したのは、日本だった。英紙「ガーディアン」が一六年五月十一日付で、東京五輪招致の〝買収疑惑〟の全容を報じたのだ。

当時の招致委員会は、東京五輪の開催が決まった一三年九月の前後に二回に分けて約二億二千万円をシンガポールの「ブラック・タイディングス」なるコンサル会社の口座に振り込んでいた。ブラック・タイディングス社の代表はパパマッサタの知人で、口座はロシアのショブホワのドーピング隠蔽を巡る資金のやり取りにも使われていた。つまり、東京から振り込まれたカネは、ラミン周辺への買収工作の一環だったとの疑いが浮上したのである。

招致委員会の理事長だったJOC会長の竹田は、参考人として国会にも呼ばれ、釈明に追われた。竹田はブラック・タイディングス社から売り込みがあり、「電通に確認し、実績がある会社だった」として妥当なコンサル契約であると主張。しかし、フランス司法当局の捜査対象となった竹田は、次第に追い詰められ、疑惑の矛先は治之にも向けられていく。

その「ガーディアン」紙の報道で、日本中に激震が走った翌日、日本から遠く離れた南半球の地、オーストラリアで、日豪友好の証しとして二人の実業家の銅像がお披露目の時を迎えていた。等身大の二体の銅像は、オーストラリア最大のリゾート地、ゴールドコーストにあるボンド大学の二人の創設者、アラン・ボンドと高橋治則だった。

ボンド大学は、八九年にオーストラリア初の私立大学として開校した。四十代でオーストラリア

衆院予算委員会で証言するJOC会長（当時）の竹田恒和（時事）

有数の実業家にのし上がったボンドは、八三年に世界最古のヨットレースであるアメリカズカップで、無敵を誇ったアメリカから初めてカップを奪ったヨットのオーナーとしても名を知られていた。片や治則は、「イ、アイ、イ」グループを率いて、オーストラリアでホテルやリゾートを買い漁り、当時は飛ぶ鳥を落とす勢いだった。ボンド大学設立の経緯は、第3章第十一節で触れたが、その後はボンドの企業グループと「イ、アイ、イ」グループの相次ぐ経営危機に翻弄されながらも、ビジネススクールやロースクールのほか医学部も有する総合大学に発展。国内でも名門校と呼ばれるまでになっていた。

治則の元側近で、海外事業担当だった山崎正人が、銅像制作の経緯を明かす。

「ボンド大学の設立は、開校の二年前の八七年で、三十年の節目を目前にして、創設者を称揚する銅像の構想を理事会で検討したことがきっかけでした。大学名はアラン・ボンドからとられていますが、ボンド側は早々に経営が傾いたので、資金面は『イ、アイ、イ』グループが支える形となり、トータルで二百億円近くを投じています。その後、『イ、アイ、イ』グループも破綻し、大学経営からは完全に手が離れていましたが、大学側から『高橋さんの写真が欲しい』と私に打診がありました。そこで、『イ・アイ・イ－インターナショナル』の元役員に仲介を依頼して、高橋社長の遺族と連絡を取って貰い、写真の提供を受けて、話が具体的に進んでいきました」

制作に約四カ月をかけて銅像が完成すると、現地での除幕式には治則の妻や長男、長女夫婦も出席した。遺族を代表し、長男が挨拶に立ち、この日を迎えた喜びや父親の教育への想いを英語でスピーチした。治則の形見とも言えるボンド大学は、治則の死後、疎遠になりつつあった治則の家族と治之との距離を再び近付ける効果ももたらした。

キャンパス内に多数のスポーツ施設を抱え、水泳の強豪校でもあるボンド大学は、スポーツ分野での新規展開を模索していた。そこで高橋家にも協力を求めていくなかで、スポーツ界に人脈を持つ治之に白羽の矢が立った。治之にとっては東京五輪後を見据え、人生の総仕上げに相応しいビジネスチャンスでもあった。

治之が思い描いたのは、米国フロリダ州にある大手マネジメント会社、ＩＭＧが運営する全寮制の中高一貫のアスリート養成機関「ＩＭＧアカデミー」との連携だった。テニスの錦織圭選手が在籍したことでも知られるが、治之はＩＭＧの創設者、故マーク・マコーマックとは電通時代にゴルフ事業を通じて親交を深めた仲であり、その遺志を継いでスポーツマネジメントを学べる環境を整備したいと考えたのだ。

治之は一七年十二月に自ら代表理事となり、都内に「一般社団法人Ｂｏｎｄ Ｊａｐａｎ」を設立。理事には治則ファミリーとＪＯＣ会長の竹田恒和が入り、最高顧問に慶応義塾元塾長の安西祐一郎を迎えた。ボンド大学からは年に一度は学長が来日し、日本からの留学生の受け入れを視野に、電通やスポーツメーカーを巻き込んだ壮大なプロジェクトを計画していた。折しも、ボンド大学があるクイーンズランドの州都、ブリスベンは三二年夏季五輪の招致に名乗りをあげており、ＩＯＣ委員の竹田が加わる意味も大きかった。

「バッハは知らんぷり」

しかし、東京五輪の〝買収疑惑〟は一向に収束に向かう気配はなく、一九年一月にフランス司法当局が竹田について贈賄容疑で正式に捜査を開始したことが明らかになると、一気に再燃した。三月には竹田がついに辞意を表明し、ＪＯＣ会長やＩＯＣ委員の公職から退いた。

治之は、ラミン親子の不正から火を噴いた一連の疑惑については、今も釈然としない思いを抱えている。

「パパ（マッサタ）・ディアクに邪な気持ちがまったくなかったとは言いませんが、父親のため、国際陸連のために必死にスポンサー集めをしていたことも確かです。ロシアに深入りしたことで、カネの受け取りを拒否できないところまで追い込まれ、可哀想な側面もあったと思う。疑惑が発覚してラミンが拘束された時、バッハがひと言、『ラミンは陸上界のトップとして五輪を支えてくれた。ＩＯＣにとっての功労者だった』と言っていれば、状況はまるで違っていた。ところが、彼はラミンを庇うどころか、知らんぷりしていた。バッハはラミンに借りがあったんだ」

バッハとは、一三年からＩＯＣの会長を務めているドイツ出身のトーマス・バッハのことだ。東京五輪の開催が決まった三日後、ＩＯＣ総会の最終日に行なわれた会長選挙で、バッハは前会長、ジャック・ロゲの後任に選出された。選挙にはウクライナ出身の棒高跳び元世界記録保持者、セルゲイ・ブブカら六人が立候補していた。下馬評ではバッハ有利の観測が流れていたが、治之は当時、五輪招致のロビー活動で複数のＩＯＣ委員らに接触を図っていたことから、実際にはバッハに厳しい情勢になっていることを知っていた。接戦のなか、最後に票を纏めてバッハを推したのは、他ならぬラミンだった。

「ラミンが推さなければ、バッハは会長にはなっていなかった」

治之は今でもバッハへの不信感を隠そうとしないが、やがて二人の対立は表面化していく。東京五輪の開幕までにはまだまだ波乱が待ち構えていた。

二十七、独断で仕掛けた五輪延期

コロナで五輪開催が危ぶまれた二〇年三月、治之はウォール・ストリート・ジャーナルで延期論をぶち上げた。それから数カ月――。彼は赤坂の老舗料亭で、森喜朗らと向き合っていた。

新型コロナウイルスが猛威を振るった二〇二〇年。感染拡大により、四月七日から順次発令されていた緊急事態宣言が全面解除されたのは五月二十五日のことだった。営業自粛を余儀なくされていた飲食店も、酒類の提供時間が夜十時まで延び、本格的な再開に向けて動き始めていた。

「冗談じゃないですよ！　何で僕が辞めなきゃいけないんですか」

繁華街の喧騒から離れた場所にある東京・赤坂の料亭「佐藤」に、その怒号が響き渡ったのは、それから程なくしてのことだった。この日、東京五輪の組織委員会の会長、森喜朗や理事の高橋治之らが密かに集まり、会合の席が設けられていた。森がＩＯＣ会長のトーマス・バッハの意向を受けて、治之に理事を辞任するよう求めると、治之は机を叩いて、こう怒りを露わにしたのだ――。

「佐藤」は、森が贔屓にしていた料亭で、治之にとっても馴染みのある場所である。一九八九年に現在の場所に移転し、地下一階、地上三階建てのビルを新築した際には、治之の弟、治則が資金面を支えたことはすでに書いた。バブル期には、この料亭を舞台に政治家や大蔵官僚などを招いた宴が連日のように繰り広げられたが、バブル崩壊後、オーナーが替わり、高橋家と身内同然の付き合いだった先代の女将も事実上引退。その後はビルの二階部分のみ「佐藤」の屋号を残して営業が続けられていた。

この日の会食は、森にとっても、治之にとっても、初めから厳しい話し合いになることは目に見えていた。治之は、その場に同席していた電通の執行役員、中村潔からも繰り返し、「辞任した方がいいです」と進言されていたからだ。

中村は、治之が特別目を掛けてきた元部下だった。東京五輪の招致活動では、治之の人脈を引き継ぐ形で、電通内で中心的な役割を果たし、招致決定後は、森も語学が堪能な中村にＩＯＣとのパイプ役として全幅の信頼を寄せていた。中村には一年ほど前に、海外から好条件でヘッドハンティングの話があった。取締役に昇進する一歩手前で足踏みが続き、展望が開けないなか、中村は魅力的なオファーに揺れ動いていた。相談を受けた治之は、成果主義が徹底している外資系企業のリスクを説いて聞かせた。

そして、電通側に待遇の改善を申し入れるようアドバイスすると同時に、その件を森の耳に入れた。森は、五輪開催を目前に控え、中村が電通を去れば、大会運営にも影響が出ると大慌てだった。森が電通側に働きかけたことで、肩書きは変わらないものの、給与の増額提示を引き出し、何とか中村は思い止まった。治之の機転が、奏功した形だった。

さらに治之は、中村の実兄のビジネスにも協力を惜しまなかった。中村の兄は大手商社などを経て、英国の動画配信大手「パフォーム・グループ」（現ＤＡＺＮグループ）傘下の「ＤＡＺＮ」の日本法人の社長に就任していた。ＤＡＺＮはスポーツ専門の動画配信サービスを展開しており、Ｊリ

フェンシングの西ドイツ代表だったIOC会長のバッハ（雑誌協会代表取材）

ーグの放映権を一七年から十年間で約二千百億円という破格の条件で契約。豊富な資金力で、日本のスポーツ界でも旋風を巻き起こしていた。プロ野球にも食指を伸ばし、全球団制覇を目指すなか、多くの視聴者獲得が見込める読売巨人軍との提携は何としても実現したい案件だった。交渉は難航を極めたが、そこでも治之が相談に乗り、契約締結に尽力していた。

可愛がってきた元部下の中村まで、掌を返したように辞任を迫る状況に治之は苛立っていた。

東京五輪は、これまで国立競技場の建て替えやエンブレム撤回問題、さらに招致に絡む不正疑惑など、準備段階からいくつものトラブルに見舞われてきた。とりわけ開幕まであと半年と迫った二〇年一月末から拡大したコロナ禍は、延期か、中止かの選択を迫る最大の試練だった。

「東京五輪の成功に変わらぬ自信を持っている」

三月三日、スイスで行なわれたＩＯＣの理事会で、バッハはそう宣言し、東京五輪が予定通り七月二十四日から開幕すると太鼓判を押した。

しかし、治之の元にはまったく違う情報が入っていた。ＩＯＣは東京五輪の中止を三月末にも発表することを検討しており、延期はせず、二二年の冬季五輪を北京で開いた後、次の夏季五輪は、二〇二四年のパリ大会とする方向で調整しているという。

「皆さん、パリで会いましょう」

それが合い言葉になっているとも聞いた。治之は、懇意にしていたＦＩＦＡのゼップ・ブラッターや国際陸連のラミン・ディアクという大物ＩＯＣ委員が失脚した後も、欧州のＩＯＣ関係者と複数のパイプを持っており、頻繁に電話でやり取りをしていた。治之の知る限り、東京五輪の組織委員会には、ＩＯＣの内部から極秘情報を電話一本でとれる人間は皆無だった。

「バッハに詫び状を」

その一週間後――。三月十日付の米紙「ウォール・ストリート・ジャーナル」の電子版には、治之のインタビュー記事が掲載された。

「新型コロナウイルスの感染拡大で、今夏の東京五輪が開催できない場合、最も現実的な選択肢は一年から二年延期することだ」

治之はそう語り、中止となれば、「ＩＯＣ自身が（経営的に）おかしくなる」として米国のＮＢＣユニバーサルがＩＯＣ側に支払っている放映権料だけでも「大変な金額」だと指摘した。さらに、一年未満の延期では、米国の野球やアメフト、欧州のサッカーなど主要なプロスポーツイベントと重なる可能性が高く、翌年もスポーツイベントの予定が概ね固まっていることから、「二年後の方が調整しやすい」と持論を展開した。

個人的な見解とはいえ、組織委員会の現役理事による実名の告白は大きな波紋を呼んだ。この発言を受け、組織委員会のトップである森は、「とんでもないことをおっしゃった。高橋さんと電話で話したが、『申し訳ない。ちょっと口が滑ってしまった』と言うので、『軽率な発言は厳に慎んで欲しい』と申し上げた」と語り、火消しに躍起だった。

だが、この時の治之は、口が滑って軽率な発言をした訳ではない。確信犯で観測気球をブチ上げたのだ。

治之が当時を振り返る。

「IOCが東京五輪の中止を決定したら、もうひっくり返せない。そうなれば、五輪を目標に頑張ってきたアスリートが真っ先に被害を受け、その他の準備もすべて無駄になってしまう。それを阻止するには、米国に延期を認めさせることが肝要でした」

IOCにとって米国での放映権料は主要な財源であり、米国選手の派遣を決めるUSOC（米国オリンピック委員会）の意向も無視できない。そこを動かすには、米国で最も影響力のある人物に訴えかけるしかない。それが当時の大統領、ドナルド・トランプだった。治之が続ける。

「僕が、ウォール・ストリート・ジャーナルの取材を受けたのは、トランプの愛読紙だったからです。記事を読んだトランプが『一年延期する方がいい』と提案すると、日本側は、慌てて首相の安倍さんがトランプに電話会談を申し入れました。そして、次々と延期を後押しする声があがり、USOCもその流れに追随した。東京五輪の組織委員会の理事会は、コロナ禍前の一九年十二月から開かれておらず、次回は三月末に予定されていましたが、それを待っていては手遅れになる。だから、承認を得る前に、すべて計算のうえで、独断で発言したんです」

トランプを巻き込んだことで、潮目が変わり、事態は延期に向けて一気に動き始めていく。そして三月二十四日の夜、安倍晋三とバッハとの電話会談を経て、東京五輪の一年延期が決定した。しかし、治之のスタンドプレイに面子を潰されたバッハの怒りは収まらなかった。

バッハは、森を通じて治之を理事から外すよう執拗に迫った。治之にもバッハの意向は伝えられたが、二カ月が過ぎ、一向に埒が明かないため、料亭「佐藤」で直接対峙することになる。それが今節の冒頭の場面だ。

予想通り、治之は抵抗し、「僕は東京五輪が中止になるところを助けたんですよ。何で責任を取らなくちゃいけないんですか。第一、バッハのために辞めるなんて冗談じゃない。絶対に辞めません」と捲《まく》し立てた。その勢いに気圧された森は、なす術なく、ただ困惑するしかなかった。

「……分かった。しかし、私にも立場がある。何もなしという訳にはいかない。辞任しない代わりに、バッハに詫び状を書いて欲しい」

治之は本意ではなかったが、板挟みになった森の立場を慮り、「いいですよ」と渋々これに応じた。後日、治之は自らが代表を務めるコンサル会社「コモンズ」の事務所で、バッハ宛てに「誤解を生むような発言をして申し訳なかった」と謝罪のメールを送った。これで長引いた騒動は一応の決着をみたが、治之によれば、その背景には、森がバッハにこう釘を刺したことも影響していたという。

「タカハシは、ＩＯＣの会長選挙で、あなたがラミンの支援を受けて会長に選ばれたことも含めて、すべてを知っている。彼を辞めさせると面倒なことになるかもしれない」

その言葉にどれほどの効力があったのかは分からない。ただ、就任以来、五輪改革の新指針「アジェンダ二〇二〇」を掲げ、組織のガバナンス強化を推進してきたバッハにとって、汚職の主役であるラミンとの関係を取り沙汰されることは、決して面白くはなかっただろう。治之はバッハに不信感を募らせていた。不正があるなら、そこに目を瞑《つぶ》れとは言わないが、功労者として一定の敬意を払うべきではなかったかという主張である。ラミンのしたことを考えると、いささか甘すぎると感じるが、彼にとってビジネスの要諦とは、すなわち「義理と人情」のしがらみなのだ。

コモンズへの振り込み

治之は、長年の友人であり、サッカー界では、そのリーダーシップ溢れるプレイスタイルなどから、〝皇帝〟と呼ばれた元西ドイツ代表主将のベッケンバウアー（二〇二四年一月七日に死去）についてこう言及した。

「僕はベッケンバウアーほどの紳士を知らないし、決して人の悪口を言わない人だった。その彼が、同じドイツ人のバッハを嫌っていた。ベッケンバウアーもＦＩＦＡの一連の汚職事件では、〇六年

Ｗ杯ドイツ大会の組織委員会の会長として、招致段階の買収疑惑の捜査対象となり、酷い扱いを受けた。彼自身は何も悪くないのに、彼の秘書でやり手なのが一人いて、勝手にベッケンバウアーの名前を使って動いていたんだ。そのせいで晩年は冷遇されていた。ブラッターだって私腹を肥やしたりはしていない。五輪競技のなかでも、陸上とサッカーは大会運営の鍵を握るのだから、彼らにもバッハのフォローがあってしかるべきだった」

義理と人情、そしてコネで成り立つビジネスモデルの恩恵に浴してきた治之らしい見解だが、やがてその言葉は自らにも跳ね返ってくることになる。スポーツ界に襲い掛かった濁流は、治之の人脈の起点だった大物たちを次々と飲み込み、トップの座から引き摺り下ろしていった。その様子を目の当たりにしてきた治之にも余波は及び、厳しい疑惑の目が向けられようとしていた。

東京五輪の一年延期が決定した直後の二〇年三月三十一日、ロイター通信は、治之が当時の招致委員会から八百二十万ドル（約八億九千万円）相当の資金を受け取り、ＩＯＣ委員らにロビー活動を行なっていたと報じた。治之自身も取材に応じ、受け取った資金には招致スポンサーを集めたことへの手数料が含まれ、使途については、五輪招致のための「接待」や招致関連のマーケティングなどの活動費に充てたと説明。ラミンにはデジタルカメラやセイコーの腕時計を手土産として渡したが、賄賂を渡すなどの不適切なことはしていないと否定した。

しかし、疑念はその後も燻《くすぶ》っていく。

当時の招致委員会の口座記録によれば、最初に治之のコモンズの口座に振り込みが行なわれたのは、彼が招致委員会のスペシャルアドバイザーとなった約二カ月後の一三年二月二十五日で、金額は四千七百二十五万円。そこから招致決定後の一四年五月二十八日まで、コモンズへの支払いは計十七回に及ぶ。

招致委員会は電通の協力を得て、一社につき協賛金と寄付金を合わせ、二億一千万円をパッケージとして招致スポンサーを集めていた。治之の仲介で成約した場合、治之はその三割を手数料として受け取っていたと説明している。二億一千万円の三割にあたる六千三百万円がコモンズに振り込まれた履歴は、一三年八月三十日に一度だけ確認できるが、他の振り込み金額はまちまちで、時にはコモンズに振り込まれた七千八十七万五千円が翌月にはそっくり招致委員会に戻されていたケースもあった。

治之は六本木の高級ステーキ店「ステーキ　そらしお」など飲食店を複数経営し、一三年には自宅を新築している。もとより宵越しのカネを持たない豪快なタイプだけに、短期の借入だった可能性も否定できない。

治之は、「納税もきちんと済ませており、使途が不明なカネは一円もない」と語る。

「成田空港の免税店で買ったセイコーの腕時計などは、接触した相手が部下たちに配ったりするための手土産として渡していただけです。裏金なんて渡さなくても、電通時代にＦＩＦＡと国際陸連にはビジネス上で大きな貸しがある。僕の招致活動は、他の人とはレベルが違うと思う」

ハズキルーペのCMで

実は、治之とセイコーの創業者一族である服部家は、慶応人脈で結びついている。治之は八〇年に創設され、五万人超の会員を擁する慶応高校同窓会の第四代会長を六年にわたって務めた。その二代あとの会長がセイコーグループCEOの服部真二である。服部家は、創業者の孫にあたる元セイコー社長の服部禮次郎が慶応連合三田会の会長を務めた歴史があることから、当初治之は、真二に同窓会の後継会長を打診したという。治之が明かす。

「最初は嫌がっていましたが、服部家と慶応との深い繋がりを絶やさないようにと説得しました。ひとまずワンクッションを置いて、彼には副会長に就いて貰い、そこから満を持して次の会長を任せました。その後、彼は慶応大学の評議員にも選ばれたし、私も個人的には親しいです」

セイコーと言えば、世界陸上のオフィシャルタイマーとして知られ、スポーツ界とも縁が深い。それだけ親しいなら、五輪の招致活動に協力を求め、セイコーの腕時計を無償で提供して貰うことも出来たのではないか。そう治之に尋ねると、「そこはビジネスだから話は別です。それにセイコーが発売した時差を瞬時に修正する時計を宣伝してあげようと思った」と答えた。

治之の慶応人脈は、亡き弟の治則を媒介にして各方面に派生してもいる。その一つが、治則に官僚人脈を繋げた元日本IBMの窪田邦夫との関係だ。窪田は治則の死後、シンガポールで上場を果たした医療系ベンチャー企業、「トランスキュー・テクノロジーズ」に最高顧問として関わり、治則や安倍晋三との交流を通じて培った人脈を注ぎ込んだ。

会社は迷走の末に雲散霧消したが、窪田がセイコーの服部家を含め多数の関係者を投資に誘い込んだことで、トラブルになったケースもあるという。さらに窪田は、治則の関係先だった「オメガ・プロジェクト」の元役員からの多額の借入でも問題を起こすが、この時の借用書の保証人欄には治之の名前があった。治之と窪田との関係の深さを窺わせたが、時にはビジネスとして結実したこともある。窪田は、「ハズキルーペ」で知られるハズキカンパニーの会長、松村謙三を治之に紹介している。そして、治之の尽力で、俳優の渡辺謙や舘ひろしを起用したハズキルーペのＣＭが実現し、話題を呼んだ。治之が経緯を語る。

「窪田に世話になった訳じゃない。彼が関係先から借金をする時に、保証人としてどれだけ借用書にサインさせられたか分からないくらいです。確かに最初にハズキルーペの松村さんに会ったのは窪田の紹介でした。しばらくして、松村さんから『博報堂に頼んでも、希望のタレントをキャスティングできない』と相談を受けました。タレント側は老眼鏡のイメージがつくことを嫌ったようで、それならと私が出演交渉の根回しをした。契約には立ち会いましたが、実務は電通の後輩にあたる深見にすべて託しました」

深見とは、電通の元雑誌局長、深見和政のことで、彼は一二年に「コモンズ２」を設立。治之も一部出資し、ビジネスでは協力関係にあった。

治之のビジネスは、治則の負の遺産も呑み込みながら、さらに肥大化していった。そして、その存在は、いつしか古巣の電通にとっては諸刃の剣になっていた。

治之は疑惑報道を上手くかわし、晴れて東京五輪を組織委員会の理事として迎えた。皮肉なことに、バッハの意を受け、治之を追放しようとした森は、五輪開催を目前に女性蔑視発言で批判の集中砲火を浴び、辞任に追い込まれた。東京五輪は日本勢に過去最多となる二十七個の金メダルをもたらしたが、やがて汚職や談合の舞台として大きな汚点を残していくことになる。

エピローグ

二十八、公判の最中、焼き鳥屋で

「ビジネスをやらないと食っていけないんだよ」――。二〇二四年二月上旬、麻布十番にある隠れ家的な店のカウンター席。〝五輪を喰った兄〟は、自らが置かれた状況を語り出した。

「ここ見てよ。酷いでしょ。チタンを八本も埋め込んで、骨を補強する手術をしているんだ。神経がいっぱい通っているところだから、痛くてね。でも、これがなかったら保釈はされていなかったと思う」

首の後ろに、縦に太く残された痛々しい手術痕を見せながら、高橋治之は、ざっくばらんにそう語った。港区にある彼の事務所で三度目の対面取材をしている時だった。後縦靭帯骨化症という難病で、放置すれば指先が痺れ、最悪歩けなくなる可能性すらあったという。原因は愛犬とじゃれ合っている時、不注意で転倒してしまったことで、その後遺症が深刻な事態を招いてしまったのだ。

しかし、結果的にそれは不幸中の幸いとなった。彼の人生にとって最大の試練が訪れるのは、転倒から約三カ月後のことである――。

始まりは二〇二二年七月二十日、読売新聞が朝刊の一面で報じた特ダネ記事だった。

〈五輪組織委元理事４５００万受領か　東京大会スポンサー　ＡＯＫＩから〉

記事のなかで、名指しで疑惑を指摘されたのが、治之である。治之は、自らが代表を務めるコンサル会社「コモンズ」を通じて、東京五輪のスポンサーの一社、紳士服大手のＡＯＫＩホールディングスから四千五百万円超を受け取っていた。組織委員会の理事は、一五年制定の特措法で「みなし公務員」と規定されており、職務に関連して金品を受け取れば収賄罪に問われることから、東京地検特捜部が捜査を進めているという内容だった。

この一報を受け、早朝から治之の世田谷区の自宅には報道陣が詰めかけた。昼前に姿を現した治之は、メルセデス・ベンツのマイバッハの後部座席に乗り込み、マイクを突き付ける報道陣を振り切って、そのまま走り去った。この時、治之にはまだ切羽詰まった危機感はなかった。

元首相で、組織委員会の会長だった森喜朗からも連絡があり、読売の報道について、治之にこんな見立てを話していたという。

「神宮の件が関係しているようだ。高橋さんが絡んでいる事業者グループが、読売新聞の推す事業者のグループを差し置いて落札するんじゃないかという懸念があるのかもしれない。それで疑惑報道にも力が入っているんだろう」

神宮の件とは、東京・明治神宮外苑地区の再開発の一環で、神宮第二球場跡地に建設される新秩父宮ラグビー場のことである。二二年一月、日本スポーツ振興センター（ＪＳＣ）は、新秩父宮ラグビー場の整備、運営などを請け負う事業者の入札を公告し、六月までに三つのグループが事業提案書を提出していた。

コモンズは、一八年頃から水面下で、ＪＳＣや森を始めとする政治家などにロビー活動を行ない、ラグビー場としてだけでなく、多目的アリーナとして民間資金を活用するコンセプトや入札の枠組みなどについて提案してきた。事業者の選定段階に入ると、前面に出ない形で、三菱地所を代表企業とし、ＮＴＴや大成建設、そして電通などが名を連ねるグループに与《くみ》した。

当初、神宮外苑全体の再開発を担う三井不動産は、新秩父宮ラグビー場の入札には関わらないとの観測もあったが、実際には鹿島建設を代表に東京建物、東京ドームなどを擁して「Ｓｃｒｕｍ　ｆｏｒ　新秩父宮」名で入札に参加。このグループに協力企業として加わっていたのが読売新聞東京本社だった。

読売の報道後の七月二十六日早朝、東京地検は受託収賄の容疑で、治之の自宅やコモンズの虎ノ門の事務所などに家宅捜索に入った。出勤前だった治之は、当日の打ち合わせをキャンセルして自宅に留まった。携帯電話やアルバム、妻の日記まで押収され、事務所ではコモンズの関係者が立ち合い、パソコンや段ボール二十数箱分の書類が運び出された。

治之への事情聴取も始まったが、治之は検事の口振りから、最終的なターゲットは、あくまでも組織委の会長だった森と副会長を務めたＪＯＣ前会長の竹田恒和であるとの認識だったという。しかし、八月十七日、治之は逮捕された。逮捕の防波堤になるはずだった元首相、安倍晋三が凶弾に倒れて四十日後のことだった。

その五日後、新秩父宮ラグビー場の事業は「Ｓｃｒｕｍ　ｆｏｒ　新秩父宮」が圧倒的な安値で落札した。

〝呪われた五輪〟と揶揄された東京大会は、国内スポンサー六十八社から史上最高額の三千七百六十一億円を集めたが、一方で支出総額一兆四千二百三十八億円という空前の巨費が投じられた。そ

治之とスポーツ行政を牛耳るドン、森喜朗元首相の本当の関係は（文藝春秋写真資料室）

の舞台裏で何が行なわれていたのか。

汚職事件は、負のレガシーと化した東京五輪を総括するように捜査が進められた。治之はAOKIなど五つの企業から約二億円の賄賂を受領したとして、計四回逮捕された。贈賄側も合わせると五ルートで十五人が起訴される異例の規模となったが、治之は一貫して否認を貫いた。四カ月余りの勾留を経て、保釈が認められたのは十二月二十六日のことである。

森喜朗のパーティー券を

二十七年前、同じく特捜部に逮捕された実弟の治則は、当初否認だったが、二信組の乱脈融資について外形的な事実を認めたことで、保釈の道が開けた。半年間の勾留後、治之とは一日違いの十二月二十七日に保釈されたが、彼は検事出身の弁護士らで争った一審に敗れた後、

「検察官出身者では、検察には勝てない」と周囲に語っていた。一方、治之は、懇意にしている代議士から紹介を受けた自民党の顧問弁護士に複数の弁護士をリストアップして貰った。そして熟考の末、検察の手の内を知る敏腕のヤメ検弁護士らを選び、徹底抗戦の構えで法廷闘争に臨んだ。

二三年十二月十四日の初公判。本書の冒頭でも触れたように証言台に立った治之は、こう語った。

「私は、すべての公訴事実について無罪を主張します。理事として協賛企業を募る職務に従事したことはなく、理事の職務として取り計らいをしたこともない。企業から受け取った金銭については、民間のコンサルティング業務に対しての報酬であり、あくまでビジネス。理事としての職務に対しての対価ではない」

受託収賄罪の成立には、みなし公務員だった治之の職務に〝スポンサー集め〟が含まれていたか否かが、重要な争点となる。検察側は、組織委の会長だった森の供述調書などから、治之がスポンサー集めを担うマーケティング担当理事だったとして職務権限があったと主張。企業側から受け取った金銭はその見返りであると指摘した。

これに対し、治之側は翌年一月三十一日の第三回公判の冒頭陳述で具体的に反論を展開した。当初、治之は過去の経験を生かし、組織委員会から独立したスポンサー集めの別組織として、自らをトップに据えた「マーケティング部会」の構想を提案している。しかし、実務を仕切る組織委の事務総長、武藤敏郎はこれをあっさりと却下。その後、治之はマーケティング業務の決裁ラインにも加わっておらず、森から担当理事に指名された事実も一切ないと説明した。組織委は理事会を全五十回開いているが、一五年一月二十三日の理事会で、スポンサーなどの決定を会長の森に一任することを決議している。そこで、治之側は森の証人尋問を要求し、この日は閉廷した。

治之と森とは、事件までは決して関係は悪くなかった。かつて治之も購入者名が非公開の二十万円以下の範囲内で、森の政治資金パーティーのパーティー券を購入したことがあるという。一七年には電通グループが支援していたロンドン五輪の金メダリストで、その後プロボクサーに転身した村田諒太の世界戦をリングサイドで揃って観戦。一九年に初めて日本で開催されたラグビーW杯後には、治之が経営する六本木の高級ステーキ店「ステーキ　そらしお」で、森のために慰労会を開いている。

事件後は接見禁止となっているため、一切森とは連絡をとっていない。だが、第三回公判（一月三十一日）以降、治之は週刊文春を始め、ＴＢＳや共同通信、そして日経新聞の取材に次々と応じ、「森さんには法廷に出て来て頂きたい」などとメディアを通じて森にメッセージを送った。

ビールから芋焼酎ロックへ

治之から「美味しい焼き鳥屋があるんだ」と誘われたのは、その矢先の二月上旬のことだった。その日は夕方からコモンズの事務所で一時間ほど話を聞いた後、マンションの地下に停めてあるマイバッハの後部座席に乗り込んだ。

「このクルマもね、弁護士からは派手に見えるから買い替えてくれって言われている。ただ、査定に出しても大した金額にならないし、新しいのを買ったら五百万とか六百万掛かる。そんなカネもないし、壊れるまで乗り倒してやろうと思ってるんだ」

治之は笑いながらそう語ると、若い運転手に「焼き鳥屋ね」とだけ告げ、クルマは麻布十番へと向かった。地下にある隠れ家的な店で、カウンターの奥の席に通されると、まずはビールを注文した。メニューを広げ、「鳥皮ポン酢、食べる?」とこちらの好みを聞きながら、生湯葉、ポテトサラダ、菜の花のお浸しとお摘みを頼む。さらに串ものも、つくね、砂肝、軟骨、皮、ししとうとテキパキと追加していく。絶妙な火入れで焼き上がってきた串を頬張りながら、話題は生い立ちから裁判のことまで多岐に及んだ。

その間、酒はビールから芋焼酎のロックに切り替わっていた。時折、チェイサーの水を注いで割り、こちらの酒の減り具合にペースを合わせるように杯を重ねた。

「お酒、結構飲まれるんですか?」

そう尋ねると、ロックグラスを揺らしながら、「いつもは大体これで三、四杯かな」と答えた。

「毎日お忙しそうですけど、裁判対策以外に、何かあるんですか?」

酔いに任せて不躾な質問をすると、四月で八十歳を迎える治之からは、意外な返事が返ってきた。

「ビジネスをやらないと食っていけないんだよ。僕は五輪の前からコンサル業で食ってきたし、それを継続してやっただけの話。理事は無給で、交通費も出ない。兼業も認められていたから受けたのに。愚痴を言っても仕方ないけど、今回の事件でコンサル契約を次々と切られたから、新しいことでも始めようかと思う」

検察との法廷闘争は、まだ緒に就いたばかりだったが、この事件では起訴された十五人のうち、すでに贈賄側の十人と収賄側の一人の有罪が確定。治之の裁判を担当する裁判長の安永健次は、そのうち二つの公判も担当し、森の供述調書などを根拠に治之の職務権限を認めていた。虚心坦懐に先入観のない判断が可能か否かは、一つの焦点でもあった。

残る収賄側の被告で、治之の電通時代の後輩にあたる「コモンズ2」の深見和政側は二〇二四年二月に、安永を含む三人の裁判官を深見の審理から外す「忌避申立」を行なっている。しかし、地裁、高裁、最高裁とスピード審理の末にいずれも却下された。治之にとって厳しい状況は相変わらずだった。

二月二十二日の第四回の公判からは、それまでの大法廷から小規模の法廷に移された。この日は、文科省から組織委に出向した小幡泰弘が検察側の証人として出廷した。しかし、何ら目新しい証言はなく、翌月の第五回公判も、組織委の元副会長、山脇康が出廷したが、わずか一時間で終了。山脇が裁判官の一人から、組織委発足の一年後にみなし公務員の立場になったことについて尋ねられ、「頼んでいないのに公務員なんて嫌だなと思った」などと答えると、裁判長の安永が「嫌だなと思ったけど、比較的すぐにやむを得ないと受け入れたのですね」とフォローする場面もあった。

そして三月二十七日の第六回公判では、組織委の事務方トップ、武藤が証人として登場した。濃いグレーのスーツに水色のネクタイ姿で、手にはペットボトルを持っていた。

治之のことは視界に入っていたはずだが、表情一つ変えず、証言台に進んだ。武藤は治之について、理事になるまではその存在すら知らず、「面識もありませんでした」と答えた。治之と組織委の会長だった森との関係については、「どれほど親しいのかは、詳しくは存じ上げない。（治之と）

意見交換した時の話しぶりや二人が話している様子を見ると親しいと感じた」などと淡々と説明した。

だが、治之は、武藤の人物像について私の取材にはこう語っていた。

「彼は大蔵省の事務次官経験者でエリート中のエリート。僕のことは海の物とも山の物とも知れない有象無象として蔑視していたと思う。彼の同期で、次官レースのライバルだった元大蔵省主計局次長の中島（義雄）は、弟のノリの件で失脚した。それで彼は次官の座を手に入れたけれども、最初から僕のことを恐れ、いい印象は持っていなかったはずです」

治之は五輪開催の半年前、森がＪＯＣの臨時評議員会で、「女性がたくさん入っている会議は時間が掛かる」と舌禍問題を起こし、辞任に追い込まれていった時には武藤をこう叱りつけたこともあるという。

「何で森さんを、あんな場に出すんだ！　あの人は喋り過ぎてしまうところがあるから、あなたが気を付けるべきだった。あなたの責任だ！」

武藤は、「元総理に対してそんなことは言えません」と答えるのが精一杯だったが、人前で恥をかかされ、決して面白くはなかっただろう。

電通の内なる敵

法廷での武藤は、検察側の意見に沿う形で、治之のような非常勤の理事であっても、議決権を持ち、組織委の執行部に意見を述べる職務権限を有していたと語った。ただ、森が治之にスポンサー集めを依頼していたことについては、「記憶にありません」と答え、治之をマーケティング担当の業務執行理事にすることについては議論すらなかったとの認識を示した。さらに、非常勤理事は兼業が禁止されておらず、治之もスポーツコンサルをやっているとは思っていたが、「特定の企業からの依頼を受けて働き掛けをしているとは知らなかった。特定企業を利することは望ましくない」と述べた。

この日は武藤のほか、文科省から組織委の総務課長に出向し、庶務担当だった溝部康雄も出廷。溝部は、みなし公務員になったことを理事に知らせる文書作りに関わっていたが、文書は郵送のみで、「理事会で配っていると思っていたが、配っていないと聞いて驚いた」などと発言した。

第七回の公判では、電通から一五年十月十五日付で、組織委のマーケティング局長として出向した坂牧政彦が検察側の証人として姿をみせた。坂牧は、東京五輪の招致が決定した二カ月後の一三年十一月に、電通内の二〇二〇東京オリパラ室のマーケティング部長に就任。公式エンブレムを巡る問題で退任した前任者の後釜として、電通から組織委に送り込まれていた。

坂牧は入廷するなり、治之に一礼し、治之も頭を下げてこれに応えた。坂牧にとって治之は直属の上司だったことはないが、電通に勤務する治之の娘婿とは親しく、二世帯が同居する高橋宅を訪れたこともあるという。坂牧にとって治之が、畏怖する存在であったことは、入廷時の彼の様子が何よりも雄弁に物語っていた。

治之は理事に就任すると、早速坂牧らをコモンズに呼び出した。そこで坂牧はスポンサー契約の獲得状況が書かれたマル秘扱いの書類を治之に見せている。その理由について問われた坂牧は、「秘密を守ることについての作法を十分に理解されているという信頼感。ペラペラと喋る他の理事には見せない」と答えた。そして治之を「スポーツ界にとっては圧倒的なレジェンド」と評す一方で、治之の関与が始まったことについて「正直、ちょっと面倒臭いことになった」と吐露した。治之はＡＯＫＩ、英会話のＥＣＣ、沢井製薬、ＳＥＩＫＯ、ＫＡＤＯＫＡＷＡなどの名前を挙げ、「スポンサーに入れるよう努力してくれ」と要望を伝え、スポンサーの決定プロセスにも口を挟む厄介な存在になっていったのだ。

傍聴席から見る坂牧は、証言の矛盾を突かれるとしきりに貧乏揺すりを繰り返していた。検察側の質問が一段落し、治之側の弁護士が裁判長の元に歩み寄って話し掛け、しばし沈黙が続いた時だった。

「ちょっと太った?」

唐突に治之が小声で坂牧に話し掛けた。苦笑いする坂牧の向こうで、検察官は不規則発言を手で制していた。それは板挟みになっている坂牧の立場を象徴するような場面だった。治之はかつて組織委の理事会で、マーケティング専任代理店となった電通の高額な手数料について疑義を呈する質問が出た際、「むしろ電通は採算を度外視してやっている」とまるで電通の代理人であるかのように猛然と反発した。だが、その電通が誰よりも怖れていたのは、偶像化された治之の存在だったのだ。

二十九、最後のアンチヒーロー

狂乱の時代から四半世紀。弟は志半ばでこの世を去り、兄は今も裁判を闘っている。もう二度と現れない〝バブル兄弟〟とは何者だったのか——。

長崎県平戸市を代表する「寺院と教会の見える風景」。平戸港から石畳の坂道を上ると、平戸ザビエル記念教会を囲むように建つ寺院の一つが曹洞宗の瑞雲寺である。十三世紀に建立された由緒ある禅寺で、門を潜ると左手に「山門建設寄附者御芳名碑」が立つ。

山門はバブル全盛期の一九八八年四月に上棟式、その四カ月後には通り初めの式が行なわれた。寄附は一人あたり十万円以下がほとんどで、百万円超の寄附者として名前が刻まれているのは二人しかいない。その一人は八百万円を寄附した高橋治之。それに続く七百万円の寄附者には高橋治則とあった。瑞雲寺は高橋家の菩提寺である。

住職によれば、「イ、アイ、イ」グループを率いた治則は、少し離れた江迎町の小学校でヘリコプターを降り、運転手付きのクルマで平戸入りしていたという。

「八六年にお父様の義治さんが亡くなられた時には、私の前の住職が導師として東京のご自宅に招かれ、一週間にわたって行なわれた通夜でお勤めをしました。今はもう高橋さんの身内の方は平戸には誰もお住まいではないと思います。最後にお見えになったのは、東京五輪の数年前、治之さんが奥様や息子さん夫婦とお母様の年忌法要に来られた時でした。東京五輪の組織委員会理事の名刺を頂き、食事をご一緒しました。その時、息子さんが『お墓は東京にもあるけど、平戸はルーツだから、ここはきちんと守っていかないと』と話されていたのが印象的でした」

高橋家の先祖代々の墓は、瑞雲寺とは離れた場所で、正面に平戸城を望む高台にある。獣道のような参道を抜けると、竹林のなかに十数基のお墓が収まる広い墓地が姿を現す。以前は草が生い茂り、荒れ果てた印象だったが、治之は東京拘置所から保釈後、地元の業者に依頼して、草を刈って綺麗に整備を施した。

高橋兄弟の母は、江戸時代に平戸藩六万石を治めた藩主、松浦家の庶流である志佐家の末裔だが、治則が九五年に二信組事件で東京地検特捜部に逮捕されて以降は、松浦家との縁が虚言であるかのような誹《そし》りを受けてきた。しかし、かつては高橋家に仕えてきた平戸の農家の娘たちが〝嫁入り修業〟として、東京の高橋邸に作法や料理を学びに来る習わしがあり、家には女中部屋も用意されていた。その様子を幼少期から間近に見てきた高橋兄弟にとって、世間から〝にわか成金〟としか見られない状況はこの上ない屈辱だったに違いない。治則の逮捕から二十七年の時を経て、兄の治之もまた同じ轍を踏んだことで、先祖供養への想いに駆り立てられたのだろう。

治之の五輪汚職の刑事裁判はこれまで全十五回の公判が行なわれ、審理は回を追うごとに核心に迫りつつある。二〇二四年五月十六日の第八回公判では、治之側の二回目の冒頭陳述が行なわれた。弁護人は立ち上がると、上着を脱いで、検察側が主張する治之の職務権限についての反論を開始した。

長崎県平戸市の高台にある高橋家先祖代々の墓（高橋治之氏提供）

東京五輪では、マーケティング専任代理店に指名された「電通」が、販売協力代理店の「ＡＤＫ」や「大広」の協力を得て、スポンサー契約の獲得を目指してきた。その過程で治之は複数の企業から依頼を受け、便宜を図ったとされた。組織委の理事は二〇一五年六月から特措法の規定により、「みなし公務員」となったことから、治之が自らのコンサル会社「コモンズ」を通じて五社から受け取った約二億円が、民間同士の契約に基づく「コンサル料」なのか、「賄賂」なのかが焦点になっていた。受託収賄罪が成立するには、そこに職務権限があったか否かが最大のポイントだった。

検察側は、組織委の会長だった森喜朗の供述調書を証拠請求し、初公判で、森は治之にマーケティング担当の理事として「スポンサー集めなどを任せた」と主張。さらに広義の意味で、理事には組織委にスポンサー候補の企業を紹介したり、意見具申する権限が与えられていたとの見方も示した。これに対し、治之側はマーケティング担当理事を任されたことはないと反論し、森の供述調書に〝一部不同意〟として、森の証人尋問を請求していた。

弁護人は、検察側が森の証人尋問について煮え切らない曖昧な態度を取り続け、最後は証人尋問を行なわない方針を示しており、職務権限の立証を放棄していると指摘。スポンサー企業の選定などは一五年一月に行なわれた理事会で、会長の森に一任すると決議されており、理事だった治之は「マーケティング業務について議決する権限は奪われていたと認識していた」との見解を示した。

冒頭陳述の中盤からは、治之が組織委や電通関係者に対して行なった〝働き掛け〟の実態が明らかにされた。その一つが、オフィシャルサポーターとなった出版大手のＫＡＤＯＫＡＷＡを巡るやり取りである。

森喜朗の供述調書が

前節で触れた通り、第七回公判では、検察側の証人として、治之の古巣・電通から出向し、組織委のマーケティング局長だった坂牧政彦が出廷した。東京五輪では当初出版分野のスポンサー枠は認められていなかったものの、治之は、電通の雑誌局長などを務めた後輩で、「コモンズ２」代表の深見和政からＫＡＤＯＫＡＷＡや講談社が協賛の意思を示しているとの相談を受け、坂牧にアプローチした。しかし、坂牧は一六年六月に森にブリーフィングする際、候補企業の中からこの二社を削って説明。独自の判断で出版分野のスポンサー枠を新設しない方針を決めた。

ところが、翌年三月以降、治之は坂牧の頭越しに森に直接連絡を入れ、森とKADOKAWA会長（当時）の角川歴彦、講談社社長の野間省伸《よしのぶ》らも加えた会食を次々設定していったのだ。森は当初、坂牧に「電通と高橋さんで解決させろ」「俺のところまで持ってくるな」などと指示していたが、ズルズルと押し込まれ、結果的に出版カテゴリーの新設を認めることとなり、KADOKAWA一社の協賛が決まった。法廷では、その間に坂牧が電通関係者らと交わした赤裸々なメールの内容も明かされた。

「高橋さんが現実どれくらい影響力があるか分からないのですが、もはや電通の人事権を持っている訳ではなく、逆襲がどれくらいのものなのか判断つかない部分はあります」

「森会長ですら断われないんだから、ただの一人じゃない。モンスターです」

弁護人は、電通側が介入を警戒する治之の影響力の源泉は、組織委の理事としてのものではなく、スポーツマーケティングの第一人者で、電通の有力OBとしてのものであると指摘した。長い冒頭陳述が終わると、法廷にはまったりした空気が流れていた。裁判長から検察側の意向を確かめる質問が出た次の瞬間だった。

検察官の一人は立ち上がると、早口で甲号証の番号を一気に読み上げ、証拠請求していた森の供述調書の弁護側の不同意部分について撤回を表明したのだ。傍聴席からは、一瞬何が起きていたのか分からず、呆気にとられているうちに公判は終了した。

翌日、私は都内のホテルのバーで治之に会った。サウナ帰りだという治之に昨日の公判について尋ねようとした矢先、携帯が鳴り、彼はこちらに断わりを入れて電話をとった。

「本来はカズが遠慮すべきだろ？」

聞くとはなしに耳に入ってきたのは、そんな言葉だった。電話を切った治之に「カズというのはＪＯＣ前会長の竹田恒和さんのことですか」と聞くと、頷いた。竹田とは保釈後、接見禁止となっており、一切連絡は取っていなかった。だが、共通の知人からの連絡で、同じ集まりに誘われていることが分かり、治之が参加を辞退したのだという。話がひと区切りついたところで、ビールを二つ注文し、早速本題に入った。

「検察側が撤回したのは森さんの供述調書の肝になる部分ですよね？」

すると、治之は、頷きながらこう答えた。

「森さんの証人尋問を行なわない代わりに、こちらが指摘した部分を撤回したということ。森さんは僕に『マーケティング担当理事を任せる』なんて言ったことはないし、森さんも検察側にそうは言っていないと思う。いつ、どこで発言したのかも明らかではないし、検察側が作ったとしか思えない。森さんが証人で出てくれれば、明確に否定されて、化けの皮が剝がれたはずですよ」

他の五輪汚職の裁判で、有罪判決の根拠となっていた森の供述調書が今回証拠請求から外れることは、特筆すべき動きに違いない。だが、それを報じたメディアは皆無だった。

その後の公判では、七月二日に弁護側の証人として、日本サッカー協会の前会長で組織委の理事だった田嶋幸三が法廷に姿をみせた。田嶋は、「私も含めて非常勤の理事は無報酬であり、兼業は認められていた」としたうえで、こう答えた。

「高橋さんはスポーツマーケティングを生業としており、その会社が契約書に基づいて報酬を受け取ることは普通のことかなと思う」

そして田嶋に続き、検察側の証人として大会のスポンサー企業で、日本選手団の公式服装も受注したAOKIホールディングスの元専務執行役員、上田雄久《かつひさ》が出廷した。弁護側からの尋問で上田は何度も言い淀み、無言の時間が長く続いた。弁護人から、捜査段階の調書で「高橋さんは『組織委でスポンサー集めを任されている』と言っていた」と供述した点について聞かれると、上田は「記憶が定かではなかったので、『(そう聞いたことが)あったかもしれないし、なかったかもしれない』と言い続けたが、(調書は)そうなった」としどろもどろだった。尋問の間、検察官からは一切動揺した様子は窺えなかったが、裁判長は、しきりにハンカチで汗を拭っていた。

八月二十三日の第十一回公判では、AOKI側と治之側との契約に関わっていた電通グループの子会社、「電通ヤング・アンド・ルビカム」(のちに電通イースリーを経て、電通東日本に事業統合)の元担当者が検察側の証人として呼ばれた。実は、この会社の当時の社長、加納三郎は治之とは慶応幼稚舎時代からの同級生で、電通にも揃って入社した無二の親友だった。治之の逮捕時にはすでに他界していたが、加納は二〇〇九年頃、AOKI創業者の青木拡憲《ひろのり》と治之を結び付け、五輪ビジネスにおいても、両者の中継役として重要な役割を果たした。AOKI側が当初、協賛金として拠出した七億五千万円のうち、二億五千万円が日本馬術連盟と日本セーリング連盟に選手強化費の名目で支払われているが、そこに治之のコモンズを噛ませる契約を調《ととの》えたのは、加納の電通ヤング・アンド・ルビカムである。日本馬術連盟は、JOC会長の竹田が副会長を務め、日本セーリング連盟の当時の会長、河野博文は治之と近しい関係にあった。加納は、一連の構図に疑念を持たれないような枠組みを作り、AOKI側の了解を取り付けたうえで、治之が自由に差配できる御膳立てをしたのだ。これまでの治之の電通における実績の積み重ねは、加納を始め社内の慶応同窓生たちのサポート抜きには成し得なかったこともまた事実である。電通ヤング・アンド・ルビカムの担当者は、コモンズが商流に加わって手数料を得ることは商習慣としては当然のことだが、治之側が二〇%を超える過大な手数料を取るのではないかと懸念していたとの認識を示した。その証言を聞く限り、とても検察側の主張を補強し得る証人とは思えなかった。

その後はAOKI側から監査役や青木拡憲の次男、グループ会社の元社長らが証人出廷し、十月十八日の第十三回公判では、贈賄罪で執行猶予付きの有罪判決が確定していた青木拡憲も検察側の証人として証言台に立った。AOKIグループには独特の社内文化があり、創業者である元会長の青木拡憲は「千番」、実弟で元副会長の青木寶久《たかひさ》は、「一番」の符号で呼ばれている。これまでの法廷でもたびたびその呼び名が飛び交っていたが、「千番」の由来は、目標として掲げていた「年間納税額一千億円」「一千億円の利益」だとされ、「一番」は初心を忘れないための最初の一、一人のお客様を指す。法廷で「千番」は、コモンズと月額百万円のコンサル契約をした経緯について、「高橋さんの人脈を三年とか五年とか、十年のお付き合いのなかでグループのために役立てようとした」と自ら治之に申し入れたと説明。そして、五輪の東京大会に関する業務だけでなく、AOKIのCMに水泳日本代表の瀬戸大也選手を起用した件などでも治之の人脈に力を借りたと証言した。

途中、休憩時間に入った時、法廷を出た廊下で、控室に向かう「千番」の背中に、治之が、「青木さん」と声を掛け、弁護人から窘められる場面があった。「千番」が振り返ることはなかったが、治之は、「八十六歳なのに、可哀想だよ」と弁護人に零していた。そこには、たとえ検察側の証人になったとしても、心情的には自分の味方でいてくれるはずだという過信を感じざるを得なかった。治之独特の自己肯定感であり、話し掛けたい衝動を抑えられなかったのだろう。

「セコいことはしない」

現在までのすべての公判を傍聴したが、浮き彫りになったのは、東京五輪という国家的プロジェクトの運営を担った組織委の杜撰な管理体制である。会長の森や実務責任者である事務総長の武藤敏郎は、理事の治之が、スポーツコンサルタント業を営んでいることを知りながら、賄賂を疑われるような金銭の授受があるか否かについて確認もしていなければ、注意喚起も行なっていない。理事に対し、みなし公務員であることを周知徹底する努力を怠っていたことも含め、トップ二人の責任は極めて重いと言わざるを得ないだろう。

東京五輪の汚職事件はその後、電通を巻き込んだ談合事件へと発展し、広告代理業のビジネスモデルそのものにも厳しい目が向けられたが、治之はスポーツマーケティングの意義をこう強調する。「組織委の総収入、約六千四百億円のうち国内スポンサー収入は六割近くを占めた。それがなければ、さらに税金を投入することになっていたと思う。スポーツも文化も芸術もマーケティングがあるから繁栄してきたんです。ミケランジェロにメディチ家がいたように、ルネッサンスの時代からパトロンがいて芸術家が育った。現代社会では、その橋渡し役を担う存在が必要なんです。その重要性を理解しない限り、文化もスポーツもレベルの向上はないと思う」

ただ、そこには崇高な理念を掲げながら、巨大な利権を奪い合う五輪ビジネスの在り方を問う視点が欠けている。

プロローグで、検察当局に持ち込まれた東京五輪のゴールドパートナーの一社、富士通の接待リストについて触れた。一五年三月から翌年三月までの二百五十五件の交際費の内訳で、執行役員らを司令塔にして都内の高級料理店で接待を繰り返した克明な記録である。接待相手には組織委の副会長だった河野一郎や電通内で森と近いとされた元代表取締役の高田佳夫らの名前はあるが、治之の名前は見当たらなかった。治之が言う。

「接待なんて受けたこともない。五輪記念のＡＯＫＩのスーツを仕立てた時も、あとで何か言われないようにおカネを払ったし、一緒に作った電通の後輩たちにも『一万円でもいいから払っておけ』と言ったくらいです。ただ、ビジネスとなれば、話は別です。私はコンサル契約を交わし、銀行振り込みで堂々と報酬を受け取り、きちんと納税もしている。それを賄賂とは言わないでしょう。検察は、コモンズ2を隠れ蓑にしてカネを受け取ろうとしたと言うけど、僕はそんなセコいことはしない。ただ、今回の事件で組織委の職員やボランティアが胸を張って五輪に関わったことを子供や孫の世代に誇れなくなってしまった。そのことは残念だし、本当に申し訳なく思う」

治之は二〇二三年夏に、亡くなった電通の元副社長、林広守の告別式に参列した際、久し振りに歴代社長の俣木盾夫や高嶋達佳らと会って言葉を交わした。その反応は概ね同情的で、「お前のお陰で日本開催のサッカーW杯も東京五輪も見せてもらった。表立って応援はできないが、健康に気を付けて頑張れ」と激励された。しかし、決して味方ばかりではない。

二〇二四年三月二十八日、汐留の会場で電通の株主総会が開かれたが、その場で、株主の電通OBからは社長の五十嵐博に厳しい質問が出たという。

「高橋治之の電通時代の活動に問題はなかったのか。彼のやりたい放題を許してきた歴代経営者の責任もあるが、五輪汚職でのイメージダウンを理由に訴えるつもりはないのか」

五十嵐は治之への提訴を否定したが、制御不能の〝モンスター〟と化した治之は、電通にとっては〝内なる敵〟でもあった。治之の刑事裁判の行方を、電通関係者も固唾を呑んで見守っている。

平戸出身の傑物の名を

治之は、二〇二三年十二月に弟、治則が創設したオーストラリアのボンド大学の関連法人「一般社団法人Ｂｏｎｄ　Ｊａｐａｎ」を解散させた。治則の〝形見〟を受け継いだ治之が一七年に設立し、理事には治則の遺族やＪＯＣ前会長の竹田も名を連ねていたが、大学教育とスポーツビジネスを融合させる壮大な計画は、呆気なく潰《つい》えた。そして一度は近付きかけた治之と治則一家との距離もまた平行線に戻った。治之は二〇二四年四月、コモンズ名義で所有していた港区のタワーマンションの事務所を売却。マンションを抵当に知人から借りていた一億三千万円の借金も清算し、八十歳にして真っ新《さら》な状態になったはずだった。しかし、治之にすべて借金はきれいになったのかと尋ねると、「きれいにはならなかった」とだけ答えた。

波乱の人生は、まだまだ先が見通せない。彼は自らのルーツを振り返るように、こう語る。

「今の時代、僕が平戸にいたら面白いと思うんだよ。日本で最初の西欧との貿易港で、国際的な観光資源が豊富だから、どんなビジネスでもできる」

高橋兄弟は幼少期のわずかな期間しか平戸で過ごしていない。だが、治之は、父親からの言い付けを守り、本籍地は平戸に置いたまま東京には移さなかった。また、治則は平戸から国政を目指して出馬の準備を進めたこともあり、二人にとっては平戸は特別な意味を持つ場所だった。奇しくも二〇二四年は、平戸出身で台湾をオランダから解放した英雄、鄭成功の生誕四百年の節目にあたる。東アジアを股に掛けて活躍した傑物の名前を幾度となく治之は口にした。

「鄭成功って、海賊みたいなものでしょ。平戸には鄭成功を顕彰する祭りもある。そういう場所なんだよ」

そして二〇二四年には、バブル〝前夜〟の八四年から一万円札の肖像として登場した福沢諭吉が、その役割を終えた。バブルに乱舞した一万円札の記憶もやがては過去のものとなる。福沢は高橋兄弟の母校、慶応義塾の創立者で、独立自尊と実学を提唱した。その教えは福沢の代表作「学問のすゝめ」では、「一身独立して一国独立す」と記されており、日本が西欧諸国に負けない強い国になるためには、一人一人が〝独立の精神〟を持って、賢くなる必要があると説いている。賢人と愚人との別は、「学ぶと学ばざるとに由って出来るものなり」と。高橋兄弟と深く付き合い、祖父の時代から三代続く生粋の慶応育ちだった河西和宏は、ある時、治則に「学問のすゝめ」を読んだことがあるかと尋ねたことがあるという。

「福沢門下生の錚々たる経済人は、学問という基礎を究めたうえで財界人として大きく羽ばたいていることを知って欲しかったのですが、治則は即座に『ありません』と言って、そんなもの〝まったく御無用〟という反応でした。かつて、治則の父が私に『東大を出ても乞食になっている奴はいっぱいいるんだ』と言ったことがありますが、治則は慶応幼稚舎に入り、恵まれた環境のなかにあって学問を軽視した。自身の勘を頼りに超一流の物件を買い漁ったものの、そこにはビジネスの核となるものがなかったのです。かつてソフトバンクの孫正義が、『ユニソン・ワールド』というコンピュータソフトの卸会社の名刺を持って『イ、アイ、イ』を訪ねて来たことがあります。私も同席したので憶えていますが、彼はわが社が扱っている米国で開発されたフロッピーディスクを販売させて欲しいと頼んできました。結局、実現しませんでしたが、当時の『イ、アイ、イ』はコンピュータ磁気媒体の総合商社として孫さんの事業規模を遥かに上回っていた。しかし、のちに孫さんは、治則も手掛けていた携帯電話事業で成功し、M＆Aで成長を遂げ、情報革命の担い手として一躍時の人となりました。治則は、『孫は俺の真似ばかりしている』と話していましたが、孫さんにはITビジネスという揺るぎない核があった。極貧のなかで幼少期を過ごし、十六才で米国に渡り、そこで猛勉強をして米国の名門高校や名門大学に編入し、常に学びの姿勢を持ち続けた点が決定的に違っていたのです」

　治則には何度も変わるチャンスはあった。「イ、アイ、イ」の大株主だった富国生命保険の社長、古屋哲男は、高橋兄弟の父、義治の通夜への弔問のお礼に来た治則と河西にこう苦言を呈したという。

「君たちは新たにゴルフ事業を展開しているが、手を広げるだけではなく、一つずつ手堅く仕上げて次に行く、堅実な経営を心掛けなさい」

しかし、治則は帰りのクルマのなかで、河西に「古屋社長の言う通りにして僕の哲学を変える訳にはいかないんだ」と話していたという。そして〝朽索《きゆうさく》の六馬を馭する〟が如く、危険な手綱さばきで六頭立ての馬車を暴走させ、事業を拡げた末に最後はその慢心に足を掬《すく》われた。

二人にとって慶応とは何だったのか

一方、慶応高校同窓会の会長を六年にわたって務めた治之は、慶応と電通という二つの金看板で揺るぎない立場を築き上げたはずだった。塾高の同窓会組織を一般財団法人化し、年会費を財源として会報誌「ＪＫ」を刊行して指導力を発揮。さらに塾高すなわち日吉校、志木校、湘南藤沢キャンパス校、ニューヨーク校、そして女子校の「慶応義塾五高等学校同窓会」を束ねる役割も担いながら、セイコーなどから賞品を無償提供して貰ってゴルフ杯を催すなど、文字通り〝慶応の顔〟として活動した。しかし、幼稚舎出身の生粋の慶応ボーイのなかでもオーナー会社の社長の子息という選ばれた富裕層とは、また異質の存在だった。

「慶応の同級生のなかでは明治屋の磯野計一なんかがそうだけど、オーナーの息子が結構いる。彼らは余計なことさえしなければずっとオーナーでしょう。僕や弟は何もないから余計なことばっかりするんだよ」

治之は、そう言って表情を緩めた。

福沢諭吉は、自伝文学の最高傑作との誉れ高い晩年の著作「福翁自伝」のなかで「世の中に何が怖いといっても、暗殺は別にして、借金ぐらい怖いものはない」と語っているが、治則は福沢の教えに背くように借金を重ね、勘とセンスで世界のリゾートを買い漁った。治之もまたしかりで、借金をすることには何の抵抗もなかった。バブルを象徴する存在で、三洋証券を倒産に導くことになった慶応ＯＢの土屋陽一は、「私が貸したカネを返さないまま、治之は同窓会の会長になるのか」と複雑な心境を周囲に漏らしていたという。

借金とは、たとえ〃損切り〃で決着したとしても、それですべてがゼロになる訳ではない。いつしか借り手と貸し手の立場が入れ替わり、弱者が強者に変わることもある。福沢の先の言葉は、「他人に対して金銭の不義理は相済まぬことと決定《けつじょう》すれば、借金はますます怖くなります」と続く。借金の怖さの本質は人の心の奥底に恨みや妬みといった負の感情をいつまでも根付かせてしまうところにあるのだ。だが、治之は土屋の実弟で、三洋ファイナンスの社長だった同級生の宏をコモンズの監査役として迎え入れ、長く給与を払い続けた。それは治之なりの落とし前のつけ方だったのかもしれない。

「俺たち兄弟は二人で一大コンツェルンを確立しようと話し合っているんだ」

治則は事業を始めた草創期にこんな言葉を口にしていたことがあるという。治則には一歳違いの兄への憧憬とルサンチマンが交錯する複雑な感情があったに違いない。そして、兄自身は飽くなき上昇志向で次々と成功を手にしながら、自らが作り出した強烈な磁場に翻弄されていった。もう二度と日本にこんな兄弟が現れることはないだろう。

狂乱のバブルに踊り、栄光と挫折の物語を生きた二人は、時代が求めた最後のアンチヒーローだった。

あとがき

高橋治則の名前を最初に認識したのは、一九九五年三月に国会の証人喚問の場に姿を現す少し前のことだったと思う。私は週刊誌の仕事を始めてまだ約半年の駆け出し記者だった。当時在籍していた週刊ポストの編集部でも二信組問題はすでに話題になっていたが、私はまったく取材にはタッチしておらず、別の取材班が「高橋治則のインタビューがとれそうだ」と盛り上がっていた様子を記者席の端で眺めていた。その頃の週刊ポストは毎週月曜日が発売日で水曜日が締め切り日だったが、水曜日の午後には翌日発売の週刊文春の早刷りが届く。その週は高橋治則の独占手記が掲載されていた。スクープを掻っ攫われ、啞然とする編集部の重苦しい雰囲気が今も印象に残っている。

証人喚問での治則は、〝バブル紳士〟の守護神とされた河合弘之弁護士を補佐人につけ、張り詰めた雰囲気のなかでもまったく動じない太々しい人物に見えた。その後は経済事件の取材で、たびたび治則に連なる人脈が登場し、遅ればせながら彼について調べることになったが、治則に一歳違いの兄、治之がいることを知るのはずっと後になってからのことだった。

規格外の高橋兄弟を育んだ父親、義治は子供たちに「コネは自分で作るものだ」と常々口にしていたという。その義治がＮＥＴに在籍していた時代、料亭で自民党青嵐会の中川一郎や新自由クラブ代表の河野洋平らと会食している写真を取材の過程で見る機会があった。想像していた豪快なイメージとは違い、眼鏡をかけ、実直そうなサラリーマン風の佇まいだった。高橋兄弟の足跡を遡っていくと、そこには随所に義治の影響が見て取れる。あらゆるコネを駆使して、次々とビジネスに手を出していく若き日の父の背中を二人は見ていたのだ。

治則は九九年十月に一審で懲役四年六月の判決を受けた後、元部下から「一審の裁判長の池田（耕平）君は、実は都立日比谷高校の同級生で、よく知っているんです」と聞き、過剰な反応をみせて周囲を戸惑わせたことがあるという。この元部下は、東大出身で、日本航空のエリートコースを進んだ後、請われて「イ・アイ・イーインターナショナル」に入社。ホノルルのパールハーバーを見下ろすゴルフ場「ロイヤル・クニヤ」の建設を任され、辣腕を発揮した幹部だった。何気なく発した彼の言葉に、治則は、「何でもっと早く俺に言ってくれなかったんだ」と怒りを露わにした。その切羽詰まった口調に気圧された元部下は苦笑いするしかなかった。治則には、たとえ裁判長であっても、コネさえつければ何とかなるという独特の世界観が染みついていたのだろう。

本書は、週刊文春で二〇二三年十二月から二〇二四年七月にわたって掲載された二十九回の連載記事に加筆修正を加えたものだ。連載終了から約一カ月後、改めて治之に会うと、彼は親族から受け継いだという第九代平戸藩主の松浦静山の随筆を手に、「今度家族を連れて平戸に墓参りに行こうと思う」と語っていた。人は人生の難局に直面すると、自らのルーツに還り、人生の答え合わせをしたくなるものなのかもしれない。スポーツマーケティングの第一人者と呼ばれた治之の事件は、五輪ビジネスが曲がり角に来ていることを強く印象付けた。近代五輪の父、ピエール・ド・クーベルタン男爵が古代五輪の復興と平和の理想を描いて創設したスポーツの祭典は、もはや世界の各都市が諸手を挙げて招致したいイベントではなくなっている。肥大化したスポーツビジネスが、高橋治之というモンスターを生み出したが、彼は長年スポーツ外交力の脆弱さを指摘されてきた日本が最後に頼った切り札でもあった。その検証を抜きに、汚職事件として個人の犯罪に矮小化していく様子は、バブルの失政の責任を一人のリゾート王に背負わせた構図と何ら変わりはない。

本書の元となった週刊文春の連載のきっかけは、月刊文藝春秋二〇二二年十月号に執筆した『『バブル兄弟』の虚栄」と題する記事である。それまで東京五輪については、二〇一六年大会の招致活動段階から折に触れて週刊文春で記事を書いてきたが、東京地検による高橋治之への包囲網が狭まっていくなかで、高橋兄弟の物語を軸にした記事を編集部側から提案された形だった。しかし、その頃の私は抱えている仕事で手一杯で、とてもオファーを受けられる状況ではなかった。フリーランスになって一年半が過ぎているというのに、元来の要領の悪さもあって仕事のペース配分が摑めておらず、優先順位もまるで分かっていなかった。一度断わり、また一週間ほどして再び連絡を貰ったが、それでも調整はつかなかった。締め切り日が過ぎ、記事のことは忘れかけていた時、一本の電話が入った。当時の文藝春秋編集長の新谷学さんだった。恐る恐る電話をとると、「今からでも遅くないので書かないか」と言う。デッドラインは刻々と迫っており、条件は前よりもさらに悪くなっている。話は平行線のままで、やはり受けられないと断わると、すぐに次の言葉が返ってきた。

「絶好球が来ているのに、バッターボックスにも立たないのか」

このひと言で目が覚めた気分だった。電話を切ると、そこから現在進行形の仕事は脇に置き、資料を引っ張り出して、片っ端から電話を入れた。取材、執筆は実質三日だったが、無我夢中で駆け抜け、何とか十一ページを入稿した。この記事がなければ、連載が陽の目を見ることもなかっただろう。不甲斐ないライターの背中を押して下さった新谷さんには感謝しかない。

そして連載の機会を与えて頂いた週刊文春の竹田聖編集長、いつも的確なアドバイスをくれた連載担当の今戸國治デスク、書籍化にあたってご尽力頂いた編集委員の吉地真さんにはこの場を借りてお礼を申し上げたい。

これからもバブル兄弟と検察との長年の因縁はまだまだ続くが、今後も可能な限り追い続けたいと思う。

最後に取材でお世話になった方々にも感謝を申し上げたい。

二〇二四年十二月

西﨑伸彦

〈参考文献〉

奥山俊宏　村山治『バブル経済事件の深層』岩波書店　2019年
永野健二『日本迷走の原点　バブル　1980—1989』新潮社　2016年
日経ビジネス編『真説　バブル　宴はまだ、終わっていない』日経BP社　2000年
浜田和幸『ハゲタカが嗤った日　リップルウッド＝新生銀行の「隠された真実」』集英社インターナショナル　2004年
田崎健太『電通とFIFA　サッカーに群がる男たち』光文社新書　2016年
伊藤博敏『「欲望資本主義」に憑かれた男たち—『モラルなき利益至上主義』に蝕まれる日本』講談社　2007年
高橋篤史『兜町コンフィデンシャル』東洋経済新報社　2009年
森功『バブルの王様　森下安道　日本を操った地下金融』小学館　2022年
田中森一『反転　闇社会の守護神と呼ばれて』幻冬舎　2007年
東京タイムズ株問題取材班『兜町の錬金師たち』木馬書館　1985年
秋山弘志　北谷賢司『エンタテインメント・ビジネス』新潮社　1999年
入江雄三『エンタメ・ビジネス一代記』ぴあ　2014年
野地秩嘉『新TOKYOオリンピック・パラリンピック物語』KADOKAWA　2021年
中川一徳『二重らせん　欲望と喧噪のメディア』講談社　2019年
HTB社史編集委員会『この10年』北海道テレビ放送　1978年
全国朝日放送株式会社総務局写真編纂部『テレビ朝日社史　ファミリー視聴の25年』全国朝日放送　1984年
佐藤あつ子『昭　田中角栄と生きた女』講談社文庫　2014年
安倍寛信『安倍家の素顔　安倍家長男が語る家族の日常』オデッセー出版　2020年
福沢諭吉『学問のすゝめ』岩波書店　1942年
福沢諭吉『福扇自伝』岩波文庫　1978年

西﨑伸彦（にしざき のぶひこ）
１９７０年岡山県生まれ。立命館大学卒。「週刊ポスト」記者を経て、２００６年から「週刊文春」記者。20年11月に独立、フリーとして取材、執筆を続ける。近著に『中森明菜 消えた歌姫』（文藝春秋）、『海峡を越えた怪物 ロッテ創業者・重光武雄の日韓戦後秘史』（小学館）。

バブル兄弟《きょうだい》
〝五輪《ごりん》を喰《く》った兄《あに》〟高橋治之《たかはしはるゆき》と〝長銀《ちょうぎん》を潰《つぶ》した弟《おとうと》〟高橋治則《たかはしはるのり》

２０２４年12月30日　第1刷発行
２０２５年5月30日　第2刷発行

著　者　西﨑伸彦《にしざきのぶひこ》
発行者　大松芳男
発行所　株式会社 文藝春秋
〒102－8008 東京都千代田区紀尾井町三－二三
☎〇三－三二六五－一二一一（代表）
印刷所　理想社
付物印刷所　理想社
製本所　加藤製本

ISBN978-4-16-391933-1